ソーシャルワークの理論と実践
――その循環的発展を目指して――

岡本 民夫 監修　平塚 良子・小山 隆・加藤 博史 編集

中央法規

はじめに

　本書の上梓に至った1つのきっかけは、1980年代からソーシャルワークの「実践の科学化」を主張してきた同志社大学岡本民夫先生（現名誉教授）を代表とした体系的な研究を目指した社会福祉援助技術研究会を母体とし、ソーシャルワークとは何かを多様な観点や角度から自由闊達に論ずる新たな知的探究の意を込めて2013年8月に発足した「ソーシャルワークサロン」という場である。本書はそうした中から生まれてきた課題意識の1つの試みで、総勢16名で執筆している。

　ソーシャルワークは周知のように慈善の近代化の中で萌芽し、今日、公的なシステムに組み込まれ、専門職業化の進展に伴い、ソーシャルワークは善行から科学的実践を志向し理論を追究するところとなった。そうした過程において、ソーシャルワークには、確かに、社会的に排除され不利益を被った人々の援助においては権利の回復とともに共感をもって取り組まれてきた歴史がある。しかしながら、それは第三者に何を根拠に何を果たしているのかを公言する実践というよりは、目前の課題解決という性格から、もっぱら実行する志向（Doing）が強く、日々の仕事をこなす実務型に陥ってきた面も少なくない。つまり、ソーシャルワークは実践化：理論化における脆弱さを引きずってきた。また、今日のソーシャルワークに関する研究の傾向からは限定的・散発的な課題が顕著であり、知の営みとしての基盤を強化しソーシャルワークの体系的、学術的な集合知の構造を備え、独自な視点による知の蓄積という点では脆弱性がうかがえる。

　ソーシャルワークは、個人と社会の関係を扱う実践枠組みを備えている点で、研究領域が狭く設定される必要はない。他面において、諸科学の知識に依存しすぎるとソーシャルワークの知は分散・拡散・瓦解しかねない危険がある。こうした状況が背景にあるものの、ソーシャルワークの実践の営みが続けられ、概念や諸理論が開発され深化されてきたことはいうまでもない。

　本来的には、ソーシャルワークにおいては、理論と実践は1つの対をなす。理論と実践は、両翼の位置にあり、両者は相互に関係し合い、影響し合いながら循環的に発展を遂げるものである。言い換えれば、理論と実践は、再現性、

相補性、補完性、相互批判性を通して存在しうるものである。それゆえに、ソーシャルワークの理論と実践の重要性が幾たびも指摘されてきた。理論と実践に関して、近年は、専門職とリンクするエビデンス論、ポストモダン論による批判論などの諸動向を背景に看過できないソーシャルワークの潮流の1つと重なっている。

しかしながら、理論と実践は、互いに断裂し、希薄な関係にあることが少なくない。それは研究者と実践者の関係をますます疎遠なものにしかねず、ソーシャルワークの理論は適用されない空疎な机上理論に陥りやすくなることを意味する。一方で、実践者のいる現場は理論の適用（科学的実践）というよりは、経験や勘、コツに頼る面を引きずっていくことを意味する。後者は、現場においてソーシャルワーカーが育んできた実践知が言語化、理論化というよりも個人の内にとどまり埋没しやすい状況をつくり、実践の検証を困難にする。いわば蓄積してきた貴重な実践知の理論知への発展的転換を妨げるものとなる。このような理論と実践の状況にあっては、理論の検証、実践の科学化、新たな理論化のみならず、ソーシャルワークの知の創成と発展はなお遠くにあるといわねばならないであろう。

ソーシャルワークをめぐっては、政治、経済、社会の諸動向の影響を受けながら多様な概念や理論構築に関わる通時的な変化と相まって、理論と実践の妥当性や信頼性、効果性が絶えず問われている。このこと自体、むしろ、恒常的な課題というべきであろう。他方、これまでと同様に多様な理論、概念、アプローチ、技法がとりあげられ、それは、一見、ソーシャルワークの理論的基盤が強固になりつつあるようにも映る。しかし、実践を通して理論がどれほど検証されてきたであろうか。わが国ではこうしたことについてはどのような状況にあるだろうか。

本書は、わが国のソーシャルワークをめぐっては厳しい現実や課題がありながらも、ソーシャルワークの理論と実践の関係を問い、再考を通してソーシャルワークの知のあり方を探るとともに、質の高い実践の展開に資することを目指すものである。同時に、こうしたことから、ソーシャルワークの通時性、特殊性のみならず、普遍性や共通性についても深める機会としたい。下記は、その5つの目

的である。

1．本書は上記のような基本的な視座のもと、理論と実践の関係の検証、両者の相互循環的発展とは何かを明らかにすることを試みる。
2．その一環として、ソーシャルワークの理論とは何か、ソーシャルワークの実践とは何かを明示する。前者においては、ソーシャルワーク理論の科学としての厳密さ、厳密さだけに還元されえない幅のある知識を擁するソーシャルワーク理論の特性、これらにかかわる演繹法的・帰納法的研究についても探るものである。後者においては、ソーシャルワーカーによる属人的な実践、生成型の実践の特性を明らかにする。
3．特に理論と実践においては、理論登場の背景、理論の斬新性、理論の再現性、理論と実践の相補性、補完性、相互批判性、限界性や可能性、モダンやポストモダンなどの観点も加え、かつ、事例を用いながら、分析・検討することで、ソーシャルワークの理論と実践の相互循環的発展を論じ、展望を試みる。
4．以上のような理論と実践の関係を探ることは、同時に、理論研究や実践研究とは何かを示すことである。特に、本書が目指す理論と実践の循環的な発展のためには、理論研究、実践研究のあり方を示さなければならない。本書では中核的な課題を明らかにする。
5．ソーシャルワークの理論と実践はソーシャルワークの歴史を通して、多様な変化をしてきている。確かに、それは特殊や通時といった特性がある一方で、不変のものがみられる。本書ではソーシャルワークの理論と実践の時代を超えたソーシャルワークの普遍性や共通性についても明らかにし、そのうえで理論と実践の循環的で発展的な関係をとらえる。

　以上のような目的を掲げて本書は3部構成にしている。
　第1部においては、本書の基礎的な部分として、ソーシャルワークの理論と実践の基本的枠組みを取り上げている。第1章では、総説として、ソーシャルワークの理論と実践が形成してきた歴史的側面、現在の到達点、そこから見据える

べき課題について言及する。第2章では、実践の担い手であるソーシャルワーカーに焦点化し、その実践の思想史的生成を取り上げ検討する。第3章では、今日、エビデンス論が盛んとなってきたがソーシャルワークの科学とは何か、ソーシャルワークの知の構築と関連づけて探る試みをしている。第4章では、第2部及び第3部で試みる理論と実践、実践と理論の関係を普遍性と共通性の観点から検討している。第5章では、ソーシャルワークの価値を実践するソーシャルワーカーの倫理に言及している。

　ソーシャルワークにおいては、これまでソーシャルワークの理論（概念、モデルやアプローチ等）が数多く構築されてきた。第2部では、これらの中から6つのアプローチを選び、理論と実践の関係を探る試みをした。すなわち、各章を「理論の概説」と「実践的展開と検証」で構成し、前者では理論的枠組みの説明、後者では理論の実践適用として具体的事例の理論による分析を行い、理論の検証をする。これとともに、理論の実践適用の可能性や限界性、課題性をも探っている。

　第6章は、ソーシャルワークの理論と実践に通底する基礎的なアプローチとしての意味と役割をもつ問題解決アプローチ、第7章は、クライエントの実存に着目する人間観を映し出す援助観を備える実存主義的アプローチを取り上げて検討している。第8章では、クライエントが抑圧から解放されパワーを取り戻していく点に着目するエンパワメントアプローチ、第9章は、ソーシャルワークが発展させてきた人間と環境との関係をその全体性や相互作用を生態学的視点からとらえ、ヒューマニズムの観点と環境の変革を視野におくエコロジカル・アプローチを検討している。第10章及び第11章はポストモダニズムの影響を受けたアプローチを取り上げている。第10章では人間の主体的な語りに着目するナラティブ・アプローチ、第11章では人間の強さに着目するストレングス視点アプローチを検討している。第8章から第11章までは、いずれも人間観や援助観の転換に特徴がみられる。

　第3部では実践現場の具体例を基軸に実践と理論の関係を探る。第2部とは異なる方法をとっている。第3部では、実践の「実践的展開」と「理論と経験知の検証」（概念を含む）を構成としている。ここでは、現場で展開されている

実践例の分析や検討から、どのような経験知や理論、概念を見出し、明らかにすることができるかに焦点をあてるものである。つまり、第3部は、第2部のような特定のアプローチから実践をとらえて言及するという方法ではない。言い換えれば、実践事例をいかなる理論や経験知でとらえきれるか、その可能性や課題性を示そうとする試みである。ただ、ここで取り上げる実践領域は、ソーシャルワークの実践領域を網羅しているわけではない。また、いかなる理論や経験知で言及するかは執筆者にゆだねている。第12章では知的障害者領域、第13章では高齢者領域、第14章では保健医療領域、第15章では精神科領域、第16章ではわが国のソーシャルワークの実践領域ともいえる、自殺予防を取り上げ検討を試みている。

　なお、最後に本書の総括を含め、座談会としてソーシャルワークの理論と実践の循環的発展──今後の課題と展望を試みた。

　本書は総勢16名による「ソーシャルワーク理論と実践─その循環的発展を目指して」を意識しつつ、各自の役割を遂行する形式をとっている。本書では、ソーシャルワークの理論や多様な概念が生成されている今日において、しばし立ち止まって理論と実践の関係を振り返ってみる機会、実践という行為の検証、理論や概念に関する検証に挑戦している。これまでそうした研究が必ずしも十分ではなかっただけに、ソーシャルワークの理論と実践は、ともすれば分離や断裂しがちな状況が存在してきた。我々は、本書における試みや挑戦を通して、ソーシャルワークにおける「理論と実践の循環的な発展」の意義や重要性をあらためて示すことができたと自負している。しかし、十分に言い尽くせない部分も多々あることも承知している。読者諸氏のご指摘やご批判をいただくことができれば幸甚の至りである。

　なお、本書の出版に際しては、企画の段階から編集会議、座談会等々において中央法規出版編集者野池隆幸氏には大変お世話になった。厚くお礼を申し上げたい。

2016年4月

編者　　平塚良子

ソーシャルワークの理論と実践
―その循環的発展を目指して―

目次

はじめに

第1部　ソーシャルワークの理論と実践の基本的枠組み
第1章　日本におけるソーシャルワーク理論と実践 ―過去・現在・未来― 2
　1節　ソーシャルワークの科学化、理論化 3
　2節　ソーシャルワークの日本導入をめぐる議論 5
　3節　第二次大戦後のソーシャルワークの展開 6
　4節　ソーシャルワーク実践を通じて立証・論証 11
　5節　日本流ソーシャルワークの構築 13
　6節　新しいソーシャルワークの創生に向けて 16

第2章　ソーシャルワーカーによる実践の思想史的生成
　　　　　―社会環境を創り出す葛藤止揚過程としての〈自己決定〉への支援― 20
　1節　ソーシャルワークの働きかけ対象とは何か 21
　2節　リッチモンドたちの実践思想 23
　3節　谷中輝雄、向谷地生良らの実践思想 24
　4節　ソーシャルワーカーがかかわる対象認識 26
　5節　没共同的環境に対抗するソーシャルワーク 28
　6節　ケイパビリティと自己決定的関係性の回復を目指すソーシャルワーク 30
　7節　何をアセスメントするか 32

第3章　ソーシャルワークの科学という課題 38
　1節　ソーシャルワークにおける「科学」とは何か ―科学の意味― 38
　2節　ソーシャルワークにおける知の特性：学術的特性 41
　3節　ソーシャルワークの知の潮流 44
　4節　ソーシャルワークにおける固有の知の挑戦 ―実践の科学化研究― 48

第4章 ソーシャルワークの理論と実践の関係再構築 ... *52*
1節 用語の確認 ... *52*
2節 なぜ「理論」は実践に役立たないのか ... *55*
3節 理論を実践にとって役立つものとするために
　　―理論のタイプ分けの理解― ... *58*
4節 実践が理論に貢献するということ ... *61*
5節 「プラクティショナー・リサーチャー」を目指して ... *63*

第5章 ソーシャルワークの価値と倫理 ... *65*
1節 ソーシャルワークの価値について ... *65*
2節 ソーシャルワーカーの倫理綱領にみられるソーシャルワークの
　　価値について ... *69*
3節 ソーシャルワーカーの倫理綱領と日本国憲法の関係について ... *72*
4節 世界人権宣言にみられるソーシャルワークの価値について ... *73*
5節 倫理と道徳の関係について ... *75*
6節 ソーシャルワーカーの倫理綱領にみられるソーシャルワークの
　　倫理について ... *76*
7節 ソーシャルワークにおける倫理的ディレンマについて ... *78*

第2部 ソーシャルワーク理論の活用と検証 ―理論と実践―

第6章 問題解決アプローチ ... *84*
1節 理論の概説 ... *84*
2節 実践的展開と検証 ... *92*

第7章 実存主義的アプローチ ... *101*
1節 実存主義的アプローチの基礎理論 ... *101*
2節 実存主義的アプローチの概要 ... *103*
3節 実践的展開と検証
　　―児童養護施設におけるファミリー・ソーシャルワーカーの事例― ... *106*

第8章 エンパワメントアプローチ ... *114*
1節 理論の概説 ... *114*
2節 実践的展開と検証 ... *120*

第9章　エコロジカル・アプローチ ... *129*
1節　理論の概説 ... *129*
2節　実践的展開と検証 ... *137*

第10章　ナラティブ・アプローチ ... *144*
1節　理論の概説 ... *144*
2節　実践的展開と検証
　　　―『施設の子』の物語と自立支援の意味をめぐって― ... *151*

第11章　ストレングス視点アプローチ ... *162*
1節　理論の概説 ... *162*
2節　実践的展開と検証 ... *168*

第3部　ソーシャルワーク現場にみる経験知と理論の活用、その検証
　　　　―実践から理論へ―

第12章　知的障害者領域におけるソーシャルワーク実践 ... *178*
1節　実践的展開 ... *179*
2節　事例に関する理論と経験知の検証 ... *182*
3節　尊厳と権利を護るための知の行動化 ... *184*

第13章　高齢者領域におけるソーシャルワーク実践 ... *190*
1節　実践的展開 ... *190*
2節　理論と経験知の検証 ... *197*

第14章　保健医療領域におけるソーシャルワーク実践 ... *205*
1節　実践的展開 ... *205*
2節　理論と経験知の検証 ... *210*

第15章　精神科領域におけるソーシャルワーク実践 ... *217*
1節　実践的展開 ... *217*
2節　理論と経験知の検証 ... *224*

第16章　自殺予防とソーシャルワーク実践 *229*
  1節　序 *229*
  2節　自殺予防における社会福祉実践の役割 *232*
  3節　プリベンションとしての社会福祉 *234*
  4節　ポストベンションとしてのソーシャルワーク *236*
  5節　NPO法人白浜レスキューネットワーク *241*

座談会：ソーシャルワークの理論と実践 ―その循環的発展を目指して― *247*
  1. 社会福祉状況とソーシャルワーク *247*
  2. ニード論とソーシャルワーク *252*
  3. 普遍性、地域性、個別性、エンリッチメント *257*
  4. ソーシャルワークの位置と方向性 *261*

おわりに
索引
監修・編集・執筆者一覧

第1部

ソーシャルワークの理論と実践の基本的枠組み

第1章 日本におけるソーシャルワーク理論と実践
―過去・現在・未来―

　人間の生活上の諸困難に対し、救済、保護、援護、援助、支援などの営為は人類の歴史とともに古く、その形態、機能は時代により、地域や圏域により、各種各様である。そこには様々な生活の知恵、経験、勘、感性、宗教などを駆使して展開されてきた。しかし、こうした営みが諸科学の知見、法則を導入して体系的に展開されるようになるのは、20世紀初頭からであるといえるであろう。もちろんそれ以前にも世界各地では、これらの営為を合理的にかつ科学的に実施しようとする試みが多く存在したことは事実である。しかし、20世紀になると、諸科学の急激な発展がみられるようになり、福祉領域に限らず多くの援助専門分野に科学の知見や法則を積極的に応用し、合理的で科学的な援助活動として、展開する試みが急速に増加してくる。

　これには一方における専門職養成や教育組織が整備されるとともに、他方では専門職の社会的地位の向上を目指す動きも看過できない要因であり、これらの諸要素が相乗作用を起こしながら、援助専門職を目指すソーシャルワークの科学化と理論化が促進されたといっても過言ではない。

　このように、ソーシャルワークの世界においても、専門の社会福祉職員の養成・教育する大学、大学院が整備され、それに伴って教科・カリキュラムの中に人間科学としての経済学、社会学、心理学、精神医学、栄養学、人類学などの知見や法則などを組み込む試みがみられ、次第にソーシャルワークの内容が科学的裏づけを必然とする傾向が盛んとなっていく。これが科学化と理論化を一層促進することになる。

　ところがソーシャルワークのように理論が実践と直結している世界では、理論を具象化するためには、高度な面接技術などを絶対的な要件として、技術教育

が専門的な実務教育としての技術化も不可欠な条件となり、専門家たるソーシャルワーカーにとって高度な技術力が強く希求されるところとなり、その技術教育にも一層の努力をしなければならなくなる。特にソーシャルワークが、貧困問題以外の医療、とりわけ精神医療や教育、司法、職業訓練などの領域に進出することになると、より一層高度な専門性と優れた技術力が問われることとなった。このようにして、ソーシャルワークは、自らもその科学化、理論化、技術化に向けて邁進することになるが、同時に隣接諸領域からの要請に応えていくためにも自らの専門性を高度化し、精緻化して、独自性を明確にするとともに固有の実践的貢献もしなければならない必然性があったといえるであろう。

1節 ソーシャルワークの科学化、理論化

20世紀初頭からソーシャルワークの科学化が進む諸要因を指摘してきたが、その代表的な作品は、リッチモンド（Richmond）の『社会診断』（1917）であり、『ソーシャルケースワークとは何か』（1922）であるが、その歴史的背景には、慈善組織化協会（COS）における救済援護事業の漏洩や重複現象の顕在化に伴う管理化、効率化を目指す調査、登録、調整、訪問活動であったことはいうまでもない。これらはいわゆる科学的慈善（scientific charity）の発端であり、その後の従事者養成・訓練の講習会の開催につながり、やがて1910年頃までに多くの大学、大学院におけるソーシャルワークの専門教育体制の整備として発展していく。このような教育養成の部門における整備は当然の結果としてカリキュラムの充実として発展し、その中からいくつかの代表的な理論が台頭することになる。

また、ロビンソン（Robinson）は、タフト（Taft）らとともに、『ケースワークの心理学的変化』（1930）に、これまで福祉事業は誰にでもできるいわば素人の営みであったが、精神分析学説が導入されることによって、より専門的な援助内容に発展したことを評価するとともにケースワークの精神内界への方向づけ（intrapsychic orientation）を促進することになる。また、第一次大戦中に起きたシェルショック（戦争神経症）の解明に精神分析医とソーシャルワーカーが

密接に連携することによるミリタリーソーシャルワーク（military social work）の発達がソーシャルワークの発達に一層の拍車をかけることになる。さらに退役軍人病院を中心とした戦力復帰やリハビリテーションにおけるソーシャルワーカーのかかわりがソーシャルワークの発展に貢献したことも看過すべきではない。こうした経過を経ながら、ソーシャルワークの理論を構築していく動きもみられ、多くのソーシャルワークをめぐる理論が出版されていくことになる。

その後、ロビンソンらに次いで、ソーシャルワークにおける科学化と理論化は積極的に進められ、次々に新しいソーシャルワークの理論体系が登場することになる。例えば、トール（Towle 1932）、ハミルトン（Hamilton 1940）、パールマン（Perlman 1958）、ホリス（Hollis 1963）、ピンカスとミナハン（Pincus & Minahan 1973）、ターナー（Turner 1974）、ジャーメインとギッターマン（Germain & Gitterman 1981）、ジョンソン（Johnson 1989）など北米を中心に多くの優れたソーシャルワークの理論体系が出版された。これらの研究業績の詳述は類書に任せることになるが、最も興味ある事象は、これらの著書のほとんどが出版との時間差なしに日本において翻訳、出版されるという動向がみられたことも注意すべきである。

例えば、トールの『人間に共通な要求』、ハミルトンの『ケースワークの理論と実際』は、基本的にはリッチモンドの理論を発展的に継承し、後のホリスらの「心理・社会的アプローチ」の基礎を構築することになる。

パールマンは1930年代に始まった伝統的な診断学派と機能学派の激しい論争に統合化を目指す論理として役割概念を活用した「問題解決モデル」の提言を行い、新たなソーシャルワークの境地を開拓することになった。ピンカスとミナハンらは折からの高度成長の陰の部分として社会問題化してくる環境悪化の下で、ソーシャルワークの分野にも「システム理論」を駆使して、新たな境地を拓く試みをなし、広く利用されることになった。さらにこうした人間と環境との関係性が社会問題化した情勢の中で、生物学の一環をなす生態学を導入し、「人か環境か」というあれかこれか論理を凌駕する試みを展開したのが、ジャーメインとギッターマンの『ソーシャルワーク実践における生活モデル』（1981）であり、これまでのソーシャルワークにおける人と社会環境を同時一体的に把握す

る論理として展開されることになる。

　ターナーはこれまでソーシャルワークの世界で構築されてきた理論・実践モデルあるいはアプローチを体系的に整理、自らも「相互連結論」を提唱した。さらにロビンソンらは、多様化し、複合化する生活問題へのソーシャルワークの新たなモデルとしてジェネラリストアプローチを提案した。

　日本においては、戦前からケースワークを中心にした理論の紹介は竹内愛二らによって紹介、導入され、その現場・臨床への定着に努力された。第二次大戦後は、仲村優一、小松源助、柏木昭、黒川昭登らによって最先端のソーシャルワークの理論を翻訳、紹介しながら、日本の現場にいかにして定着させるかについて腐心された。その意味で、日本においてソーシャルワークの国際的な理論情報は居ながらにして学習ができるという便宜にあやかることができた。

2節 ソーシャルワークの日本導入をめぐる議論

　このような欧米におけるソーシャルワークの成果が戦前戦後を通じて先覚者によって紹介、導入されることとなり、特に昭和初期の大恐慌を契機にして、貧困救済、医療、教育、職業指導、青少年問題など広範多岐にわたる領域に応用する試みがなされることになる。しかし、福祉の現場では、基盤となる公的法制の整備、民間福祉施策の未成熟などによってわざわいされ、ソーシャルワークの定着には極めて厳しいものがあったといえる。その歴史的経緯については拙著『ケースワーク研究』（1973）において詳述しているので、ここでは概要のみを紹介する。

　このように厳しい状況の中にあってもソーシャルワークを実践現場に導入しようとする先駆的な試みは、三好豊太郎、竹内愛二、浅賀ふさ、福山政一、小沢一、林市蔵などによって展開されることになるが、それを実質的に受け入れる福祉施策サービスが十分でなく、これらの努力が十分に生かす場と機会に恵まれず、結果として十分な成果を収めることなく終始したといわざるを得なかった。その中でも浅賀による聖路加病院における医療ソーシャルワークの実践は特別な医療環境に恵まれたとはいえ、大きな基盤と足跡を残すことになる。また、

小沢一は救護法（1929）制定前後から、この法制度の運用をめぐって積極的な発言を行い、大きな役割を果たした。また、竹内は1938年に『ケース・ウォークの理論と実際』を出版し、北米における当時の最先端理論と実践モデルを体系的に紹介するとともに日本の福祉領域への定着を目指したが、当時日本における折からの高度国防国家体制のもと、ソーシャルワークにおける個人の尊重などの理念とは裏腹に戦時統制下が急速に進められる中、戦後に至るまでいわばお蔵入りを余儀なくされることになる。いずれにしても、日本におけるソーシャルワークの導入は、昭和初期からの経済大恐慌、やがて昭和10年代における戦時体制への突入によって、ソーシャルワークは再編成や修正的な活用にゆがめられていくことになり、近代的な意味合いのソーシャルワークは実質的な定着はみられなかったといえるであろう。

3節　第二次大戦後のソーシャルワークの展開

　第二次大戦終了後は、占領下において社会福祉の近代化、民主化の一環として、GHQは専門技術の導入を急ピッチで進めることになる。そして、いわゆる福祉三法の基礎的施策の整備に向けた施策が制定された。しかし、戦後の混乱の中で、施策そのものの内実が整わず、専門技術は表層的な対応手段でしかありえなかった。こうした施策サービスの低迷状態の中で、推移することになっていくが、先駆的なソーシャルワークの導入と応用がなされるようになる。例えば、保健所法の改正による医療ソーシャルワークの導入、国立精神衛生研究所、国立病院、赤十字病院、済生会病院あるいは一部の民間病院などにおいては、いわゆるメディカルソーシャルワークを導入して、先駆的な事業活動を展開することになる。また、福祉事務所におけるケースワーカー（主事）の導入、児童相談所の児童福祉司、家庭裁判所の調査官などの採用がみられるようになるが、施策サービスの内容や水準とソーシャルワークが目指すものとの間には、大きな懸隔と乖離があり、思惑と現状との間のギャップは容易に補完できない状況が継続されることになる。

　こうした事態に対して、一番ヶ瀬康子（1963）は、いわゆるソーシャルワーク

の出自をめぐる背景と文化の相違を踏まえた理論を展開している。詳細を取り上げることは省略せざるを得ないが、以下の点の指摘がなされている。

第一は、ソーシャルワークの形成された社会的、経済的背景の差異性に着目し、異なる社会的文化的「土壌」で生成された技術であるソーシャルワークを土壌の異なる日本に持ち込もうとしても文化も思考様式も異なり、親和性に欠けるところが多く、直訳的導入は、実践現場にはなじみにくいのではないか、という指摘である。

第二には、背景の異なる社会で形成されたことを「無視して模倣を行う様な結果になりかねない」。したがって、翻訳、導入、実践されたとしても、「形式的な模倣か、無意味な挫折しか生まれない」と厳しく批判し、「わが国の国民生活の現実に立つ問題意識にもとづき、検討、選択されるべきである」と鋭く論じている。つまり日本における社会福祉施策とサービスとを「媒介」する方法・技術としては、日本の現実を基盤にして、日本的に修正しない限り難しいのではないかという指摘である。

この指摘は、一面では当を得た指摘ではあるが、ソーシャルワークの生成過程や内容は、国の事情、圏域の違い、宗教、社会、文化等の差異があることは周知のところである。反面、その根本には歴史を超越した人類共通の生活問題解決への動機や普遍性のある方法や技術も含まれており、背景の違いのみではなく、普遍性、共通性があることも看過してはならない。また、文化は、社会人類学的にいえば、その伝播過程には、接触、交流、葛藤、対立、拮抗などの紆余曲折を経て同化（assimilation）し、融合する側面をもっていることも見逃してはならない。

他方、角度は異なるが、ソーシャルワークそのもののあり方を含めて厳しくそのあり方についての批判を展開したのは孝橋正一である。孝橋理論は本来社会福祉を社会科学的にかつ構造論的にとらえた理論であり、福祉問題の因果論からすると、ソーシャルワークは、いわば「木に竹を接ぐ」論理であるとする批判である。それもそのはずで社会福祉問題の発生や原因あるいは背景が、社会構造である資本主義社会の制度上、構造上の矛盾や不備に起因するものであり、根本的な解決緩和には、社会科学的な方法をもって対応すべきであり、ソーシャ

ルワークのように人文学や心理学あるいは社会学等のいわゆる行動科学の知見や法則を応用して展開される技術や技能をもって対応すべきものではなく、また、できるものではないとする立場である。

　この点については、筆者の拙著『ケースワーク研究』（1973）においても、以下のような視点から孝橋のソーシャルワーク批判を再批判したことがある。この批判に対する孝橋の論点は『現代資本主義と社会事業』（1977）の中に取り上げられているので、詳述を避けるが、要点のみを取り上げれば次のようにまとめることができる。

　つまり孝橋理論は社会政策の研究方法論を社会福祉事象の解明に援用して体系化したもので、政策としての社会福祉（社会事業）を論じたものである。いわば、マクロな視点からの理論体系であり、必ずしも第一線の現場において、利用者が待ったなしの課題を抱え、対応している現場職員の手続き上の「技術」を述べているわけではなく、孝橋理論からすると、現場で活用されているいわゆるソーシャルワークのあり方を政策論の立場から批判的に論じたものである。したがって、その論理からすると、現場におけるあれこれの具体的事情にどのように対処するかについては、論理の一貫性からすると、木に竹を接ぐことになり、整合性に欠けるとする立場は、孝橋の理論からすると、当然の帰結であるといわなければならない。後述するように孝橋自身も「社会科学的な方法論によるソーシャルケースワークの内容についての知識を提供したに過ぎない」（孝橋1977：310）としている。その観点からみれば、政策学的観点から、現場におけるソーシャルワークのあり方を批判することは自由であり、学問の自由から見ても何ら問題はない、ただ、観点の基本的違いを相互に理解し、了解したうえでの議論になっていないところに問題がある。すなわち政策学の立場からすれば、問題の本質である社会構造の根本的矛盾を技術的な方法で解決しようとしているところに「木に竹を接ぐ」ものであるという論理は一定の意味をもつ。しかし、問題の緩和解決への緊急性に対応することと一国の社会福祉政策のあり方をめぐる議論とは、必ずしも同一次元で論じあうこと自体が無理であった。

　これをめぐる論争は、やがて「あれかこれか」の二項対立の論議として「政策論」と「技術論」となり、一方では、技術論批判として批判し去る論理となり、

他方では現実的な課題として技術の有用性を強調して譲らないという立場が平行論を展開することになり、これらを凌駕する新たな立論が提供されないまま推移したことも事実である。

しかし、現実には政策論も技術論も不可欠な条件であり、互いに必要条件と十分条件を保有していることは事実であり、その位置づけをめぐる議論は立場性の問題であり、その論理的な延長線上で議論を進めるべきである。

筆者が取り上げた論点は、社会福祉における政策の社会的必然性を踏まえたうえで、一連の福祉施策との関連で建設的、創造的に媒介となるような条件を用意できれば政策と専門的技術は双方で必要条件となり、かつ十分条件となりうるものになるのではないか、その意味でその可能性を探るべきではないかと考える。その限りでは政策研究者は技術論を批判し去るのではなく、相手の立場を踏まえたうえでの政策論の立場から技術の内実を論じるべきである。したがって、政策論の立場からの批判は自由であり、新たなものを創生する契機となり、起爆材料となる建設的な議論を進めるべきである。

これに対して、孝橋氏は次のような論考を提案している。少々引用が長くなるが重要な議論であるため引用することにしたい。

孝橋氏は「岡本は手際よく、しかも的確に私（孝橋）のソーシャルワークについての思考や論理を要約的に整理して、私が強調する社会事業における政策的保護の規定的重要性や貧困現象とそれに対応する政策もまた社会＝経済法則に規定されていることに賛意を表している。」（孝橋 1977：305）。つまり「個別保護においては、その性格上…個人の中に歴史が埋没することを懸念し…」「その全体系が社会科学的方法論によって貫徹される必要があること」そして「そのことによって社会の中における個人への援助が具体的・現実的になるとされているが、…これはワーカーとしてもたなければならない基本的視点であって、それを基盤として方法上の差異が具体的にどのように展開されていくのであろうか。」（岡本 1973：15）。つまり、「その視点を踏まえれば、具体的援助が技術論的立場の方法、技術とは別の体系として出てくるのであろうか」（筆者傍点）。さらには「孝橋氏は技術論的体系が有する心理主義への偏向が社会福祉の本質理解を妨げ、福祉問題を人間関係に還元して捉えることへの批判をされてい

るのであって、ここで取り上げた問題（具体的援助の社会科学的展開という意味であろう？　孝橋の注）を取り上げているわけではない」（岡本 1977：10-11）。

一方、社会科学的立場からの技術論体系への批判によって、「学ぶべき点はこれまで進めてきた『科学化』に新たな社会問題視点と社会関係的視点を導入する」ことを要請する（岡本 1977：11-12）。

この問題提起に対して、孝橋は、「これまでの孝橋批判はあまりにも荒っぽく、批判者のペースで私の思想と理論を虚像にして、それでいて、それをもって私を批判的に乗り越え、追い越したものと満足に浸っている場面をしばしば経験したからである」（孝橋 1977：307）とし、続いて、技術論に関する「孝橋批判は外在的な見方・立場からの批判であるという言葉が跳ね返ってくる場合があまりにも多いことである」（孝橋 1977：307）と指摘する。別言すれば、孝橋の発言は「社会事業原理を専攻する学究としての私の限度において視角・視座を提供し、そこに開かれてくる視野の中でのみ社会科学的方法論によるソーシャルケースワークの内容についての知識を紹介しているに過ぎないのである。そこまでが私（孝橋）の仕事であり、そこから先はソーシャルケースワークを専攻する学究や現場のケースワーカーが自分自身で為すべき本命であるはずである」（孝橋 1977：310）として研究者としての中立性を保持している点は、これまでの厳しい批判的な論述とは異なるのではないかと感じておられる向きがあろう。

他方、孝橋は引き続き「このことを岡本民夫は的確に判断し、私（孝橋）に過分の要求を突き付けてはいない、その当たり前の発言（岡本）に私は感動をおぼえる」（孝橋 1977：310）。なぜならば、「私に対して、それほどの批判をあびせかけるなら、私自身でケースワーク体系を展開せよという注文もしばしば聞かれてきた」からである（孝橋 1977：310）。

このように孝橋正一と岡本民夫とのやり取りは終わっているが、その後における孝橋との対面的な会話の中で、孝橋は重要な発言をしている。それは若手研究者に対する注文としての発言であったとも受け取れるものであった。それは文字にはなっていないが、「新しい時代に相応しい研究活動を展開してほしい」という懇願ともいえる発言をされたことが強く印象に残っている。

今一つは、文化の違いや宗教の違いは厳然として存在するが、それならば、

生活を日々営んでいる生活者のライフスペース（life space）に即したソーシャルワークを開拓し、開発し、発見し、創生する具体的方向への提言がなされる必要がある。

　ところで、当時の社会福祉施策の成熟度合からすれば、専門の技術を議論するよりは政策施策の促進・推進の方が優先される段階にあったことは事実であり、グローバル化やダイバーシティの進行がそれほど進捗しておらず、福祉施策そのものの未成熟状況にあっては、このような議論に至る段階には達していなかったのかもしれない。

　さらに最近では、日本型ソーシャルワークの創生に向けての新進気鋭の研究者が新たな観点から、その構築に向けて意欲的な取り組みがなされており、新たな発展・展開が大いに期待されるところである。例えば、芝野松次郎は、児童福祉の分野を中心に新たなソーシャルワークの理論モデルを構築している。また、空閑（2014）は、日本人の生活や文化に根差したソーシャルワークのあり方として「生活場モデル」（life field model）を構想したものであり、これまでの海外のソーシャルワークを否定するのではなく、人々の暮らしの中で、日常的に営まれている生活を見すえて実践されることの重要性を強調した作品である。筆者が1980年代から主張し、提案してきたいわゆる「実践の科学化」の一環として、生活の場からソーシャルワークを組み立てていく帰納法的手法は極めて高い見識と発想で進められていると評価するべきであろう。

4節　ソーシャルワーク実践を通じて立証・論証

　その後、若手中堅の研究者がソーシャルワークの日本における課題を解くために新しい試みを展開しつつあることに注目すべきである。

　本節では、新たな展開について考察してみたいと考える。それは前述のように先進諸国で創生された先端理論の優れた業績を翻訳、紹介、導入するにとどまらず、これらを日本の土壌としての現場や臨床において応用し、その有効性や理論の整合性を確認し、立証してみるという試みである。

　言わずもがなではあるが、自然科学とは異なり、社会科学や人文科学のよう

に人間の生活に密着し、向き合い、生活そのものと一体となって展開しなければならない世界では、評論家的な見方が許されないところであり、慎重な対応が強く希求されるところである。

　さて、その代表的な業績が、山辺朗子の『ジェネラリスト・ソーシャルワークの基盤と展開』(2011)である。この業績は、十数年前から日本におけるソーシャルワークの新しい側面を切り拓くのではないかという期待を含め、大々的に紹介されてきた実践的なモデルであるジェネラリスト・ソーシャルワークである。この作業は山辺、岩間伸之らによる膨大な文献の翻訳作業のほかに一連の的確な実践理論モデルの紹介など学術的、実践的な情報が日本に導入されている。その限りでは、従来の翻訳、紹介、導入にすぎないが、これらの作品はそれを社会福祉現場に当該職員とともに参加し、関与しながら確認し、立証し、証明しようとするところに従来のソーシャルワーク理論の紹介とはある意味で決定的な差異をもつものである。

　通常、科学の世界では、外国の理論や学説は内容を分析、吟味したうえで応用の可能性や有効性に関する吟味や予測などを行い、内容の詳細を検討し、そこからいかなる課題があるかを析出し、いわゆるパイロット・スタディを行い、それを踏まえて実践に移すというのが普通のやり方である。

　戦後多くのソーシャルワークをめぐる最先端の理論や学説が紹介されてきた。これは貴重かつ重要な作業であるが、それに対応する現場・臨床場面における応用的実践がなかなか具体的に進められずにいわば放棄されることが多く、その的確な評価も十分になされないまま、理論モデルが名称として独り歩きするような状況にあったことは否定することができないであろう。しかし、山辺らの試みは、理論モデルに関する周到な吟味・検討を行ったうえで、その応用の可能性を慎重に吟味し、現場とりわけ母子生活支援施設や児童養護施設において職員とともに理論の応用を検討し、利用者の協力を得て実践活動を展開しているところに大きな特徴があるといわなければならない。それは施設現場における実践活動とともに展開され、この理論モデルの価値と有効性を立証しようとするものである。

5節　日本流ソーシャルワークの構築

　1990年代以降、東西の冷戦の終焉、これに随伴するグローバル化が進み、経済、流通、情報、環境、文化、人材などあらゆる事象が従来の国境を越え、かなり自由に交流、展開できるようになり、それが各国各圏域では、文化の多様性と個性の拡大と拡散がもたらす「ダイバーシティ（diversity）現象」によってわれわれの生活のあり方に大きな影響が出てきている。それに伴って、生活課題の具体的側面にかかわるソーシャルワークでは、これらの広義の文化の多様化と複合化にどのように対応していくのかが重要な課題となっている。こうした事態に対して既存の理論・モデルでは十分に対応することが難しくなり、いわゆるパラダイムの危機に当面したことは言うまでもない。

　そこで、改めてソーシャルワークの「パラダイム転換」を含めた新しい研究方法論に取り組む必要を痛感している。そのためにもソーシャルワークの研究・実践に関する研究においては、すでにその過程において、先述のように、当初から科学化、理論化、技術化、定着化を目指して、一連の努力が展開されてきた。

　その意味で、現下のソーシャルワークの見直しをする必要が出てきた。国際的な視野からみても、2000年モントリオールで採択された「国際定義」も2014年には、改めて定義を見直し、「グローバル定義」（メルボルン）として採択されるなど、大きな変化がみられるところである。しかし、このようなうねりの中で、注意しなければならない点は、その経緯の中で、新たな先駆的研究方法論の産出が不可欠であると考える。その中には「変えてはならないもの」、「変えるべきもの」、そして「新たに創生すべきもの」があり、ソーシャルワークはこれらを俯瞰図的に見すえながら、考察していかなければならない。

(1)　ソーシャルワークの科学化

　ソーシャルワークが慈善事業における勘と経験に依存するあり方に合理性、能率性、効率性などを目指す組織化がすすめられ、やがて科学の知見と法則を導入し、いわゆる科学化の歩みが促進されることになり、いわゆるscientific charityをはじめとする一連の科学的思考を中心とした研究実践活動が盛んに

なっていく。その代表作品がリッチモンドの『社会診断』(1917) であり、『ケースワークとは何か』(1922) であるが、その根底には、医学にモデルを求めながら、援助活動における合理性、効率性を目指すいわゆる科学指向の動向が読み取れる。しかし、他方ではこの動向を裏づける方向として、20世紀初頭から急激に発達した一連の科学の動向とその影響も等閑視することはできないであろう。つまり援助や支援の活動や事業を合理的に科学的に展開しようとする方法として、諸科学の知見、法則をその目的のために導入、援用、応用する傾向が一般的となる。特に医学、心理学とりわけ精神分析学、精神医学、社会学、経済学等々の知見と法則が積極的に導入され、ソーシャルワークとりわけケースワークにおける進展に大きなインパクトを与えたことは言うまでもない。ただ、そこには隣接の援助専門職における理論化、科学化の影響が避けられず、ソーシャルワークが社会的な評価と立場を保持するためには、かなり大胆な科学の導入があったように考えられる。特に援助支援の合理性と効率性を目指し、その有効性を明らかにするためにあるいは援助という営みの合目的性を社会的にアピールするため、ソーシャルワークの意味と価値を証明しながら、その存立意義を社会的に発信しなければならない内輪の事情もあったことは無視できない。つまり、ソーシャルワークの世界では、かなり無節操に諸科学の知見を採用したためにソーシャルワークの自己同一性 (identity) が損なわれるほど隣接分野に限りなく近い援助の体系がつくり上げられることになる。この功罪については議論の分かれるところである。

(2) ソーシャルワークの理論化

この背景には19世紀末からの従事者の養成・教育・訓練の台頭が極めて重要であるが、その環境条件を基盤にして、ソーシャルワークの科学化と同時並行的に独自理論の構築に向けた努力がなされるようになる。しかし、内実はやはり隣接諸科学からの知見や法則の大幅な援用であるため、それらが下敷きとなって、理論化されるための限界もしばしば露呈されることになった。例えば、ロビンソンの指摘のごとく、ソーシャルワークが素人の営みからようやく専門職らしい活動ができるようになったのは、精神分析学説の導入によってであった、と指摘する。こうしたあり方に今さら批判をしてみても詮無いことではあるが、

こうした隣接諸科学への依存体質は未だに払拭、解消されてはいないことに戸惑いを感じるのは、筆者のみであろうか。

　人間の自立を支援するソーシャルワークであるならば、ソーシャルワーカー自身の専門家としての「自立」を考慮すべき時代を迎えているのではないか。

　いずれにしても20世紀初頭から百余年を経過する中で、次々に台頭してくるソーシャルワークの理論・モデルを見ている限り、諸科学に依存する体質から脱却していく開発的な研究が必要であるように思われてならない。

(3)　ソーシャルワークの技術化

　ソーシャルワークの技術は「たかが技術」と酷評されたり、揶揄されることが多いが、実践・臨床場面においては「されど技術」であり、これなくして、高度な専門的な実践活動が不可能であることは論をまたない。それゆえにこれらの技術を精緻化し、高度なものにしていくことは、クライエントにとっても極めて重要である。ここでもソーシャルワークの技術は、サリバン（Sullivan）、堀要、堀見太郎らの精神医学の面接技術や、ロジャース（Rogers）のクライエント中心主義を基盤とした非指示的面接法、最近では、マイクロカウンセリング等々からソーシャルワークに導入、援用され、利活用されている。このことは、先述のように誤りであるという意図は毛頭ないが、福祉実践の内なる世界から、内生的、自生的な実績や理論・モデルを開発しようとする試みがみえてこないのは、寡聞にして、不勉強のためであろうか。

(4)　ソーシャルワークの定着化

　この努力は日本では大正末期から多くの熱意ある社会事業家によって、展開されてきたが、制度施策内容の未成熟、実践活動の展開過程における文化的相克、その差異性、とりわけ日本の生活者の価値観、人生観、社会通念、常識などの社会的、文化的な差異によって、具体的な援助活動の中になじまず、定着することが困難であった。勿論ソーシャルワークの根底に通底する普遍的原理や原則は守られているが、十分な親和性をもって歓迎されてはいない。その点、ケースマネジメントやケアマネジメントは、施策の独立化、合理化の方向に準じて、短期間に施策運用の中に定着することになっており、結果の善し悪しは別として、極めて対照的である。しかし、現在外国の理論・実践モデル

が実際の現場や臨床に親和性や有効性をもって機能しているかに関する検証、評価によって、理論・モデルの有効性、効果性の立証作業を進める必要がある。すでに山辺朗子らによって、その「再現性」の確認が行われるようになってきている。さらに日本における内生的、自生的な理論・モデルの開発が芝野松次郎『社会福祉実践モデル開発の理論と実際』（2002）や同氏『ソーシャルワーク実践モデルのD＆D』（2015）、さらに『日本の生活場モデル』の開発が空閑（2014）によって行われた。まさに日本という生活場面から抽出された知見や経験則を基盤にしてソーシャルワークの新たな構築が目指されるようになっている。

6節 | 新しいソーシャルワークの創生に向けて

　これまでの研究歴の中で、これから新たに開拓し、創生に向けて努力したい課題に「新しいソーシャルワークの研究方法論の開発」がある。次の図が可視化しようとして作成したものである。

　1つは、「科学的研究方法」である。これはソーシャルワークが創設以来採用してきた研究実践方法論である。つまりソーシャルワークの基盤として既存の諸科学の知見と法則を導入、援用して、専門的な実践技術として体系化を図ろうとする試みであり、最も伝統的な研究方法であり、今後も継続的に踏襲されていくものであろう。換言すれば、ソーシャルワークの理念、目標の達成を目指して諸科学を応用する、いわゆる理念から具象への道筋を展開する、演繹法的な研究方法である。

　2つには、「実践の科学化」である。ソーシャルワークはもともと実践的な営みが主流であり、日常業務の中で、ワーカーはクライエントとの関係や社会資源の利活用あるいは開発を通じて、貴重な現場・臨床経験や体験を日々重ねているところであり、これらの諸体験や現場の実践的成果を体系的に集積・パイリングして、その中から新たな経験法則や知見を析出し、既存の実践的モデルにはみられない新知見を加えることによって体系化していく道筋である。つまり現場・臨床における経験を積み上げていく、いわば具象から抽象への帰納法的

研究方法論である。近年現場からの研究成果として、統計的な手法や質的調査法、事例研究法などを駆使した成果が次々と産出されており、いわゆる帰納法的方法による相互に共有できる実践研究成果が多く生み出されるようになっている。

3つには、「利用者ニーズの論理化」である。これは古くから社会福祉の援助は「対象者の立場から…」を目指して展開されてきたが、施策や法制度の整備充実や高度な専門分化に伴って、援助側の論理が優先され、サービス実施の背景となっている「行政庁の裁量の結果」に基づく「措置」が優先され、「制度内実践活動」と揶揄されるように供給側の論理が優先されるパターナリズムや行政処分の措置が、半世紀以上も続いた。そこでは、利用者の立場やニーズが等閑視され、時には利用者不在の論理がまかり通ることがしばしばとなっていることが多かった。

これに対して、今日利用者本位、クライエント中心主義の理念が声高に叫ばれるようになり、措置型福祉から契約型福祉への移行に伴って大いに促進されている。

図　新しいソーシャルワークの新展開

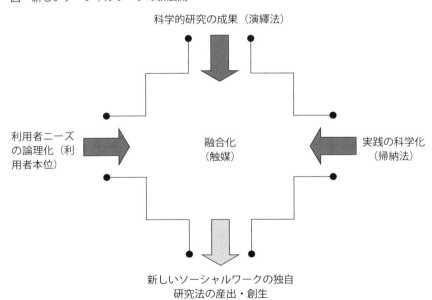

そこで改めて利用者の立場に立ち、ソーシャルワークの支援は利用者が主人公であることを実践の中に具象化していくことを目指すものである。これは利用者のあれこれの要望、要求、期待などを含めた広義のニーズをいかに網羅的に総合的に収集、集積、整理して、いかにして論理的に援助原理の水準にまでグレードアップして、「独自の援助・支援の論理」を構築できるように体系化することである。岡村重夫が「全体性の原理」と「主体性の原理」を取り上げる中で、社会福祉的援助は、生活の全体を俯瞰図的に注視し、把握し、個々の生活問題に部分化したり、分節化しない理念を貫徹すべきであるとしている。これは外部から利用者の問題を部分に分けずに把握するということであり、換言すれば、「生活者の主体性」としての利用者の生活論理を重要視することを意味する。したがって、両者は別の表現をしているが論理的には同一理念を示すものであると理解できる。ここでいう「利用者ニーズの論理化」は、利用者本位、クライエント中心主義と同一の視点から援助・支援することを意味するものであるといえる。

以上、3つのアプローチの具体化を進める方法論を提示したが、それぞれの実践から析出、抽出されてくる結果ないし成果は、異質な内容や次元の異なるものになることが予想される。しかし、こうした成果を並び立てたり、攪拌してみたところで、そこからは新しいものが産出されることはあまり期待できない。弁証法的に展開するには、条件が異なりすぎると言わなければならない。

次のステップとして、上記のように異質で、次元の異なるものから新たなものを開発、発見、発明、創造する方法として、「触媒」を介して展開する「融合化」の方法を考えている。すなわちこれらを羅列や攪拌するのではなく、一定の触媒を投入することによって、そこから新たなものを生み出していこうという大胆な発想である。近年科学の世界では、従来のチームワークを超越したいわゆるコラボレーション方式による新製品や新ソフトの開発が盛んである。この方式は異職種、異業種の専門家による議論と発想の提示、例えば、「ワールドカフェ」にみられる方式によって、開発、発見、発明に向けて努力することである。当面社会福祉の世界ではいわゆる「福祉シンクタンク」を中心に議論を戦わし、その中から当面成果を抽出することが必要であろう。また触媒については、河

合隼雄先生に指摘されたことが、強烈な印象として残っている。それはこの種の触媒の創生には、いろいろな切り口から、アプローチを試み、その発想、着想、アイディアなどを生み出していく創造と発見と発明が必要とすることになる。

本章では、日本における、ソーシャルワークの過去・現在・未来を取り上げてきたが、今後はこうした業績を基盤にして、演繹法的な研究・実践も重要であるが、今一つ現場実践という具体的生活場面を基盤にして、そこに発生してくるソーシャルワーク問題つまり生活問題という具象を系統的に集積し、その堆積された事実を基礎にして、新たな知見や法則性を発見することによって、内生的、自生的に日本流ソーシャルワークを創生していく努力を積み重ねていかねばならない。

参考文献
一番ヶ瀬康子（1963）『アメリカ社会福祉発達史』光生館.
岩田正美・田端光美・古川孝順編著（2013）『一番ヶ瀬康子理論の再検討――生活権保障とその広がり』ミネルヴァ書房.
岡本民夫（1973）『ケースワーク研究』ミネルヴァ書房.
岡本民夫（2010）「日本におけるソーシャルワーク導入と思想」『社会事業史研究』30，39-51.
岡本民夫（2011）「書評 山辺朗子著、ジェネラリスト・ソーシャルワーク基礎と展開」『同志社社会福祉学』26，126-128.
岡本民夫（2014a）「書評 新しい社会福祉理論創生への基盤」『社会福祉研究』120，195.
岡本民夫（2014b）「書評 窪田暁子著、福祉援助の臨床――共感する他者」『日本ソーシャルワーク学会・研究紀要』26.
岡本民夫（2014c）「日本におけるソーシャルワークの理論と実践――過去・現在・未来（その1）」『ソーシャルワーカー』13，1-9.
岡本民夫（2015a）「日本におけるソーシャルワークの理論と実践――過去・現在・未来（その2）」『ソーシャルワーカー』14，1-8.
岡本民夫（2015b）「私の研究史」『社会事業史研究』48，141-152.
柏木昭（1966）『ケースワーク入門』川島書店.
木原活信（2003）『対人援助の福祉エートス』ミネルヴァ書房.
空閑浩人（2014）『ソーシャルワークにおける「生活場モデル」の構築』ミネルヴァ書房.
久保紘章・副田あけみ編著（2005）『ソーシャルワークの実践モデル――心理社会的アプローチからナラティブまで』川島書店.
孝橋正一（1977）『現代資本主義と社会事業』ミネルヴァ書房.
小松源助（1995）『ソーシャルワーク研究・教育への道』（私家版）
小松源助（1997）『（続）ソーシャルワーク研究・教育への道――足跡断面収録集』（私家版）
小松源助（2002）『ソーシャルワーク実践理論の基礎的研究――21世紀への継承を願って』川島書店.
芝野松次郎（2002）『社会福祉実践モデル開発の理論と実際』有斐閣.
芝野松次郎（2015）『ソーシャルワーク実践モデルのD&D――プラグマティックEBPのためのM-D&D』有斐閣，91-129.
仲村優一（1957）『ケースワークの原理と技術』社会福祉調査会.
山辺朗子（2011）『ジェネラリスト・ソーシャルワークの基盤と展開――総合的包括的な支援確立に向けて』ミネルヴァ書房.

第2章 ソーシャルワーカーによる実践の思想史的生成
―社会環境を創り出す葛藤止揚過程としての〈自己決定〉への支援―

　ソーシャルワークの目的として、クライエント（問題当事者）の主体性の回復と生き方の幅の拡大支援が挙げられる。主体性とは、環境と他者と自己に目的的にかかわることであり、かつ、人生と境遇に"自分が選び取ったもの"として責任をとり（応答する努力を取り続け）、その再創造に積極関与し、また、他者の尊厳を傷つけている"負債の自覚"をもとうとすることであると考える。ソーシャルワークの方法は、①社会資源のクライエント主導での活用支援、②社会システムからのクライエントの人権擁護、③標準的生活保障の権利発揮支援、④クライエントによる社会資源の開発支援、等がある。

　ソーシャルワーカーは、これらのことを福祉的価値観に基づいて行う。その価値観を本章では、Beingの価値（フロムの用語）に包摂されたHaving（地位・名誉・物と金・容姿・権力の所有）の価値と位置づける。つまり、重い知的障碍をもつ人に、Havingの価値を相対化するメタ価値を見出すことである。そのためには、「苦悩の仕事」、「悲嘆の仕事」という自己受容過程が時と場所と関係において必要である。筆者はこれを本章で、「葛藤止揚過程」と表現する。ベイトソン（Bateson）は、これを「底極め」といい、河合隼雄は「井戸掘り」、山中康裕は「冥界入りと丸ごとの戻り」と表現していると考える。

　糸賀一雄の同志である田村一二は、「人間の底にある素朴な大らかさ、のびやかさ、あるいは、いいようのない淋しさ、ほのぼのとした笑い、ぞっとするような不気味さ」を福祉実践から享け、それを「底流の流露」として意識化した。底流感覚に鋭敏になることが可傷性であり、共感のキャパシティであろう。これこそ、ソーシャルワーカーに最も求められているものではなかろうか。本章では、この葛藤止揚過程を環境に主体的に取り組むという意味で"自己決定の実現"

ととらえ、環境とは何かを問い、先人の実践の思想と背景を考察したい。

1節　ソーシャルワークの働きかけ対象とは何か

　ソーシャルワークとは、リッチモンド（Richmond）によれば、「人と社会環境」の調整を通して、①生活の向上、②社会の改良、③パーソナリティの発達を同時に図る過程である、とされる。また、ホリス（Hollis）によれば、働きかける対象は、「人と状況との全体関連性（person-situation configuration）」と表現される（ホリス＝1966：196）。つまり、人は、「環境」もしくは「状況」と呼ばれる、"出会う人物"、"家族"、"地域"、"所属集団"、"社会・機構"、"人工環境"、"自然環境"との相互関係を通して、葛藤を抱えたり、人格成長したりしていく。もともと人間は多義的な存在であり、どんなに強くみえる人でも置かれる環境で、弱く脆い部分が前面に出てくるし、その逆もありうる。

　"相互作用の全体"を"システム"という。個人と周りの環境に働きかけていくのではなく、ソーシャル・システムに働きかけていく、という点を強調したのが、ピンカス（Pincus）やミナハン（Minahan）である。その思想的背景になったのは、理論生物学、生理学、水産学等の碩学であったベルタランフィ（Bertalanffy）である。彼は、1945年、一般システム理論（general systems theory）を発表した。それは、①全体性、②開放システム、③フィードバック・メカニズム、④ホメオスタシス、⑤インターフェイス、などの鍵概念を用いて提唱された。一般システム理論が総合的に整理されて世に問われたのは、1968年のことである。家族療法の分野では、ベイトソン（Batson）の二重拘束理論が批判され、アッカー

＊1　岡本民夫（1973）『ケースワーク研究』ミネルヴァ書房，168-174．
　　　平塚良子（2014）「メアリー・リッチモンドのソーシャルワークの機能論省察」『西九州大学健康福祉学部紀要』44，73-80．
　　　リッチモンド，小松源助訳（1991）『ソーシャル・ケースワークとは何か』中央法規出版，57．
＊2　久保紘章・副田あけみ編（2005）『ソーシャルワークの実践モデル』川島書店．
＊3　フォン・ベルタランフィ，長野敬・太田邦昌訳（1973）『一般システム理論』みすず書房．なお、一般システム理論の最初の発表のことは序文（ⅷ）に自ら記している。
＊4　同上，36,61,145,155．ベルタランフィは、人間性の真の価値を「個々人の心の中から由来する価値」におき、人間が社会的機械の歯車となり、オーガニゼーションのレヴァイアザン（巨怪）が人間をのみこむことに警告を発している（49）。
＊5　アッカーマン，小此木啓吾・石原潔訳（1970）『家族関係の病理と治療』岩崎学術出版．

マン（Ackerman）によって「1つの全体としての家族」[*5]という認識方法が展開され、"家族のなかの犯人探し"に終止符が打たれたのは、1958年のことである。その後、ピンカスとミナハンのアプローチが提起されたのは、1973年のことである。

　さらにシステム理論を発展させ、1979年には、ジャーメイン（Germain）がエコロジカル・パースペクティブの着想をふくらませた。1987年に、彼女はギッターマン（Gitterman）とともに、この理論を洗練させて世に発表した（NASW 1995：816）。よりダイナミックにホリステック（全体的）に、互恵的な交互作用を自然環境、人工環境、社会環境の間で進めていこうとするものである。この間、メイヤー（Meyer）も、1983年に、「一般システム理論と生態学理論の統合」を求めていたとされる（中村 2002：29）。

　ガタリ（Guattari）は、エコロジーとフィロソフィーを合成して、「エコゾフィー」という用語を提起し、環境のエコロジーに加えて、社会のエコロジーと精神のエコロジーの統合を提唱した。社会的エコゾフィーは、「夫婦や恋人のあいだ、家族のなか、あるいは都市生活や労働の場などにおける人間の存在の仕方を変革したり再創造」することであり、精神的エコゾフィーは、「身体や幻想、過ぎゆく時間、生と死の『神秘』などに対する主体の関係を再創造」することである（ガタリ＝2008：10,19）。

　しかし今日、四六時中スマホ、パソコンにかじりついている人たちの姿をみると、極端な閉鎖系システム化が構造的に進行し、共感（empathy）と自己深化（self-reflection）の働きが抑制されているととらえざるを得ない。共感と自己深化の働きは、主体的に環境と状況にかかわっていく過程で発揮される。ソーシャルワーカーには、そのような社会構造を見極め批判する力が求められている。

　1990年、ホワイト（White）とエプストン（Epston）は、ナラティブ（narrative）アプローチを提起した（ターナー＝1999：160）。彼らに知的インスピレーションを与えたのは、フーコー（Foucault）である。フーコーは、青年期に自分がゲイであることに気づき、そのことを恥じ、苦しむ。しかし、「なぜこれほどまでに、自分が自分であることを恥じねばならないのか」と考え、"ゲイを恥や罪とする社会と歴史のもつ言説"つまり、支配的物語（ドミナント・ストーリー）の解読

と再編集に取り組む。*6 その成果が、「狂気の歴史」であり、「監獄の誕生」である。ソーシャルワーカーは、「障碍者」や「貧困者」に押し付けられているドミナント・ストーリーを見極め、批判し、この人たちがありのままの自分の姿に誇りをもち、オリジナルな物語（オルタナティブ・ストーリー）を語り得るよう支援していく必要がある。ソーシャルワークの働きかけ対象を以上のようにとらえておきたい。

2節 リッチモンドたちの実践思想

　リッチモンドの人間観の核心を以下の3点で把握する。①人はインターデペンデントな（相依的。支えたり支えられたりするような）存在である。②人は意志と目的をもった存在である。③人は社会環境次第でパーソナリティを発達させる存在である（リッチモンド＝1991：162）。

　①のインターデペンデンシーは、エコロジカルな視点とも響きあう概念である。リッチモンドは、自立・独立（independent）を重視するアメリカの文化風土にあって、この東洋的ともいえる"相依性"の思想を、自身の人生経験から学んだ。貧困のため彼女のきょうだいは夭折し、母親も幼児期に亡くし、父親に見捨てられ、引き取られたボルチモアの祖母の家は、底辺の人たちが泊まりに来る安宿であった。11歳まで小学校に入れてもらえず、16歳でニューヨークに工員として働きに出る。14時間労働だったという。19歳で病気になり、ボルチモアに帰り、ホテルの会計係等をしていた。27歳のとき、たまたま新聞で見た、ボルチモアCOS職員募集に応募したことが人生の転機になった（小松 1993：34,59）。彼女は貧困で希望がもてない人たちの心を、わが心とすることができたのである。

　②の意志と目的の回復については、ランク（Rank）の「意志療法」の影響があると考えられる。ランクの師のアドラー（Adler）は、"苦境を生育環境や家庭

---

*6　桜井哲夫（2001）『フーコー』講談社.
　　今井仁司・栗原仁（1999）『フーコー』清水書院.
　　フーコー，増田一夫訳（1987）『同性愛と生存の美学』哲学書店.

環境の所為にして、自らの問題から目を背け、主体的に乗り越えることから逃げている人"を、「自分の人生に嘘をついている人、人生の嘘（Life-Lie）の人」ととらえ、再決断して自分の人生シナリオを書き換えることをカウンセリングによって支援した。[*7]アドラーこそ、オルタナティブ・ストーリーの思想的提唱者といえよう。その弟子のランクは、もともと宝石商だった父親が酒精依存となり、貧困と苦悩の中で育った人である。[*8]たまたまアドラーと出会い、フロイトを紹介され、フロイトの援助でウィーン大学に学ぶことができた。

　末武康弘が紹介しているクレイマー（Kramer）の研究によると、「クライエント（client）」という術語、「共感（empathy）」という術語、そして「クライエント中心主義（client-centeredness）」という考え方は、ランクによって提唱されたものであり、ランクのアメリカ講演（1936年）によって、ロジャーズ（Rogers）に引き継がれたとされている（末武 1997：75）。ランクに直接学んだタフト（Taft）らによって、クライエントの成長に焦点を当てる機能派と呼ばれるソーシャルワークが展開し、ロジャーズの「リフレクション」、「無条件の肯定的配慮」、「一致」などがソーシャルワークの個別相談技術を発展させた。また、タフトとロビンソン（Robinson）によってランクの思想はソーシャルワークに継承され展開されていく。

3節　谷中輝雄、向谷地生良らの実践思想

　精神科病院のPSWであった谷中輝雄は、1970年8月、埼玉県大宮市で「やどかりの里」という社会復帰施設を創設した。谷中は、「ごく当たり前の生活」を目指し、普通の民家でソーシャルワーカーが一緒に宿泊することを始めたのである。そして精神科医師と距離をとった（加藤 2007：67）。まさに、ライフ・モデルであり、ソーシャル・モデルの開拓的実践である。障害を「生活のしづらさ」と呼び替えたのも谷中である。精神科医師の中井久夫は、患者を「精神医

[*7] アドラー，岸見一郎訳（2007）『生きる意味を求めて』星雲社．
[*8] E. James Lieberman（1990）*Acts of Will: The Life and Work of Otto Rank. International Encyclopedia of Psychiatry, Psychology, Psychoanalysis, & Neurology.* Vol.9, 356.

学化」しないことの大切さを指摘した。例えば、「幻聴」と患者が言ったら、「ふしぎなささやき声?」と聞き返すくらいがよい、と中井は述べている（中井 2001：142）。

谷中は、福祉臭く相手を遇することにも抵抗した。そして、クライエントである障碍当事者に、「支えられること」、「身を相手方に託すこと」の必要性を強調している。そのためには、ワーカーに信頼と覚悟が求められる（谷中 1993：236）、としている。

寺谷隆子は、1983年に、東京で「JHC板橋」という精神障碍者の生活の場を創設していく。寺谷は、日常の具体的なお付き合いを通して町の普通のおじさんおばさんと仲良くなり、患者を知ってもらう。そして触れ合っていくうちに、食堂のおじさんがトラブルの仲裁をしてくれたり、作業所づくりに率先して加わってくれるようになる。地域の人たちからパワーをもらえるようにしていく寺谷の実践は高く評価されねばならない（加藤 1994：54,56）。

向谷地生良は、1984年、北海道の浦河で「べてるの家」を創設した。向谷地は、「当事者研究」と名づけた"医師や福祉関係者の専門用語ではなく、自分たち自身の言葉で自分たちの症状を語る"場をつくり出していく。精神障碍者によるナラティブアプローチの実践であるといえる。「起きている問題を『外在化』して幻聴さんを中心に置いて、みんなでワイワイと話し合う」と向谷地は当事者研究を語る。[*9] "恥ずかしいこと、ダメなこと、クレイジーなこと"だから、隠しておくべきことであった精神症状を、擬人化しストーリーにし、演じてみんなに見てもらい笑ってもらい共感してもらい共同世界のものにする。彼の提起と実践は、当事者自身のエンパワメントとなって実証され、画期的なものとなった。

向谷地は、「降りていく生きかた」を人間の自然な姿として肯定し、弱さを肯定した「べてるの家」という場を築いたからこそ、当事者は、自己の存在を丸ごと肯定できるようになったのである。[*10]

[*9] 向谷地生良の日本グループホーム学会での講演(2007年7月7日)〔べてるオフィシャルウェブサイト〕
[*10] 向谷地生良(2006)『べてるの家から吹く風』いのちのことば社．浦賀べてるの家(2005)『べてるの家の「当事者研究」』医学書院，4-5, 285．向谷地は、当事者を「苦労を抱えている人」ととらえ、「抱えている苦労に名前をつける」「反復する苦労への対処を話し合う」「弱さを絆とする」ことに取り組んできた。

4節 ソーシャルワーカーがかかわる対象認識

「環境」(environment)と「状況」(situation)の違いは、前者がenviron(囲む)、後者がsituate(置く)を語源にしているところから推測できるように、「取り巻く」という点にポイントがあるか、「布置や関係性」に重きがあるかの違いによっているといえよう。

ソーシャルワーカーがかかわる対象認識を、場を構成する複雑な権力関係も含めて表現する際には、「状況」という言葉がふさわしいと考えられる。ただ、ここでは、「状況」を分析する手立てとして、「環境」という術語を用いることとする。

人間の精神機能を、ユング(Jung)のタイポロジー(Typology)を援用して、便宜的に4つの局面に分けてとらえる(ユング=1987:367-436)。それは、思考(thinking)、感情(feeling)、感覚(sensation)、直感(intuition)である。この精神機能に合わせて、4つの「環境」を以下のように設定する。

(1) 思考的環境。思考という精神機能が創り出す環境。その価値志向性は「真」であり、「数字、文字、記号」に親和性をもち、生産内容は、「科学や論理」であり、具体的には、「仕事でのマネジメント力」として働く。

(2) 感情的環境。感情という精神機能が創り出す環境。その価値志向性は「善」であり、「人間やその集団」に親和性をもち、生産内容は、「家庭や友人」であり、具体的には、「子育てや老いのケアの力」として働く。

(3) 感性的環境。感性という精神機能が創り出す環境。その価値志向性は、「美」であり、「音、土、水、光、大気」に親和性をもち、生産内容は、「芸術、文学」であり、具体的には、「遊びでの想像力」として働く。

(4) 直感的環境。直感という精神機能が創り出す環境。その価値志向性は「信」であり、「時間、無、存在」に親和性をもち、生産内容は、「宗教」であり、具体的には、「死や苦難の受容力、祈りの力」として働く。

これら4局面の環境が、全体的に統合されたものを「共同的環境」と呼ぶことにしたい。

「共同的 (common)」とは、共に存在するという意味である。人類、生命、風土、生態系などでの共同性は開かれた関係だから、包摂的 (inclusive)、互恵的 (reciprocal) に働くが、国家や会社など閉じられた関係での共同性の強化は、往々にして排他性に陥ることがある。

　「共同的」関係性とは、人間が部分に分解されない関係性である。つまり、部分を等価交換的に相互利用しあう関係ではなく、全面的に補い合い、見返りを求めず分かち合う関係だということである。加えて、「共同的」とは個々人の「体験」を基点にしているということである。ここでいう「体験」とは、個々人の固有な身体と意思が「環境」とかかわる過程ととらえる。つまり、「共同的」とは、顔の見える体温の伝わる関係だといえる。

　「共同的環境」は、ハーバマス (Habermas) の提唱した「生活世界」の「コミュニケーション行為」にも重なり合う（ハーバマス＝1987：17）。コミュニケーションは、「語り」と「聴き」で成り立っている。ソーシャルワークの関係性も、「物語ること」と「傾聴すること」を基本としている。河合隼雄によれば、「物語る」とは、体験した事象を、①脈絡化すること、②意味化すること、③内省化すること、④聞き手と共有化すること、と定義づけられる（河合 1992：249）。

　内省的になるためには、'自分のみに起こっている体験に耳を傾けること' が求められる。そのためには、自分の表情、しぐさ、気持ち、考えを反射的 (reflective) に聴いてくれる人が必要となる。物語ることは、経験を内省化し客観化し評価化し共有化する。私たちは物語った物語に沿って生きることも往々にしてある。

　クライエントが、今、自分が置かれている「共同的環境」の現状把握 (assessment) を行えるよう手助けするために、ソーシャルワーカーは存在する。そのために、ソーシャルワーカーは以下のような問いを発する。

---

① あなたの生活に「はりあい」（社会参加、意義ある仕事、期待される役割）＝「思考的環境」はありますか。役割期待（必要とされること）と役割関与（期待に応えること）があなたにマッチしていますか。それは多層的でまとまっていますか。それはどれだけ豊かなものでしょうか。

② あなたの生活に「やすらぎ」（安定した家庭生活・住環境、安定した雇用・収入、医療・教育保障）=「感情的環境」はありますか。ホッとでき弱みを見せられる場所はありますか。甘えられる関係はありますか。それはどれだけ豊かなものでしょうか。

③ あなたの生活に「うるおい」（文化・芸術の楽しみ、遊び・娯楽の喜び）=「感性的環境」はありますか。趣味は何でしょう。それはどれだけ豊かなものでしょうか。

④ あなたの生活に「深い祈り」（死や運命と向き合う時空）=「直感的環境」はありますか。永遠なるものに向き合う時間や場所は普段の暮らしの中にありますか。それはどれだけ豊かなものでしょうか。

以上の4つの問いは、次のように続く。「豊かにするために何が必要でしょうか。」「全体のなかで何と何がどの程度欠けていますか。」「必要を充たすためにどんな制度や機関を利用できますか。」「豊かにするために、あなたは何に取り組みますか。」「あなたを手助けするためにどんな人が必要ですか。」「優先順位で取り組むべきものはなんでしょうか。」。

5節 没共同的環境に対抗するソーシャルワーク

「共同的環境」が剥奪された環境として、「私的環境 (Ego-centric Environment)」と「機構的環境 (Organization-centric Environment)」を挙げることができる。これを「没共同的環境」と呼ぶこととする。「私的環境」は、共同性をもたず、自己目的的・自己完結的な快楽志向で成り立っている。その内容は、自慰的な性欲、所有・消費を自己目的的に追求する物欲、自己愛的・自己陶酔的な装飾欲、ゲーム的支配欲などである。ゲーム的感覚刺激は抑制機能を麻痺させ、際限ないドーパミン（快感に関与する神経伝達物質）の慢性的放出によって、より強い刺激を求め嗜癖化し依存化する。「IT化環境」である'ネットで買い物、コンピュータで仕事、マイカーで出かけ、SNSで社交する'などの没共同的ライフスタイルの進展が、「私的環境」を肥大化させている。

「機構的環境」は、国際金融市場に象徴される経済システム、官僚と職業政治家が操作する政治システム、マスメディア・システム、遺伝子操作や原子力産業に象徴される科学技術システム、画一的人間を量産する学校システム、人間がモノのように管理された医療・介護・福祉サービス・システムなどの複合体による環境で構成されている。

　「機構的環境」は、一切の存在や事象を商品化し手段化し統制管理する。全体主義国家が人々を軍事力・生産力として第一義的にとらえ、国家に尽くすように洗脳すると同様、資本主義市場は、人々を「欲望する自動機械（ドゥルーズの用語）[*11]」に変え、常に'購買したい飢餓感に迫られる者'にしていく。つまり、「機構的環境」は、「共同的環境」を破壊し、「私的環境」を肥大化するように作用するといえる。

　「機構的環境」は、放置すると、優勝劣敗・弱肉強食の原則が働き、知力・金力・組織力によって、支配するものと抑圧されるものを生み出し、その格差が固定化し、分断管理のシステムも高度化する。「私的環境」に閉塞して、生きる意味（目的）を見失い、かつ「負け組」になった人は、より弱いものを攻撃して自己の権力（might）に酔うか、カルト的な「強い国家」、「優越な民族」幻想に自己同一化して全体主義に没入するかの道に誘導される。

　このような国家や市場の権力の暴走を縛る仕組みとして、立憲主義と民主主義がある。具体的には、憲法や国際人権規約に規定する個人の尊厳や基本的人権の思想が、「機構的環境」を制御する拠り所となる。社会保障や累進課税による富の再分配、普通選挙権、三権分立制度、平和的生存権、生活権、労働権、教育権等が各法律で実効的に規定されている。ソーシャルワーカーは、これら基本的人権を活かす視点を欠いてはいけない。

　個人の尊厳と基本的人権の思想を深く掘り下げ、ここに依拠して、その実現を求めて、ソーシャル・アクションを起こし続ける過程と、身の周りから「共同的環境」の再生に向かう過程こそが、市民としてのエンパワメントにとって不可欠である。ソーシャルワーカーは、そのような意味での"クライエントの社会参

[*11] ジル・ドゥルーズ，フェリックス・ガタリ，市倉宏祐訳（1986）『アンチ・オイディプス』河出書房新社，17, 20.

画"を求めていかねばならない。

6節 | ケイパビリティと自己決定的関係性の回復を目指すソーシャルワーク

　セン（Sen）が提起したケイパビリティ（capability approach）という概念は、例えば川本隆史によって「どれくらいの〈生き方の幅〉が開かれているかが福祉を評定する」ことと定義づけられている（川本 1998:949）。筆者はこの用語を、'人が「こう生きたい」との意志をもち、その実現のために人々と活動する際に、その活動内容がある程度選択できる立場や関係性'、と解釈している。同じ身体障碍があったとしても、サポートが無くて家に閉じこもりがちな人と、さまざまなサポートのもとに多様な社会活動に参加できる人とでは、ケイパビリティが大きく違ってくる。ソーシャルワークは、ケイパビリティを意識的に高めていくように努めねばならない。

　ソーシャルワークの基本目的は、クライエントのエンパワメントにある。エンパワメントは、明日に希望がもて、自分に誇りがもて、周囲の人々と協働してヒューマンな社会を創っていくパワーの発揮をいう。そのコアは、主体的に生きていくこと、にある。自分に対して、周囲の人たちに対して、社会に対して目的的に生きていくことである。主体的という言葉は、「自己決定的」という視点から分析的にとらえることができる。

　自己決定は、能力ではなく関係性であることを、基本的に確認しておきたい。例えば、赤ちゃんや寝たきりの高齢者の自己決定の関係性を保障するのは、親のセンサー（感受性）とレシーバー（受容力）であり、介護する人のセンサーやレシーバーである。

　自己決定的関係性とケイパビリティとが関連するのは、選べる状況や環境を広げることによって、自己決定の機会が広がる、という点である。施設入所生活が長くて、受身的・被管理的生活に浸りきると、想像力が働かず、自己決定の選択の幅も狭まる。生活体験の幅をふくらませること、つまり、多様な人と長く深く出会い、多様な経験を積むことが、なによりも自己決定の関係性を豊かにすることとなる。

ただし、活動を極端に制限された長期施設生活のような困難な状況にあったとしても、自己決定的に生きることは可能である。以下にそのことをとらえる項目を挙げる。

> ①　あなたは、ありのままの自分を受け容れ、認めてくれる人をもっていますか。
> ②　あなたは、愛したり、育んだりする対象をもっていますか。
> ③　あなたは、生き物や、自然や、天象と心通わせ遊んでいますか。いろんな人たちと心と身体をシンクロナイズし、遊んでいますか。自分自身からも距離をとり想像力を遊ばせていますか。
> ④　あなたは、自分で自由にデザインする"時間"を毎日もっていますか。その営みが喜びですか。
> ⑤　あなたは、自分で自由にデザインする"住宅や部屋"をもっていますか。その営みが喜びですか。
> ⑥　あなたは、選択的に協働するグループをもっていますか。
> ⑦　あなたは、葛藤を乗り越えていく挑戦的な取り組みをもっていますか。
> ⑧　あなたは、葛藤を乗り越えていく過程を見守って理解してくれる人をもっていますか。

　自己決定は、成果や状態ではない。あくまで、姿勢や方向性である。つまり、少しでも①から⑧までのようなかかわりが意識的に取り組まれているならば、それは、自己決定の関係性であるといえよう。これが、〈主体性〉の具体的内容だと考える。
　一般に、「本人が決めたら自己決定だ」という見方があるが、関係性に留意すればそのなかみを問わねば意味がない。つまり、ワーカーは、クライエントの自己決定が、①自由意志的、積極的決定か、②消極的、次善的決定か、③不本意的、諦念的、自棄的決定か、④依存的、寄生的、責任転嫁的決定か、を判別する必要がある。②を否定せず、③と④を、①と②に変えていくように努める必要がある。そしてワーカーは、クライエントの主体的、自由意志的自己決定の喜びを自らの喜びとしたい。

7節 何をアセスメントするか

(1) ニーズとは何か

　デマンドが"あれが欲しい、これも欲しい"と次々に積み上げられる欲求であるのに対して、ニーズ（social needs）とは、その時代のその地域において、"人としてふさわしい生活（decent life）を送ることから欠けた部分への要求"をいう。具体的には、ニーズとは、憲法や国際人権規約における社会権（生活権、労働権、医療権、教育権、環境権等）として保障されるべき基本的標準（minimum standard）から欠けている状況への要求を指す。"多様な人との交流"も基本的ニーズといえる。クライエント自身がニーズをとらえ自覚化し、社会資源を活用してそれを充たす活動の支援がソーシャルワークである。[*12]

　糸賀一雄は、"ニーズを育てる"という視点を提起している（糸賀 1983：147）。つまり、ニーズをあきらめたり、意識にも上らないほど抑圧させられている人たちがいるのである。あきらめをウォンツに、ウォンツをニーズに発展させていく支援がソーシャルワークに求められている。

(2) クライエントのエンパワメントとは何か

　クライエントのエンパワメントを"意味への意志"、"苦しんでいる人とともにあろうとする意志"という局面から検討する。ジェーン・アダムス（Addams）は、容姿コンプレックス、ジェンダー・バイアスからくる抑圧、自身の神経症と兄の精神疾患に苦しんだ人である。彼女のソーシャルワークは、女性の参政権獲得運動や平和運動と不可分一体のものであった。[*13] 彼女の1歳年長のベルタ・パッペンハイム（Pappenheim）は、精神疾患で苦しみ、フロイトに「O・アンナ」の症例名でプライバシーを開陳される屈辱に耐え、やがてフランクフルトで孤児院長となり、ヨーロッパ最初のソーシャルワーカーといわれるようになっていく。[*14]

[*12] ウエッブ夫妻が1897年、初めて提唱した「ナショナル・ミニマム」「ユニバーサル・サービス」の思想をソーシャルワーカーは深く理解する必要がある（シドニー＆ベアトリス・ウエッブ, 高野岩三郎監訳（1969）『産業民主制論 復刻版』法政大学出版局.）。ウエッブ夫妻に関しては、ロイドン・ハリスン, 大前眞訳（2005）『ウエッブ夫妻の生涯と時代』ミネルヴァ書房. に詳しい。

[*13] 木原活信（1998）『ジェーン・アダムス』大空社.

彼女の女性の権利主張運動も、命を大切にする全体的な活動の一環であった。

「器官劣等コンプレックス」概念を提起したアドラーは、彼自身、短躯で虚弱であり、優秀な兄に劣等感を抱いていた。そこから、「意味への意志」[*15]が生まれ、弟子であるフランクル (Frankl) の態度価値 (成果や業績に価値を置くのではなく、運命をポジティブに引き受け責任をとる生き方に価値を見出すこと)[*16]や、マスロー (Maslow) の「自己実現、自己超越」、「優心社会 (eupsychia society)」(マスロー=1973：233-245) の概念につながっていく。

クライエントの多くは、敗北感、挫折感を抱き、自己卑下感や傷つきやすい自己効力感をもって来談する。その際、ソーシャルワーカーは、クライエントが自身の苦しみを契機として、"力 (might) への意志" から "意味への意志" へとクライエントの価値の志向性のコンバートがなされることを支援する必要がある。普遍的で根源的な "命のつながり" の一部として、クライエントは自身をとらえることができ、いまここで与えられている "命のつながり" を活かす使命を意識化できるよう、ソーシャルワーカーは支援しなければならない。

フロイト (Freud) は、「悲嘆の仕事」をしなかったら、人は「抑うつ」になると指摘した (フロイト=1969：139)。神田橋條治は、"生きる意味を問う苦しみの仕事" ができなかった人が「抑うつ」になると述べている。[*17]キェルケゴール (Kierkegaard) は、不安と絶望の弁証法により、人は真の希望と信仰を得ると考えた (キェルケゴール=1939：45)。デーケン (Deeken) は、死という究極的な悲苦を取り上げて、キューブラー=ロス (Kubler-Ross) の5段階の「死の受容プロセス」を発展させ、12のプロセスで悲苦の受容を語った (デーケン 1996：37-46)。それは、①精神的打撃と麻痺状態、②否認、③パニック、④怒りと不当感、⑤敵意とルサンチマン、⑥罪意識、⑦空想形成、幻想、⑧孤独感と抑うつ、⑨精神的混乱とアパシー、⑩あきらめ―受容、⑪新しい希望―ユーモ

[*14] 田村雲供 (2004)『フロイトのアンナO嬢とナチズム――フェミニスト・パッペンハイムの軌跡』ミネルヴァ書房.
森田ゆり (2008)『子どもへの性的虐待』岩波書店, 178-182.
[*15] アドラー, 高尾利数訳 (1984)『人生の意味の心理学』春秋社.
[*16] フランクル, 霜山徳爾訳 (1957)『死と愛』みすず書房, 88,94.
[*17] 神田橋條治・井上信子 (2004)『対話の世界』新曜社, 227. 神田橋は、「悩むという行為を放棄したことがうつ状態の原因」「意味を求めるもがきを放棄すると、徒労感と空虚感が生まれます」と述べている。

アと笑いの再発見、⑫立ち直りの段階―新しいアイデンティティの誕生、である。以上は、絶望の弁証法過程のわかりやすい説明といってよかろう。

　脳は、身体同様、自然の一部であるから、休ませず酷使すると故障する。つまり、精神の病になる。脳を大切にしつつ、悲苦の仕事をするには、"魚を浮かべる水、鳥を支える大気、揺るがない大地"のように、寄り添い見守ってくれる人が要る[*18]。それは、家族であり、伴侶であり、親友である。究極の見守る対象は神仏である。そして見守りの代替者をカウンセラーと呼んでいるのではなかろうか。本来は暮らしの中に見守る人はいるべきであり、その本質は支え支えられる相依的関係性であり、そのような家族や地域は本来、自然なセルフヘルプ・グループなのではなかろうか。

　私たちは、悲苦の深い受容の仕事によって愛する弁証法の途を歩むことができる。河合隼雄は、「井戸掘り」という表現を用いて、自己受容・相互受容の苦しい旅のために、人は結婚し、中年期には象徴的な離婚と再婚をする必要がある、と指摘した（河合 1999：98）。また、神戸の酒鬼薔薇事件の被害者の母である山下京子は、娘の死の受容と新しい愛と希望の出会いを次のように語った。「それがたまたまお月さんが彩花ちゃんの顔に見えて、そこから声が聞えて、そのときはっと気がついた。彩花ちゃんのたましいは生きているんだ、と。それこそ関係性が修復された瞬間だと思うんです。」（柳田邦男の紹介）（河合・柳田 2013：274）。まさに、デーケンの言う"新しいアイデンティティの誕生"である。

　これらは、人生の意味を諭す寓話といえる。以上のようなパースペクティブをもって、ソーシャルワーカーはクライエントに真向かう必要がある。

(3) デューイの影響による思想史的生成

　デューイ（Dewey）は、グループワークの母とされるコイル（Coyle）に影響を与え、パールマン（Perlman）の「問題解決アプローチ」とエプシュタイン（Epstein）とリード（Reid）の「課題中心アプローチ」の理論的背景となり、ジェーン・アダムスの同志として活動した。特にハルハウスでは、理事に就任し、娘をジェーンと名づけ、夭折した息子の葬儀もハルハウスで行っている。第一次世界大戦に

[*18] 中井久夫（2010）『隣の病い』筑摩書房, 58. マイクル・バリントの言葉として引用されている。

際し、アダムスと共に非戦を唱えた。[*19]

　デューイのキーワードは、学習と経験である。学習の要点は、問題発見と問題の絞込み、推論と振り返りを通して自己と環境の再構築をすることである（デューイ＝1980：491-499）。経験は、葛藤と誤謬を避けず、むしろポジティブに成長の糧とすることである。デューイは、エンパワメント概念の祖のフレイレ（Freire）にも思想的影響を与えているほか、その理論は、今日の「認知行動療法」にもつながっている。[*20]

　筆者には、デューイの提起が、先述のデーケンによる「受容のプロセス」に深い思想的基盤を与えていると思われる。私たちは、世界と環境にコミットし、インボルブメントされることで、人々とともに世界と環境を変化させ、再構築し、その過程を通して自己を再形成していく。ソーシャルワークは、クライエントの、"環境に対するコミットメント（関与化）とインボルブメント（責任化）に開かれた生き方"を支援する視点の深化に不断に取り組む必要がある。

(4) 何をアセスメントするのか

　アセスメントは、クライエントが自ら置かれた状況をつかみ、自己指南力を高めるために、かつ、"社会や環境との交互作用力"、"ワーカーとの協働力"を高めるために行われる。アセスメントする内容に関しては、4節で、「はりあい」、「やすらぎ」、「うるおい」、「祈り」を挙げ、5節で、「社会資源の創造と活用」を挙げ、6節で、「ケイパビリティ」、「自己決定的関係性と生活体験の幅」を挙げた。加えて、マスローの欲求階層に応じて整理してみる。

　まず、生理的欲求に関しては、①心身の機能と構造、ADL、IADL、②保健的衣食状況、が挙げられる。次に、安全安心の欲求に関しては、③住環境（通風・採光・静けさ・プライバシー確保・自然とのふれあい等）、④防犯・防災環境、⑤平和的環境、が挙げられる。

　次に、所属の欲求に関しては、⑥SFA（社会機能力）、⑦家族関係、⑧近隣関係、⑨職場・趣味の関係、⑩地域自治、社会参加、が挙げられる。⑦⑧⑨

[*19] デューイ，明石紀雄訳，本間長世解説（1975）『ジョン・デューイ』研究者出版．
[*20] 早川操は、デューイの協働的知性とフレイレの反省的意識化による教育の共通点に関して言及している。早川（1994）『デューイの探求教育哲学』名古屋大学出版会，271-285．

に関しては、甘えを受けとめ応える関係、協働する関係の程度が問われる。これらの関係を通して、⑪明日の予定、今週の計画、数か月後の目標、将来の希望の程度が問われる。また、⑫環境のレジリアンスとリダンダンシー、環境の開放度と統合度、環境のヴァルネラビリティ（単なる可傷性ではなく、ピアニッシモのかそけさ、あえかさ）の受容度が問われる。

次に、評価の欲求に関しては、⑬生活歴、思い出、⑭人柄・個性のストレングス、⑮コンピテンスを挙げておく。コンピテンスとは、心身を開いて周囲に創造的に働きかけ、周囲のさまざまなパワーを活用し、同時に自分の中のパワーを周囲の人や環境のために使ってもらうアビリティをいう。ジャーメインらによって概念化された。⑯障碍、老い、病いの受容度、自己肯定感も問われる。

自己実現の欲求に関しては、⑰態度価値観や意味への意志に関する程度、⑱ケアする対象、生きがい、信仰、⑲苦悩の仕事、悲嘆の仕事、愛する仕事を見守ってくれる人がいるか、が挙げられる。

以上はあくまで便宜的なものであり、目安である。ソーシャルワーカーは、アセスメントの目的をクライエントのエンパワメントと社会のインクルージョンの実現に置き、アセスメントを手段として相互の関係の深まりと協働の発展に努めなければならない。

最後にソーシャルワークの目的の定義を提起する。ソーシャルワークの目的は、クライエントの、人権と社会権の主権者であることの自覚と、共生的・相依的存在であることの自覚を促し、両者の侵害状況の把握力である社会的ニーズの自覚を促し、ニーズの充足に向けて、人と環境の全体（Social System, Life World）に協働的・止揚的にかかわることによって、クライエントが、①主体性を発揮し、②生き方の幅を広げ、結果として、③生活の質を高め、④問題解決のキャパシティを拡げ、⑤差異を活かす自治の社会を実現することにある。[21]

引用文献
アルフォンス・デーケン（1996）『死とどう向き合うか』NHK出版.
糸賀一雄（1983）「地域福祉の中で」糸賀一雄著作集刊行会編『糸賀一雄著作集3』日本放送出版会.

---

[21] ①はエンパワメント。パールマンのモティベーションに当たる。②はケイパビリティ。パールマンのオポチュニティに当たる。⑤はインクルージョンの内容に当たる。

ガタリ，杉村昌昭訳（2008）『三つのエコロジー』平凡社.
加藤博史（1994）『ソーシャルワークの思想と実際』晃洋書房.
加藤博史（2007）「谷中輝雄」佐藤進・小倉襄二監，山路克文・加藤博史編『現代社会保障・福祉小事典』法律文化社.
河合隼雄（1992）『心理療法序説』岩波書店.
河合隼雄・村上春樹（1999）『村上春樹，河合隼雄に会いにいく』新潮社.
河合隼雄・柳田邦男（2013）『心の深みへ，「うつ社会」脱出のために』新潮社.
川本隆史（1998）「セン」廣松渉ほか編『岩波哲学・思想事典』岩波書店.
キェルケゴール，齋藤信治訳（1939）『死に至る病』岩波書店.
小松源助（1993）『ソーシャルワーク理論の歴史と展開』川島書店.
末武康弘（1997）「クライエント中心療法はいま」宮本忠雄・山下格・風祭元監『こころの科学』74，日本評論社.
ターナー，米本秀仁訳（1999）『ソーシャルワーク・トリートメント（下）』中央法規出版.
デューイ，魚津郁夫訳（1980）「論理学──探求の理論」上山春平編『世界の名著59 パース、ジェイムズ、デューイ』中央公論社.
中井久夫・山口直彦（2001）『看護のための精神医学』医学書院.
中村佐織（2002）『ソーシャルワーク・アセスメント』相川書房.
ハーバマス，丸山高司・丸山徳次ほか訳（1987）『コミュニケイション的行為の理論（下）』未来社.
フロイト，井村恒郎・小此木啓吾ほか訳（1969）「悲哀とメランコリー」『フロイト著作集 第六集』人文書院.
ホリス，黒川昭登・本出祐之訳（1966）『ケースワーク──社会心理療法』岩崎学術出版社.
マスロー，上田吉一訳（1973）『人間性の最高価値』誠信書房.
谷中輝雄（1993）『谷中輝雄論稿集Ⅱ かかわり』やどかり出版.
ユング，林道義訳（1987）『タイプ論』みすず書房.
リッチモンド，小松源助訳（1991）『ソーシャル・ケース・ワークとは何か』中央法規出版.
NASW（1995）*19th Encyclopedia of Social Work 1*.

第3章 ソーシャルワークの科学という課題

　科学はある物事に対する懐疑や批判がきっかけとなる。ソーシャルワークの科学とは何であるか、また、その課題について論じる。本章では、ソーシャルワークの科学を実践科学として措定する立場から、4つに分けて展開する。①近代科学の意味や特徴、学術の分類や位置づけからソーシャルワークを応用科学とすることの問題提起を行う。②近代科学から排除された学術性を復位させ、ソーシャルワークの知のスペクトラムとして提示し、説明する。しかし、ソーシャルワークの科学に関しては後発の学問分野ゆえの紆余曲折がある。③では、ソーシャルワークの科学に関する障壁や潮流を素描し、知の探究としての独特な流れ、論点や課題について触れる。こうしたなかで④固有の知への挑戦として岡本民夫が実践の科学化を掲げて、ソーシャルワークの知の基軸を成す先駆的な実践研究例をとりあげ、実践科学としての学術的なアイデンティティ確立の道筋を示している点を紹介する。

1節 ソーシャルワークにおける「科学」とは何か
―科学の意味―

　「科学」という言葉はラテン語の「知識」（scientia）が原型である。その動詞はscire「知る」「理解する」である。村上陽一郎によれば、「ギリシャ・ローマの古典時代の概念が「科学」を準備し、ヨーロッパの学問において科学の前身である「知」を導いたとされる」（村上 1977：11）。科学という用語は、19世紀以降「科学者」が登場したことで用いられるようになったが、その背景には知識探究の長い歴史が存在する。周知のように今日では、科学は技術と結びつきを強め、市場との関係からその変貌には著しいものがある。

さて、「科学」の意味については、ソーシャルワークでは、例えば、クリティカル思考（推論による合理思考）を展開するギャンブリル（Gambrill）は、「科学とは、世界に関する仮説の正しさについて思考し、研究の方法」（Gambrill 1997：83）としている。「科学」は、例えば、『広辞苑 第6版』（岩波書店 2008，2013）では、観察や実験など経験的手続きによって実証された法則的・体系的知識という。「科学」という用語は、英語ではscienceである。『ジーニアス英和辞典 第4版』（大修館書店 2006，2013）によれば、その原義は「知ること」とあり、そこから英語のscienceには知識、学問、科学の意味が付されている。『Oxford現代英英辞典 第8版』（2010）では、名詞の意味としての科学を、実験などによる証明可能な事実に基づいて自然及び物理的世界についての構造と行動についての知識knowledgeとする。辞書的には、科学は科学的とされる方法による事実の証明（実証）により構築された知識を指していることがわかる。

　学術の分野においては、例えば、生物学史家の八杉龍一は、科学を数学や論理学のような①形式科学と、②人間の観察や実験など実際的な経験を通してつきとめられた事実を土台にする経験科学とから成り立つとしている（八杉 1991：2）。この経験科学は、自然科学と社会科学とに大別され、それぞれに多くの学術領域が連なっている。経験科学の方法では、対象への懐疑から仮説を推論（演繹法）により予言的な結論を出し、帰納法により観察や観測、実験を通して得た諸結果を検証し、事実を導き出すことで、仮説の正しさを科学的説明として明示する。その場合、得られた結果の再現性・再帰性・実験性が試され、論理的整合性や経験的妥当性から客観的か否かが判断されることになる。対象とする事象の因果関係の解明から法則性が定立されることで、それは理論として高度に抽象化されることになる。こうして構築された理論（知識）は、演繹や帰納という方法から最終的に結論づけられ証明（実証）されたものである。近代以前の「科学」では論証が重要であったが近代科学においては実証が重視され、実証的な理論となりうるには客観性、普遍性、論理性の3要素が成り立たなければならない。科学哲学分野では、森田邦久のように理論的説明が科学的か否かを判断する「理論的基準」と法則の妥当性についての「実験・

観測的基準」という2つの基準を設定して「科学的」であるための検討もみられる（森田 2009：2）。

以上のように、近代科学型は理論的な枠組みや科学的であるための方法の様式などに関する厳密さが要求される。

なお、導き出された理論（知）が集積・体系化されることで、ある学問分野が成立していくことになる。一般に、事象の因果性、法則性を追究する経験科学は純粋科学、これを役立てる科学が応用科学とされている。純粋科学はある学問の基礎科学の位置を占め、通常はその下部に応用科学が位置するという構図がある。したがって、基礎科学が学術領域の○○学という名称を語ることができても、その下部である応用科学そのものを○○学と呼ぶわけではない。北米圏で発達したソーシャルワークは、応用科学（applied science）や実践科学（practical science）とされてきた。独自科学を主張する岡本民夫は、応用科学は基礎科学に付随する「従属科学」なのか疑問視する（岡本 1991：198）。社会福祉学とは何か、その原理を追究してきた古川孝順も社会福祉学が固有の科学となるには応用科学や学際科学を超えて「総合科学・複合科学・設計科学」へと発展させ法則定立の科学を志向する（古川 2004：3-12）。そこで基礎と応用に立ち戻ってみると、そもそも、社会福祉学とソーシャルワークは基礎科学と応用科学といえる関係でもないし、社会福祉学も応用科学の側面があるだけに、もはや、その関係は怪しい。したがって、基礎と応用といった区分自体が妥当かという課題があろう。とりわけ、ソーシャルワークは、諸科学の摂取により発達し、実践の方法や理論の開発をしてきた。あえていうならば、諸科学のそれぞれがソーシャルワークの基礎科学ということになる。基礎科学は別建ての学術領域で、それを採り入れたものがソーシャルワークという応用科学とするならば、それは別建て科学の思考や論理構造からソーシャルワークの事象をみることになる。みられるそれは、いわば、別建て科学の風景でしかない。それで1つの学術的な体系を擁するソーシャルワークになりうるだろうか。それとも融合と称して済ませるのだろうか。ソーシャルワークとはどのような科学なのか、疑問が出てくる。諸科学に依拠するだけではソーシャルワークの独自性は希釈の一途をたどることにもなってしまう。その存在そのものも危うくなる。再度、

基礎科学と応用科学についていえば、基礎だけが事象を認識する科学でもないし、応用科学が臣下のように忠実に仕えるわけでもない。これまで「科学」や「近代科学」、そこから派生する科学をめぐる意味や課題について言及してきたが、ソーシャルワークの科学については、われわれは慎重な吟味と検討が必要であろう。

2節 ソーシャルワークにおける知の特性：学術的特性

　ここでは近代科学以前の「知」という用語を使いながらソーシャルワークの学術的特性に言及し、ソーシャルワークの科学とは何かに言及する。

　ソーシャルワークにかかわる知の特性を早くからとりあげた代表的な人物は海野幸徳であろう。海野は、1930年に社会事業学原理の中で、社会事業には2つの科学タイプがあることを示した。すなわち、「定型科学」と「了解科学」である。社会事業の知識は自然科学のような普遍的な知識や因果関係の解明による知識体系にはなりえないため、事象の傾向の蓋然性や可能性を示す「定型科学」として、また、意味や志向を対象とする認識作用を了解し、普遍的な方向をたどる点から「普遍化了解科学」として成立するとした。[*1] 海野の学術観（科学観）は、社会事業が純粋科学ではないと退けながらも、社会事業学の知という傘の広さを示している。

　前節での近代科学に対する批判や異なる見解から、ソーシャルワークの学術的特性を新たに裏づける論をみることができる。例えば、科学史研究者の村上陽一郎は、「近代科学は目的論的説明や機能的説明を排除して、分析的思考に頼ることによって価値体系から解放され、自由かつ中立的な立場を手に入れた」（村上 1986：130-131）と指摘する。社会福祉学やソーシャルワークは、認識主体が対象とする世界に対して価値を基盤とする目的を掲げて状況を変革する実践をする。それ自体、目的論的展開であり、合理的な機能を果たすことを目指すものである。したがって、ソーシャルワークの学術は近代科学から排除され

---

*1　海野幸徳の『社会事業学原理』は1930年に公刊されている。本稿では海野幸徳（1981）『社会福祉古典叢書7　社会事業学原理』鳳書院，31-34. に基づいている。

たところに位置する学術分野ともいえる。社会福祉における価値・構造・機能論を展開した嶋田啓一郎は、社会科学における価値自由、価値中立性を疑問視した一人である。嶋田は、科学主義の問題、客観化認識の限界性を論じ、行動原理における価値と科学の統合を主張する（嶋田 1999：2-12）。村上や嶋田の指摘は、もう1つの学問論であり、科学が追求する事実と価値は二分できないことを示すものである。別言すれば近代科学は、事物の一側面を厳密な理論学に走るあまり、ある範疇の知識（実践学：実践科学 practical science、技術の知）を除外して成立したものといえる。むろん、社会福祉学やソーシャルワークは、近代科学が重視した側面を一切排除するわけではない。近代科学型の理論追究の側面は重要であり不可欠なものである。むしろ、あれかこれかの二者択一的な学問論ないし科学論では対象世界を矮小化して本質を見誤る可能性があるということである。したがって、ソーシャルワークの知を構築していくときには、学問として理論学と実践学、さらには規範学など幅広い真実の追究様式があることを措定することであろう。

　例えば、ソーシャルワークのミクロレベル実践に視点を転ずると、ソーシャルワーカーは一回限りのクライエントとの共同行為であるにしても価値から目的を設定して実践を展開するなかで多様な経験をし、それを価値や知識、技能として自身の身の内で習熟させながら、他の実践において活かすことができるよう豊かな知恵を蓄える。ソーシャルワークの実践は、このようなソーシャルワーカーの内的なソーシャルワーク経験を蓄積・成熟させている実践知（属人的な技術知含む）を出現させる特性を備える。この知を掘り起こし外在化、客体化させることで知識が構築されうるのである。その知的探究においては、近代科学型の方法による場合もあれば、そうでない方法による場合がある。前者は近代科学型の知識体系に通じる。例えば、視点を多数の実践事例に転ずると、一回性、再現不可といった思考に必ずしも囚われない対象規定、科学の仕方が浮上してくる。現場における実践知の集積を通して福祉分野ならではの近代科学型の知を明らかにできることがありうる。後者は、前者の知識とは異なる別の知識体系─前出の近代科学において排除的な扱いを受けた知─ソーシャルワーカーを介して意図的で目的的な行為を表すことで形成される「アートの知」：「実践の

知」（practice wisdom）に通じる。ソーシャルワークの実践がソーシャルワーカーの身を経て遂行される限り、この実践知の存在を等閑視できない。この実践知を認識の対象とすることで、近代科学型ではみえにくい対象の意味世界の定性的な解明、実践という行為の原理や原則にかかわる立論等に寄与する。[*2]

　このようなことからソーシャルワークや社会福祉学は複数系統の知識構築型を擁する学術領域といっても過言ではない。それゆえ、実践に焦点化するソーシャルワークは幅広い知を包摂する実践科学としてとらえることができる。ソーシャルワークの知は、アートの知（実践の知）の域にとどまるものもあれば、経験科学的な科学の知の域にとどまるものもありうるということである。それは相互に連関し合う可変的可能な知である。しかしながら、ブトゥリム（Butrym）が指摘したように、ソーシャルワークの世界ではアートと科学の二元論で支配されてアートを科学の俎上にうまく乗せられなかったという歴史があり（Butrym ＝ 1986：107-108）、それを今日においても引きずっている。いずれにしても、アート或はサイエンスという二者択一、アートからサイエンスへの一方向というだけではなく、その逆のサイエンスからアートへの方向もありうる。つまり、両方から知識が形成されるということである。そこからさらなる洗練が可能性としてありうる。加えて、ソーシャルワークには、価値や規範を探究し、実践の知や科学の知に向けられる、「あるべき」を論ずるもう1つの規範科学的な知（規範の知）がある。それは実践の知や科学の知に影響を与える知でもあるが、逆に2つの知からも影響を受ける。これら3つの系から導き出されるソーシャルワークの知は、多様な知として、また多元的な知として配列されていく。それは、いわば、「知のスペクトラム」として成り立つ知識体系である。ソーシャルワークの知とする実践科学は、これら相互に連関する3つの系を包摂する集合知としてのスペクトラム的な配列をもつ。ソーシャルワークの実践科学とは、相互に批判的な関係を保ちつつも、このような3つの系から成り立つ科学ではないか。

　ソーシャルワークの知としての実践科学には3つの知が成り立つことを示し

[*2] 近似の概念として、哲学者の中村雄二郎が近代科学の知の批判として医療や生命倫理等をとりあげ「臨床の知」を学問の方法として示している。中村雄二郎（1992）『臨床の知とは何か』岩波書店。

図　ソーシャルワークの知のスペクトラム

た。基軸となる知は実践の知であろう。この知は具体的な実践という根拠を示す要の位置にある。それだけにまた実践の科学化が重要で、かつ、意味がある。実践の知は科学や規範という他の2つの知との関係において成り立ち、他の2つの知をより豊かにし、その結果、実践の知がまた成熟していくような営みを経ることでソーシャルワークの実践科学の総体的な水準は高められるものとなろう。

3節　ソーシャルワークの知の潮流

(1)　ソーシャルワークの知的探究の障壁

　ソーシャルワークの知の探究は、必ずしも円滑な発展を遂げてきたわけではない。そこにはいくつもの障壁（課題）が立ちはだかっている。ここでは主要な論点をソーシャルワークの内なる世界における「内在的課題」と「外在的課題」として述べておこう。

　ソーシャルワークの内在的な課題について、例えば、バートレット（Bartlett）は、当時のソーシャルワーカーがアートに関心を向けるあまり、「思考し認識すること」を疎かにして反知性的態度や演繹的アプローチへの抵抗がみられる。後者については、ソーシャルワーク実践に関する枠組みと一般化に対する抵抗や経験の分析は強制的で支配的で人為的であるかの見方に固執していると批判する。このような課題は、当時のソーシャルワーカーが陥っていた統合的思考の障壁によるもので、これによってソーシャルワークの知識の構築ができない。それは未開発の潜在的可能性に関する最大の問題であると指摘した（Bartlett＝1979：8,32-35）。後にマーシュ（Marsh）もアボット（Abott）が蔑称して用いた

Headless Machineを回避しようとソーシャルワーク実践のリサーチや革新について論じている。特に、知識の構築においては、ヘッドレス・マシンを防ぐ貢献者として実践者を位置づけ、実践者による研究過程への積極的貢献を主張する（Marsh 1983：582-583,595）[*3]。

　科学をめぐっては、ギャンブリルは、科学は、統制的な実験的研究のような、事実についてのある集合としてしばしば誤って説明されるとしている（Gambrill 1997：82）。当時の科学的な実践への抵抗、知識構築の抵抗の背後には、専門職主義や専門職の不適切な権力行使の批判、学術や科学に対する敬遠・回避・偏見・嫌悪感などの諸感情、誤解もある。このことはわが国においても類似のことがみられる。なお、カーガーら（Karger & Herndez）は、アメリカにおける学術世界の問題として、ソーシャルワーク教育者がアカデミックよりも技術的職業化の動きに共謀してきたとし、それが誤りであったと振り返っている。アカデミックよりもテクニシャン化したソーシャルワーク教育の変質批判とともに、軽率に他の学問分野から理論を採り入れる傾向から抜け出せない状況をもたらしたと手厳しく批判する（Karger & Herndez 2004：61-62）。それは、ソーシャルワークが学術における非自立的な習癖の悪循環に陥っているようにも映る。

　他方、モーハン（Mohan）は、ソーシャルワークの知識化（科学化）への歩み自体が必ずしも容易でなかったと、内在と外在両面にわたる課題を指摘・批判している。すなわち、外在的な課題として、ソーシャルワークの知識への貢献が、共同の領域にある他科学の分野から早く、また容易に認識されず、伝統的学問分野におけるアカデミックの封建遺制によりソーシャルワークの教育、実践、リサーチなどの創意工夫や革新の品位を傷つけがちであったとしている。内在的な課題としては、ソーシャルワークの教育者、実践者の理論に依拠する指導やリサーチに基づく実践に対するあなどりがみられるとする（Mohan 1988：69）。また、前出のカーガーらも、内在・外在両面の課題から、ソーシャルワー

[*3] マーシュによれば、"Headless Machine" はEddith Abottの未発表原稿Research in the Program of Social Worker and Agency（1931）で強調していた表現であるという。アボットは、ソーシャルワークのリサーチが実践するソーシャルワーカーの助けになるものでなければならないとし、単に知識を前進させる理由だけで研究する調査者をヘッドレス・マシンと称した。Jeanne C. Marsh（1983）Research and innovation in social work practice：Avoiding the headless machine, *The Social Service Review*, 582-583, 595.

クには、公共性としての説明が欠けているという。ソーシャルサービスの組織は論争的な問題の周囲にいる被雇用者のソーシャルワーカー達が公共的な開示をするよう促すことに失敗し、政治的な文脈に位置するにもかかわらず、基金の維持にもがくばかりで、公共的な言説の中枢部に存在する論争に関与するように期待されていない。低い労働条件では公共的な知性（public intellectual）を促さない（Karger & Herndez 2004：51-55）とまで断じている。これらモーハン、カーガーらの指摘は、ソーシャルワークには知としての公言力の弱さが問われていることを示すものである。

　なお、科学知を追究する理論学に比して実践学を低位におく問題や技術に対する低い評価（低い労働条件とつながっている）が存在するという事象はアメリカだけに限らない。福祉に投下する財源や人的資本の手控え状況はわが国も同様であり、おそらく世界の国々でみられる共通課題かもしれない。

(2)　ソーシャルワークの知の探究—その潮流と特性—

　ソーシャルワークの知の探究としての歴史的な潮流は、2つに大別できよう。第一は、臨床科学モデルの萌芽とempirical（経験的な）志向期、第二は、エビデンス志向と批判志向並存期である。前者は、ソーシャルワークの近代科学志向の芽が吹き始めた時代で、リッチモンドによる「臨床科学モデル」の礎が築かれたといってよい（平塚 2010：49-51）。後のアメリカにみられるempiricalなソーシャルワークの萌芽期でもあったといえよう。それはまた、歴史的には近代の科学として正当と認められる思考の体系を発達させようとするソーシャルワークのある苦闘とも称されている（Payne 1997：32）。バートレットは初期の時代には、理論の断片やソーシャルワーカーの経験をもとにした実践原則から理論的なものとして用い、それらは有効、かつ、統合的な概念によって統一されたものではなく、知識には形式と構造が欠けていたと評する（Bartllett 1970：222）。

　第二の潮流は、まさにそれが起きている現在という時期にある。今日では2つの流れが並存し相互批判的な関係にある。2つの流れとは、1つは「エビデンスに基づくソーシャルワーク志向」の流れと、他の1つは「懐疑・批判に基づく原理性探究志向」の流れである。前者は、第一潮流のempirical志向のソーシャ

ルワークを底流にもつ。この流れには、ペイン（Payne）によれば、1970年代〜1980年代においてもソーシャルワークは効果性を示すことができていないため、実証的に検証された実践にとってかえるべきであり、行動的アプローチに基づくべきとの主張もみられたという。(Payne 1997：33)。その後、empirical志向をより強化する大きな転機が訪れた。それがエビデンス（証拠）に基づくソーシャルワークの実践論（evidence-based practice：EBP、エビデンス志向のソーシャルワーク論 evidence-based social work：EBSW）である。周知のように、それは1990年代の医学分野が発火点となり多様な分野に衝撃を与え、ソーシャルワークもその1つで大きな影響を受けたことはいうまでもない。ソーシャルワークのEBP志向はイギリスで始まったが、今日、確かな科学知への探究という流れになりつつある。一方、第二の流れは、原理性探究の流れとして、フェミニズムや構築主義あるいは構成主義、ポストモダンの影響を受けた近代的ソーシャルワークの価値・思想に対する懐疑志向の流れで、1980年代に新たな知的枠組みを提供し、議論として成長してきた。この流れは、近代の所産であるソーシャルワークのポリティックスに対する疑義や批判として登場した。とりわけ、差別や抑圧を受ける側、援助される側の論理を主題化することの意義をもたらしている。特に援助者と援助を利用する側との間に生じる権力作用や援助される側の論理や語り、言説に着目し、その主観的な意味世界のリアリティの探求と解釈による近代批判、ソーシャルワーク理論批判という流れである。構成主義者は、第一の流れにある実証主義者のアプローチは実証データの客観性に関して、そして数に対して相容れない意味に対する関心を欠如しているために、自らの仮説事態に懐疑的になることができないと批判している(Payne 1997:33)。しかし、第二の流れである原理性探究の流れは、痛烈な批判だけに終わらない具体的実践とその検証、リアリティに迫りながらその解釈を通して組み立てることができるこれら小知の蓄積・体系化を通して、はじめて価値や思想に根ざすソーシャルワークの理論知に到達できるのではないだろうか。第一の科学知探究の流れは、第二の流れからの批判を克服・凌駕するほどに、人間の生活や人生に関わる人々の主観的な世界、実践者の実践知をいかに活かしきれるか、これらを科学知としていかに示しうるか、その可能性を拓くものでなければならないであろ

う。しかしながら、今日、ソーシャルワークの世界においても、科学の方法を原則にして導き出す結果に対しては信頼性の高低を付けて科学水準の階層性（順序性）が示される状況もある(Grey, Plathe & Webb 2009:11-12)。しかし、ソーシャルワークの知識の種類や形態が異なるものを同一線上に並べて特定の観点による高低差を付けても意味がありうるか、疑問もないではない。ソーシャルワークの知と科学との関係については今後も重要な論争点となろう。

4節 ソーシャルワークにおける固有の知の挑戦
―実践の科学化研究―

　岡本民夫は、実践の科学化を論ずるなかで、「認識科学から応用科学」へ、「応用科学から独自科学へ」と論を進める。既存の科学の過剰な摂取、借り物科学様式との決別を促し、主体性のない従属科学から脱却して「独自科学」による自生的な科学の仕方、固有の自生理論の必要性とその構築を主張してきた（岡本 1991：193-203）。本章では、ソーシャルワークの科学や学術的な特性について展開してきたが、ここでは、依然としてアキレス腱ともいえる課題を乗り越えていくための視点と方法を備える岡本の実践の科学化について触れておきたい。岡本が公式に初めて「実践の科学化」という用語を使用したのは、1988年の講演である。周知のように、岡本は1973年に『ケースワーク研究』（ミネルヴァ書房）を著した。ケースワークの歴史を丹念に探りながらケースワーク理論を体系的に著している。同書巻末の資料編は1217篇に上り、先行研究を地道に渉猟して分類・整理していることは注目に値する。それはソーシャルワークの研究、ミクロレベルの実践研究を始める初学者や実践者にとって基本となるべく書物である。とりわけ、検索システムが高度に発達した今日とはまるで異なる時代において、研究の基本となる情報が提供されている。「福祉の情報化」の萌芽や研究の仕方をこの書物にみることができる。岡本は、その後、独創的な「実践の科学化」へと進んでいく。それがコンピューターを活用した1980年

＊4　講演内容については、岡本民夫（1989）「社会福祉実践における科学の仕方——科学的実践と実践の科学化」大阪市社会福祉研修所編『聴思録』37-48（昭和63年12月2日講演）．を参照されたい。

代初頭から1990年代半ばまでに行われた老人福祉施設における総合的な高齢者処遇情報管理システムの開発である。同研究は、Computer Aided Nursing Planning System、キャンプス（CANPS）と称された。この研究の内容については研究助成年度毎に発行された報告書に詳述されているが、研究全体の要旨については、岡本民夫ほか編『福祉情報化入門』（有斐閣1997, 130-135）（CANPSのフローチャート付き）を参照されたい。同研究は、老人福祉施設の宝庫ともいうべき多様な実践の知恵としての情報をOA技術を駆使して整理・統合し、総合的に把握できるようにし、管理運営及び高齢者を援助する職員の日々の活動記録の入力、このデータを1つの経験知として再活用できるようなシステムにして実践の理論化を可能にする。すなわち、これらの情報は、①入園者ファイル管理システム、②日誌ファイル管理システム、③ADLファイル管理システム、④入浴サービスファイル管理システム、⑤地域サービス管理システム、⑥処遇計画ファイル管理システムとして開発されている。なかでも、⑥の処遇計画ファイル管理システムは、日々の援助記録であるとともに、過去のデータを活かしつつ、どのような援助をすべきかを組み立てられるようになっている。それは、CANPSの最も特徴あるシステムである。岡本は、科学的な処遇には、2つの側面があるとし、1つは、諸科学の成果を導入し、援用して展開される「科学的処遇」（科学的実践）、他の1つは、老人福祉従事者の処遇経験を科学的な手法で集積し、それらを体系化していく「処遇の科学化」（実践の科学化）である。岡本の真骨頂は、福祉施設の多面的な情報の総合化、統合化のみならず、実践者自身が自らの経験をコンピューターに「助けられて」実践の知恵を蓄積することで、やがてそれがまとまりのある情報提供とともに、実践知の集積、さらに一定の法則を見出すことができるような、そうした知識構築の斬新な視点と研究方法を示したことにある。それは諸科学への過剰な依存から福祉理論を作るというよりは、現場の実践者自身の内的な知恵＝実践知を活かし、それを言語化、

---

*5 岡本による老人福祉施設における総合的な高齢者処遇情報管理システムの開発の初期の研究報告書を下記に挙げておく。
①「老人ホームの介護サービス用情報処理システムに関する調査研究」関西情報センター／システム科学研究所，1983. ②「老人ホームの介護サービス用情報処理システムに関する調査研究」関西情報センター／システム科学研究所，1984. ③「老人ホームにおける情報処理システムの開発に関する調査研究」社会福祉法人健光園，1985.

情報化し、科学知としていく内発的な実践研究方法の1つの型を示すとともに、学術と現場との一体感をもたらし、学術的にも実践的にも福祉のアイデンティティの確立に通じる道筋を示している。

おわりに

　本章では、ソーシャルワークの科学とは何かを探ってきたが、ソーシャルワークの知としての実践科学には3つの知が成り立つことを示した。基軸となる知は実践の知であろう。この知は具体的な実践の根拠を示す要の位置にある。それだけにまた実践の科学化が重要な意味をもつ。実践の知は科学や規範という他の2つの知との関係において成り立ち、他の2つの知をより豊かにし、その結果、実践の知がまた成熟していくような営みを経ることでソーシャルワークの実践、またその科学の水準は高められるものとなろう。加えて、ソーシャルワークとは何か、その学術的なアイデンティティをめぐって重要な課題があることを多少なりとも見出すことができた。ソーシャルワークの隣接諸科学からの借り物様式がすでに綻びはじめているなかで、ソーシャルワークの知の構築にかかわる学術としてのアイデンティテイを再覚醒すべく大所高所から論ずる必要がある。

引用文献
岡本民夫（1989）「社会福祉実践における科学の仕方――科学的実践と実践の科学化」大阪市社会福祉研修所編『聴思録』．
岡本民夫（1991）「ソーシャルワークの科学的展開と実践の科学化」『同志社大学社会福祉学』5．
嶋田啓一郎（1999）「福祉倫理の本質課題」嶋田啓一郎監，秋山智久・高田真治編著『社会福祉の思想と人間観』ミネルヴァ書房．
平塚良子（2010）「メアリー・リッチモンドによる臨床科学モデルの現代的意義」『大分大学大学院福祉社会科学研究科紀要』13．
古川孝順（2004）『社会福祉学の方法――アイデンティティの探究』有斐閣．
村上陽一郎（1977）『科学・哲学・信仰』第三文明社．
村上陽一郎（1986）『近代科学を超えて』講談社．
森田邦久（2009）「科学と疑似科学を分ける2つの基準」『科学哲学』42（1），1-14．
八杉龍一（1991）『科学とは何か』東京教学社．
Bartlett, H.M.（1970）*The Common base of Social Work Practice*, National Association of Social Workers.（＝1979，小松源助訳『社会福祉実践の共通基盤』ミネルヴァ書房，8，32-35,222．）
Butrym, Z.T.（1970）*The Nature of Social Work*, The Macmillan Press.（＝1986，川田誉音訳『ソーシャルワークとは何か――その本質と機能』川島書店，107-108．）
Gambrill, E.（1997）*Social Work Practice：A Critical Thinkers Guide*, Oxford University Press，82,83．

Grey, M.,Plathe, D. & Webb, S.A.（2009）*Evidense-Based Social Work：A Critical Stance*, Routledge, 11-12.

Karger, H.J. & Hernndez, M.T.（2004）Decline of the Public Intellectual in Social Work, *Journal of Sociology and Social Work*，51-55, 61-62.

Mohan, B.（1988）*The Logic of Scoial Welfare：Conjectures and Formulations*, Har vester Wheatsheaf,89.

Payne,M.（1997）*Modern Social Work Theory*, 2nd. ed., Lyceum Books, Inc.，32,33.

参考文献

岡本民夫・平塚良子編著（2004）『ソーシャルワークの技能――その概念と実践』ミネルヴァ書房．

久保紘章・副田あけみ（2005）『ソーシャルワークの実践モデル――心理社会的アプローチからナラティブまで』川島書店．

平塚良子（1999）「ソーシャルワークの価値の科学化」嶋田啓一郎監，秋山智久・高田真治編著『社会福祉の思想と人間観』ミネルヴァ書房，97-98．

平塚良子（2009）「ソーシャルワークの自成理論構築のための省察」『大分大学大学院福祉社会科学研究科紀要』11，13-29．

第4章 ソーシャルワークの理論と実践の関係再構築

　本書はタイトルからもわかるように、ソーシャルワークの理論と実践は循環的関係であり、相互に発展的影響を与えるという立場に立っている。この関係はソーシャルワークに限定されることではなく、医学や教育学等にも共通する。対人援助において理論は実践に貢献することが求められ、実践は理論の根拠になると考えられるからである。しかし、本章で「理論と実践の関係の再構築」について、あえて検討するということは、言い換えれば相互循環的関係が機能していないという認識が前提となっていることになる。

　実際、「理論は実践の役に立たない」「机上の空論」といった不信感が現場側から学問サイドに対して表明されることがある。例えば実習に行った学生から「大学の授業で習ったことは役に立たない」「現場のワーカーから聞いた生の声は説得力がある」といった指摘を受ける。これが事実であるとすれば、ソーシャルワークの理論と実践は相互循環的ではないということになるだろう。理論・学問の有用性・有効性に対する問いかけ・批判ということになる。一方、研究側からは「理論の蓄積が実践に反映されない」「現場は経験主義にとどまる」といった批判もみられる。

　本章ではソーシャルワークの理論と実践の関係について筆者なりに一応の整理を行い、両者の関係について考えていくにあたっての基本的視点を提供していくことを目標としたい。

1節 用語の確認

　「実践」と対置して使われるときの「理論」とはいったいどういう意味をもつ

のだろう。例えば、「岡村理論」「孝橋理論」などと呼ばれる理論がある。ここでの理論は、特定の人物がつくり上げた(または発見した)内容ということだろう。

また、社会福祉士国家試験の科目別出題基準でいわゆるソーシャルワーク系科目と考えられる「相談援助の基盤と専門職」「相談援助の理論と方法」をみたとき、「理論」という言葉は前者では用いられていない。後者では中項目に「システム理論」、その下位の小項目に「一般システム理論」という語がある。また理論という言葉は用いられていないが、大項目に「さまざまな実践モデルとアプローチ」という項目があり、中項目として「治療モデル」「生活モデル」「ストレングスモデル」「心理社会的アプローチ」「機能的アプローチ」「問題解決アプローチ」「課題中心アプローチ」「危機介入アプローチ」「行動変容アプローチ」「エンパワメントアプローチ」という10のモデル、アプローチが取り上げられている。本書でも第2部が「ソーシャルワーク理論の活用と検証」というタイトルであり、各章で問題解決アプローチ以下6つのアプローチが紹介されていることからみて、モデルやアプローチという言葉は理論という用語とも一定重なって用いられていることがわかる。例えば、危機介入アプローチを危機介入理論、エンパワメントアプローチをエンパワメント理論と置き換えることもできそうである。そこでここでは、理論とモデル、アプローチの区別は特につけず、議論をすることにする。

それでは、ソーシャルワークに限らず広くとったとき、理論の定義はどうだろう。

『広辞苑 第六版』(岩波書店)によれば「理論」という語は以下のように説明されている。

① (theory)
ア．科学において個々の事実や認識を統一的に説明し、予測することのできる普遍性をもつ体系的知識。
イ．実践を無視した純粋な知識。この場合、一方では高尚な知識の意であるが、他方では無益だという意味のこともある。
ウ．ある問題についての特定の学者の見解・学説。

②論争＜日葡辞書＞

　まさに、ア、イ、ウの3つが本章で論議すべき内容といえる。まず、イは「大学の授業は役に立たない」「机上の空論」などと言われるときに使われる意味である。当然であるが本来の用途ではなく、本書で「理論」という場合の想定外である。しかし、現実にはそのような意味で使われることがしばしばあるのも事実であり、理論と実践が「循環」していないという指摘があることの証左ともいえるだろう。なぜ、理論が机上の空論になるのか。実は、その答えは理論をつくる研究者側にもある程度あるが、実践側の「ないものねだり」にもあるように思われる。この件については後に論じることにしたい。

　それに対して、アとウが一般に言われる理論ということになるだろう。両者の違いを論じていくことも本来必要になるが、ここではアとウを緩やかに包括する概念として「理論」を定義しておこう。岡村理論などといわれるときの理論は正にウの意味になる。それに対してモデル、アプローチといわれるものは基本的にはアの意味になるだろうか（このことはあとでもう少し検討する）。

　一方、「理論」という言葉と似て使われるものに「科学」という言葉もある。実践の理論化といっても、実践の科学化といっても通ずるだろう（科学については前章に詳しい）。また「学問」という言葉もよく聞く概念である。「ソーシャルワークは学問か」「社会福祉は学問か」といった問いもしばしば過去においてはよく立った。現在においても立つことはあるかもしれない。これらの関係も簡単に整理しておこう。

　科学と学問について、ロナルド・ドーア（2014:79-80）は次のように述べている。

> 「学問的＝科学的」とする人もいるが、そうでもない。科学なら、「XがYの原因だ」という命題が出発点で、実験的・経験的データを集めて、その命題が、捨てられるべきか、正しく「科学的知識」の一部になれるかを決定的に判断できる。こうして「科学の進歩」に貢献できる。
> 　ところが、「社会」科学では、そうではない。命題の正しさをデータで決定的

> に判断できるケースは少ない。「水」の定義ははっきりしている。私が「水素」と呼ぶものと、あなたが「水素」と呼ぶものは全く同じであるから。ところが、例えば「団結」という概念を例にとれば、個人的に違う価値判断も多少入らざるを得ず、人によって意味が違う。
>
> だから、自然科学と同様に累積的な「シンポ」はあり得ないのだが、一人ひとりの社会学者、経済学者が、自分の分析の道具として使う概念を少しずつ洗練して、より精密なものにすることはできる。

この指摘に従えば、いわゆる自然科学を範としたときに社会学や経済学は科学的であることは難しいが、十分学問的なのだという指摘だろう。アではありえなくてもウでありうるのだという話にも当てはめることができる。確かにソーシャルワーク研究においても、上の「水素」と「団結」の例でいえば、「団結」に相当する事象を扱うことが一般的である。正に社会科学には「自然科学と同様に累積的な『シンポ』はあり得ない」が、研究者が、「自分の分析の道具として使う概念を少しずつ洗練して、より精密なものにすることはできる」というスタイルが岡村理論、孝橋理論などといわれるときの理論＝学問だろう。一方、モデルやアプローチといわれるものは特定の個人による所説（ウ）に近いものと、アを志向する程度の強いものとが混在しているといえそうである。

そこで本章では「理論」という言葉を広義にとらえ、ドーアのいう「科学」的なものから、より包含的な「学問」まで広く指すこととする。そのうえでソーシャルワークにかかわる理論であるから、「ソーシャルワーク実践について何らかの形で説明しようとするもの」と、さらには「実践がよりよいものとなるために実践側が利用できる道具となるもの」をここでは、ソーシャルワーク理論と呼ぶこととしたい。

2節 なぜ「理論」は実践に役立たないのか

(1) 理論が誤っているゆえに役に立たない場合

第一に、その理論そのものが事実として誤っている場合である。自然科学の

分野でいえば地球が宇宙の中心にあり動かないとする天動説は古代から中世にかけては当時の社会にとって絶対的事実であった。実際、科学的知識を前提にせず考えれば現代における我々の実感からも、地球が動かず太陽や月が動いているという説明は確からしくみえる。それでも結論は間違っているのである。

　福祉に隣接の領域の話でいえば、「子どもが自閉症になるのは（母）親の育て方に問題がある」という考え方が強調された時代があった。親が子育てに力を入れずテレビを見せっぱなしにしていたからだなどという説明がされたこともある。しかし、それが誤りであることは現在明らかになっている。このような考え方のせいで、自閉症児を抱える母親の多くが自らの子育て故にわが子が障害をもったのかと悩み、夫や親族から責められるといったことがあった。しかし、当然いくらテレビをみせる時間を減らしたからといって障害が「治る」といったことはなかったし、テレビをみる時間と障害の発生に関係はないのである。これは、誤った理論が実践に貢献しない（というよりは害である）典型だろう。

　また教育では「ある程度の体罰が子育てには必要だ」といった（「体罰モデル」とも名づけられるかもしれない）考え方もある。実際、教職に就くことを「教鞭を執る」という言い方があることからも、過去の教育現場で体罰が肯定されていたことがわかる。しかし、体罰は短期的には相手を萎縮させ従わせる効果はあるかもしれないが、最終的には子どもの成長や自発的な力をつけるという効果はなく、教育のモデル（理論）としては不適格ということは明らかである。

　第二に理論が規範的に誤っている場合がある。実は、理論が間違っているという場合には、上に挙げたように事実として間違っているという場合だけではなく、規範的に間違っている場合もあるのである。例えば、短期的な課題（クラスで授業中に騒ぐ子どもを静かにさせるといった具体的課題）を解決する場合には体罰は効果をみせるかもしれないが、それでも体罰を教育における方法として受け入れることは許されない。効果の問題と同時に規範のレベルでも理論は試される必要があるのである。

　これら、事実としてまたは規範として誤っている理論が実践の役に立たないことは確かであり、研究サイドは絶えず誤った理論を正していく義務がある。そのために近年ではソーシャルワーク研究においても、主観的で誤った理論の生

成を防ぐためにも、研究法の厳密さが求められるようになってきた。しかし同時に、実践サイドも理論に対して役に立たないという評価をして終わりにするだけでなく、その役に立たないという具体的事実を積み重ねて理論サイドにフィードバックしていくことで、理論を正していくことに貢献する必要もあるのである。

(2) 理論そのものは誤っていないが役に立たない場合

　理論そのものが誤っている場合ばかりでなく、理論自体は誤っているわけでも規範的に問題があるわけでもないが、実践の役に立たない場合もある。具体的にはどのような例が考えられるだろうか。

　1つには、理論が実践家にとってそのまま理解し活用するには難しいという場合が考えられる。「理論は難しい。何が書かれているかわからない」といった場合である。理論は基本的に「論文」への掲載、学会時の口頭報告等という形を通して公開される。そして研究発表には前項で述べた誤りを起こさないため、相当程度に構造化された手続きを踏むことになる。そして、用語も一般社会ではあまり用いられないものも多い。そのような意味で、研究についての訓練を受けていない実践家には「理論」がとっつきにくいものになりかねないのである。これについては研究者サイドが、自らの理論を現場に理解できる形にしていく努力が必要だろう。また実践サイドも理論を理解できる職員をつくっていく必要がある。例えば、大学院のマスタークラスを出た現場の職員が積極的に研究サイドの理論を実践へと取り込んでいくといった努力が必要になってくるのではないだろうか。ある意味で、海外の理論が翻訳書を通して人々は学ぶことがあるように、理論を実践家が理解しやすい形に「ホンヤク」していくことが理論側にも実践側にも求められるのである。

　一方、この「難しさ」以外にも、理論が役に立たない例としては以下のようなものが考えられる。一般に実践サイドは具体的で現実的なシーンに対して役立つ情報・理論を求める。それに対して研究サイドは、できるだけ理論を包括的で普遍的なものにしたいと思う傾向がある。また役立つ以前の「事態を明らかにする」ことに関心をもつ場合も多い。つまり、現場側は「私の現実のこのケースに具体的に役立つ」理論を求めるのに対して、研究者は「いつでもどのような状況に対しても意味のある」普遍性の高い理論、また「事態を説明できる」理論を

つくりたいと思う傾向をもつのである。このずれが実践サイドにとって理論が役に立たない（と思われる）状況をつくってしまうことにもなるのである。

　理論はいくら実践志向があったとしてもあくまでも一定の普遍性をもつものであるから、完全に個別の事例にカスタマイズすることはできない。そうでなければ、ワーカーの数だけ、さらにいえばケースの数だけ実践モデルが必要ということになる。実践の理論に対する、この「ないものねだり」は実現されることはない。完全に個々のケースに対応した部分は「理論」ではなく、スーパービジョンやコンサルテーションに頼ることが相応しいのである。

　では、実践は理論に対してどのような期待をすべきなのか。現場は自らの実践を極力具体化し個別化して理解しようとするので、ともすれば孤立していくことになる。しかし理論は一定の普遍性や横断性をもつものであるから、理論を学ぶことによって実践は自らを援助の原則と照らし合わせ確認することができ、また他の実践事例との比較を通して相対化していくことが可能になるのである。ある意味で道を歩くときの地図やコンパスの役割ともいえるだろうか。この拠り所を確認するための理論は直接役立つものでなくても重要なのである。

3節　理論を実践にとって役立つものとするために
　　　―理論のタイプ分けの理解―

　上に挙げたような、「ないものねだり」にならないためには、各「理論」がもつ特徴や限界を理解しなければならない。そもそも、その理論が明らかにしようと意図していないレベルの要求を理論にしても仕方ないのである。岡村理論に自閉症児がパニックを起こしたときの具体的なかかわり方を期待しても仕方がないし、SST（社会生活技能訓練）理論に近年の失業問題の具体的解決策を期待しても仕方がない。以下では、各理論に求めるべきものを検討するための軸となりそうないくつかの軸を考えてみることにする。

(1)　規範理論と実証理論

　『広辞苑　第六版』（岩波書店）には「規範理論」という用語はない。ただし、それに近いものと考えられる語として「規範学」という言葉があり、「対象がいかにあるかという事実を記述する経験科学に対し、対象がいかにあるべきかと

いう当為を問題とし、またその基準として価値・規範を考える学問。論理学・倫理学・美学など」とある。そして「経験科学」については「対象をありのままに観察・記述・分析し対象の法則性・説明原理を導出しようとする学問。実証的諸科学を指す」とある。

　規範理論とは、この規範学としての問題意識で、それぞれの科学分野について展開される理論と考えればよいだろう。そして実証理論はすなわち経験科学の考え方に従うものといえる。学問レベルで大別すれば、倫理学は規範学で、経済学は経験科学ということになる。しかし、同じ経済学に属する理論の中でも、国民の富はどう分配されるべきかといったことについて論ずる規範理論の領域に属するものもある。医学でも、２つの手術法のどちらが何パーセント成功率が高いかといった知見は経験的・実証的領域に属するのに対して、生殖医療において代理出産の是非について原則的にどう考えるかといったことは規範的議論なのである。

　ソーシャルワークも同様であって「クライエントにとっての自己決定は尊重されるべきである」という価値的な言明は実証の対象ではないし、「援助関係はどうあるべきか」「個人の自由と社会全体の公平はどうあるべきか」といった議論も規範的論議である。一方で、特定の理論を用いた場合にどの程度の効果があるのかといった議論は実証的議論である。例えば、行動変容アプローチ（理論）などはその内容は、基本的に実証系の理論であるといえる。

　ここで挙げたような、規範理論と実証理論の区別をせずに、理論に期待をしても得るものは少ない。「援助関係においてクライエントの主体性は尊重されなければならない」という援助の基本的態度にかかわる主張は、アンケートの結果によって導かれたり、改められたりするものではない。その考え方に納得するかしないかという論議になるのである。一方、「認知症高齢者のデイサービスにおいてどのプログラムがどの程度効果があるか」といったことについては、調査によって明らかにされるべきものである。

　規範系理論からは「どうあるべきか」を学び、実証系の理論からは「現実がどうであるか」「結果がどうであるか」を学ぶことになるのである。このことを間違わないようにしたい。

(2) 包括理論-中範囲理論-実践理論

　各理論が射程とする範囲・対象によって理論を分類することもできる。その軸でみたとき、一般に理論は包括理論、中範囲理論、実践理論などといったカテゴリーに分けることができる。[*1]

　包括理論とは対象とする範囲をできるだけ全体として説明しようとするもので、抽象度が高いものである。社会福祉、ソーシャルワークの分野でいえば、「岡村理論」などがその例になるだろうか。治療モデルや生活モデル等もこれにあたるだろう。前述の規範理論も包括理論の典型であるが、必ずしも両者はイコールではない。人間（関係）や社会（関係）のありかたについてどうあるべきであるかについて踏み込まない、包括的な理論もある。例えば、システム理論などもそれに当たる。

　これらは、調査や実践によって実証されることは一般に難しいが、多くの人が納得することができる理論であり、実践においてはその目指すべき方向を示したり、社会の大きな仕組みを理解させてくれるものである。

　一方、実践理論は個々の実践の営みの観察や調査から直接導き出される具体的な発見ということになるだろう。[*2] 例えば、施設における特定のレクリエーションプログラムの利用回数がクライエントの満足度に与える影響といったものが考えられる。言い換えれば、個々の施設等現場の実践から導き出される類の知見であって、学ぶ側の現場にとっては「役に立つ」理論といえる。一方で具体的な実践にかかわる知見だけに、適応範囲が狭く、他の現場には当てはまらないことが多い。

　しかし、この「実践理論」の部分がある意味で、ソーシャルワークでは弱い部分ともいえる。岡本民夫のいう「実践の科学化」もこの延長上に位置づけられるものだろう。

[*1] この三者の境目は厳密に区別することは無理であり、あくまでも相対的なものであるが、大要このようなカテゴリーで理論を分類することは有効と考えられる。

[*2] 実証理論と実践理論の区別は一般に意識されていないことが多い。ここでは、実証理論は実践からつくられたものか演繹的に導かれたものかを問わず、事実によって証明されているものであり、実践理論は実践から帰納的に導かれたものとして区別する。当然結果的に実践理論は実証理論でもあることが多い（望ましい）。

第三に、中範囲理論は包括理論のような証明できないほどの大きなテーマは扱わず、調査や実践によって実証できる程度の問題を扱う。しかし、すでに述べた実践理論が、より個別の実践に寄り添っていくものであるのに対して、それよりは普遍性のある理論といえるだろう。その境界は曖昧であり相対的なものになるが、危機介入アプローチ、行動変容アプローチなどは中範囲理論といってよいだろう。個別の実践理論は超えるが、一方で「危機状態」「問題行動」といった現実的な射程をもち、「人間関係全体」や「社会そのもの」を説明しようというものではないのである。

　これらは規範的な理論ではなく、「どうあるべきか」について語ってはくれないが、リスクにどう対応すればよいか、問題行動にどう対応していけばよいかという具体的な問いには答えを得ることができる理論である。ある意味で、ソーシャルワーカー養成では、この中範囲の理論の習得が強く求められているということになるだろう。そしてそれは、規範レベルの理論をしっかり踏まえたうえで、自らが実践理論の生成を行うことと、セットで考えられなければならないのである。

4節　実践が理論に貢献するということ

　理論と実践が循環的であるためには、理論が実践の役に立つだけではなく、実践が理論にも影響を与えることが必要ということになる。ここではそのことについて、考えてみたい。

(1)　実証理論への貢献

　これが、一番現実的であり理解しやすいものだろう。理論が実践の役に立つものであるかどうかは、現場での実践を通さないことには確かめられない。「行動変容アプローチ」などはその典型例である。例えば、障害者施設におけるクライエントの自傷他害等の行動障害や不登校児の昼夜逆転などについては、行動変容アプローチが問題解決の一助になり得る。このアプローチ（理論）はそれ自体が実践の試行錯誤との連携によってつくり上げられている。その他の理

---

*3　本来、「中範囲理論」はロバート・K・マートンの提示した概念であり、具体的な定義を伴うものであるが、ここでは包括理論と実践理論の中間程度の射程をもつ理論という程度の意味で用いる。

論の場合も、提示されている内容が現場で試されることを通して、その確からしさ、効果、有効範囲などが確認されていくのである。

その意味では、現場の責任は重い。医学が医療現場のレスポンス無しに成立しないように、本来福祉理論は実践のレスポンス無しには成立しないのである。

(2) 実践理論への貢献

現場の実践では、たくさんの実践知というべきものが蓄積されている。しかし、現実にはそれらの多くは、個人の体験の中にとどまっている。ベテランのもつ多くの知識や技術はなかなか共有されることが難しい状態にある。しかし、それらが言語化され共有されたとき普遍性は高くないが、個別性・具体性の高い理論が生成されることになるのである。ソーシャルワーカーの多様な経験（成功例、失敗例様々含めて）を他者が理解し、共有できるようにしていくことは、実践側の義務ともいえる。「○○理論」という形で呼ばれるものではないが、実践を実践者が試し、結果を形にしていく。その作業が、その後の大きな（名前の付くような）理論を生み出すもととなるのである。

(3) 規範理論・包括理論への貢献

これは最も難しそうである。そもそも援助における規範的態度は必ずしも、ソーシャルワーク実践の中から導き出されたものというより、哲学等の他学問から影響を受け造られたものと考えられるからである。また包括理論も実証の対象となりにくい。

しかし実は、福祉実践サイドが規範的な理論や包括的理論が生成される過程に全くかかわっていないわけではない。例えば、ノーマライゼーションの考え方がその例といえるだろう。いうまでもなく、この考え方はデンマークの知的障害者の親の会の運動から始まり、世界の社会福祉の思想として受け入れられている。障害者のIL（自立生活）運動も、障害者福祉の思想に大きな影響を与えている。これらは当事者、家族など福祉にかかわる人々の実践の中で問われ、形成されてきたものである。

こう考えると、実践で蓄積されてきた思想が大きな福祉理論、ソーシャルワーク理論に影響を与えることもあるのである。これは、現場のソーシャルワーカーが「個別につくる」ものではないが、現場の実践や問いかけの蓄積がこのよう

な大きな理論（包括的理論、規範的理論）のベースにもなっていることは意識しておきたいことである。

5節 「プラクティショナー・リサーチャー」を目指して

　日本だけでなく、アメリカでも過去においては、理論家がたてた理論を学び現場は利用するということが多かったという。アメリカの大学院での「調査」の科目も「主に調査報告書や論文を『正しく読む（理解する）』ための科目」であり、「実務家には調査結果の賢明なコンシューマーになることが求められ」ていたという（芝野 2012）。

　ある意味で、実践現場は理論の消費者であっても生産者であることは求められていなかったということだろう。したがって実証系の理論も過去においては、研究者が一方的に情報を収集するという形が中心であった。日本では現在も、福祉現場には数多くの「調査依頼」が研究者から寄せられ、アンケートやインタビューを引き受ける（または断る）のに現場はうんざりしているという状況もある。

　それが、アメリカではやがて「実務家は単なる賢いコンシューマーではなく、自ら実践にとって意味のある調査を行い、その結果を実践に活用することが求められることとなった。『プラクティショナー・リサーチャー』であることが求められるようになった」（芝野 2012）という。後のエビデンスベースドプラクティスにつながっていく流れといえるだろう。

　確かに日本を例にとると、現時点でも福祉現場からの理論の発信は弱く、あったとしても実践家自らでなく、研究者が収集した情報に基づいて行われ、現場はあくまでも研究の対象になっているともいえる。研究者が自らの研究にとって必要な資料を集めているだけという事実が、現場にとって必要な理論が生み出されにくい理由の1つかもしれない。

　実際特別な訓練を受けていない実践現場側が、研究を行うといっても難しそうである。しかし、実践サイドには大きな強みがある。自らのフィールドがあり、そこには膨大な実践の記録や経験の蓄積がある。正に実践理論はここから生ま

れるし、実証理論もこれらによって試されるのである。その意味で、実践家が同時に自らの現場をフィールドとし、研究者と共同して主体的な実践研究を行うこと。これこそが、最終的には本章のテーマである、理論と実践の循環を本物にしていくための条件かもしれない。

参考文献
佐藤栄子編著（2009）『事例を通してやさしく学ぶ中範囲理論入門 第2版』日総研出版.
芝野松次郎（2012）『実践評価の課題と展望――ミクロレベル実践の量的実践評価を中心に』日本社会福祉学会　第60回春季大会シンポジウム（http：//www.jssw.jp/whatsnew/doc/archive_2012_05.pdf）
ロナルド・ドーア（2014）『幻滅』藤原書店.
ロバート・K・マートン，森東吾他訳（1961）『社会理論と社会構造』みすず書房.

第5章 ソーシャルワークの価値と倫理

　ソーシャルワークの価値と倫理について述べる際に、忘れてならないのは人権である。それは、誰もが等しく生まれながらにして有するものとされ基本的人権と称されており、福祉の領域では、極めて重要なテーマでもある。

　平成27年に7月に法務省人権擁護局が出版した平成27年度版『人権の擁護』のはじめにおいて、「人権とは、全ての人々が生命と自由を確保し、それぞれの幸福を追求する権利」あるいは「人間が人間らしく生きる権利で、生まれながらに持つ権利」と定義している。

　本稿では、はじめにソーシャルワークの価値に関連する人権に触れながら、ソーシャルワーカーの倫理綱領はじめ、日本国憲法や世界人権宣言をもとに述べていくことにする。次に、ソーシャルワークの倫理について、ソーシャルワーカーの倫理綱領をもとに述べていくこととする。そして最後に、ソーシャルワーカーが日々の実践において直面する倫理的ディレンマについて述べる。

1節　ソーシャルワークの価値について

　ソーシャルワークの価値について述べるにあたり、なぜ価値がソーシャルワークにおいて、重要であるのかについて述べる。

　あらゆるソーシャルワーク実践の共通基盤を構成する3要素として、価値、理論、技術（スキル）が挙げられる。なかでも価値は、実践の根底をなすものとして、重要な位置にある。ソーシャルワークは、いうまでもなく対人援助（支援）職の1つであり、援助（支援）を必要とする人々の価値観（人生観、人間観、世界観等）と出会い、サービス利用者（クライエント、ユーザー、当事者など

とも呼ばれる）が直面する生活上の諸課題（問題）を解決（援助・支援）する使命を負っている。

　サービス利用者（以後、利用者と称す）の価値観は、彼らが生まれ育った環境、すなわち家庭、学校、職場、地域社会等における経験（学習も含めて）に基づく知識や感情等によって形成される、その人独自の固有のものである。他方、援助者（支援者）であるワーカーの価値観（通常、価値と呼ばれる）は、ソーシャルワークの職業倫理であるソーシャルワーカーの倫理綱領の中で明確にされている。

　具体的には、利用者に関して、①人間の尊厳（生まれながらに賦与されている自由や権利、法の下での平等、人間らしい生き方）に関する保障、②自己決定（利用者の自由な意思決定）の尊重、③プライバシー（個人に関する秘密情報の保護）の尊重、④最善かつ最大の利益（人生における幸福感・満足感・充実感・生きがい感の創出、さらにはQOLと呼ばれる生活・人生・生命・魂の質の向上を図り、利用者が独自のアイデンティティを保ちながら自己実現を達成すること）の確保、を挙げることができる。

　ワーカーは、利用者のニーズを知り、理解する（英語表記ではunderstandであり、ワーカーが利用者の下に立つことを意味する）ことを基本とする。それと同時に、利用者が望み願う解決に至る道筋において、同伴者であることが求められる。つまり、ワーカーは利用者にはとってよき理解者であり、いわばパートナー的な援助者（支援者）であることが期待されるのである。

　無論、ワーカーと利用者の間で、解決に至る過程（解決の方法や手段も含め）において意見が一致するときもあれば、その反対に、互いの思いや考えが異なり、摩擦や葛藤が生じることもありうる。さらには、ワーカーと利用者の間における価値観の違いや意識のズレがもとで、ワーカーが葛藤を感じ、時として倫理的な葛藤（ディレンマ）に陥ることもある。いうまでもなく、ワーカーは、1人の固有の価値観をもつ「私人」である。それと同時に、職業倫理を遵守する責務を負う専門職業人（プロフェッショナル）としての「公人」でもある。こうした同時に2つの異なる顔を併せもつことから、実践の過程において倫理的なディレンマに直面することは避け難いともいえる。

ワーカーは、利用者の自己決定を尊重することを原則とし、ワーカーの個人的な価値観を利用者に対して、一方的に押し付けることがあってはならないのはいうまでもない。たとえ、それが専門職業の価値や倫理に通じるものであるにせよ、利用者を強引に説得したり、意図的に誘導したりすることは、決してあってはならない。基本的には、利用者の意思が尊重され、何よりも優先されねばならない。しかし、その真の意味するところは、ワーカーが利用者の意思に対して、無条件かつ無分別に従属することとは異なり、あくまでも利用者の意思を最大限尊重しつつも、利用者にとって最大かつ最善の利益を図ることにある。

　ワーカーは、常に利用者の個人的な価値観を尊重し、共感的かつ受容的な態度を示しつつも、利用者が直面する課題（問題）の解決に向けて、最大かつ最善の援助（支援）を行う責務を負っているのである。そのためにワーカーは、利用者との話し合いを通じて、援助（支援）目標を設定し、その目標達成に至るまでの道筋（過程）を明らかにしたうえで、その作業工程を伴走者として歩むのである。かくして、弘法大師（空海）が、四国のお遍路の巡礼の旅において「二人同行」と呼んだように、ワーカーは利用者にとって先導者でもなければ、その後に付き従うお付き人でもない。まさに利用者が抱えている生活上の諸課題に関して、対等かつよきパートナーとして寄り添い、最後まで解決に至る道をともに歩む人の姿である。

　長年にわたり同志社大学で社会福祉学を教授した嶋田啓一郎（1909-2003）は、中国の漢の時代に記された『四書五経』の1つである『易林』の書物の中に、福祉の語源が記されていると指摘した。すなわち、「福祉」とは「天の授けたる極（きわ）み無き齢（よわい）を全うして、喜びに与（あずか）ること」だという。言い換えれば、福祉とは、「天命（定命）を全うして、至福の境地に達すること」である。ここに、福祉が目指す価値である「幸福」、「喜び」等が示されているのである。

　また、インドにおいて、行き倒れの路上生活者の救護や、死に瀕している人々の看取りに尽力したマザー・テレサは、「喜びを持ち運ぶ器（うつわ）」として、神と人との両方に生涯仕えることを天職とした。マザーが生前語ったこととして、「愛の反対は憎しみではなく、無関心である」という。さらには、「この世におけ

る最大の不幸は、誰からも必要とされていないと感じることです」と述べた。嶋田とマザーの両者に相通じるソーシャルワーク実践の価値基盤は、ワーカーが利用者を支援する過程で、利用者が生きる喜びに目覚め、他者との交わりを通して自己実現を図ることにあるといえるのではないだろうか。

　ところで、リーマー（Reamer）は、アメリカで1996年に全米ソーシャルワーカー協会（NASW）が制定した倫理綱領の中で明記している6つのソーシャルワークの価値と倫理について、次のように指摘している（Reamer＝2001:39-40）。①サービスの精神：ニードをもつ人々を援助し、社会の問題について発言する、②社会正義：ソーシャルワーカーは社会正義に挑戦する、③人の尊厳と価値：ソーシャルワーカーは人の固有の尊厳と価値を尊重する、④人間関係の重要性：ソーシャルワーカーは人間関係の枢要性（重要性）を認識する、⑤誠実：ソーシャルワーカーは信頼できる行為をする、⑥適任性：ソーシャルワーカーは自分の能力の範囲内で実践し、専門職の知識技術を発展させ高める。

　さらにリーマーは、ソーシャルワーク専門職の価値基盤で最も持続的なテーマの1つは、「個人のウェルビーイングと一般社会の福祉に対する同時的な責任への関心」（Reamer＝2001：41）であると指摘している。

　また、バンクス（Banks）は、1989年にイギリスのソーシャルワーク教育・訓練協議会（CCETSW）が定めたソーシャルワーク学位に求められるソーシャルワークの価値について、次のように指摘している（Banks 1995：38）。

　まずは、適格なソーシャルワーカーが責任をもつこととして、①個人の価値と尊厳、②尊敬とプライバシーと守秘義務の権利、③個人と家族が選択する権利、④地方のコミュニティに備わっているストレングスとスキル、⑤自他ともに虐待、搾取、暴力の危険から守られる権利、を挙げている。

　次に、適格なソーシャルワーカーができなくてはならないこととして、①構造的な抑圧、人種、階級、ジェンダーの相互関係について認識を向上すること、②貧困、年齢、障害、分派主義の土壌に関するスティグマと差別の影響を阻止し、理解できること、③個人的および制度的な差別を認識し、反人種差別主義の実践を通してそれらと闘う方法を認識できること、④ジェンダー問題に対する理解を向上し、ソーシャルワーク実践における反性差別主義を表明できること、

⑤非選別主義、反抑圧的な政策と実践の増進を追求し、その必要性を認識できること、を挙げている。

さらに、バンクスは、1990年代において強調されるようになってきたソーシャルワークの価値は、①個人の自己決定の権利を増進し、それを尊重すること、②福祉や健康を増進すること、③平等：不利を除去すること、④分配的な正義：規則や基準に従って財産を分配すること、と指摘している（Banks 1995：42-45）。

わが国では、嶋田がソーシャルワークの価値について言及する際、「価値観の多様化」と呼ばれるものの本質は、「欲望の多様化」にすぎないと指摘した（嶋田 1980b：9）。彼は、マズロー（Maslow）が、ヒューマン・ニーズの階層説において示した生存的ニーズ、社会的ニーズ、および実存的ニーズを充足し、全人的人間の統一的人格を確立することが、ソーシャルワークの価値であると考えたのである。

さらに嶋田は、「正義」と「愛」をソーシャルワークの価値と考えた。彼は、ブルンナー（Brunner）が述べた「正義は愛に先行し、愛は正義を全うする」を同じく力説した。正義とは、各人が各人に属すべきものを与えることであり、何はさておき優先されなくてはならないという。しかし、各人が己の利益を追求するあまり、互いの権利を主張しあうようになると、摩擦や衝突が生まれ、果ては対立や争いを招くと考えた。したがって、唯我独尊的に、個々人が己の正義（権利）の確立を目指すのみでは不十分であり、正義は、互いの人格やニーズを尊重しあい、愛のこもった他者との交わりを通しての自己実現に裏打ちされたものでなくてはならないと考えたのである（嶋田 1980a：275-279）。

2節 ソーシャルワーカーの倫理綱領にみられるソーシャルワークの価値について

ソーシャルワークの価値について、その参考となるのがソーシャルワーカーの倫理綱領である。わが国においては、2005年1月27日に社会福祉専門職団体協議会・倫理綱領委員会が最終案としてまとめ、同年5月21日に日本ソーシャルワーカー協会が承認したものがある。

前文の冒頭において「われわれソーシャルワーカーは、すべての人間が人間と

しての尊厳を有し、価値ある存在であり、平等であることを深く認識する」と述べている。ソーシャルワークの価値について考えるにあたり、人間についてどう理解するのか（人間観）は重要であると思われる。倫理綱領の中にみられる「人間としての尊厳」を別の言葉で置き換えるとすると、「人間が人間として、人間らしく生きること」に対して敬意を払い、その意義を重く受け止めることとなる。人間は誰もが、他者にとって代わることのできない、かけがえのない固有の存在であり、畏敬の念をもってとらえるべき尊い存在でもある。したがって、基本的人権とされる、誰もが生まれながらにして無条件に与えられる自由をはじめ、法の下で平等に生きる権利や、幸福を追求する権利等が保障されているのである。さらに前文においては、「われわれは平和を擁護し、人権と社会正義の原理に則り（中略）、社会福祉の推進とサービス利用者の自己実現をめざす専門職であることを言明する」と述べている。

ソーシャルワークの価値は、ソーシャルワークの定義に基づくものであり、ソーシャルワークの目標・目的および理念をはじめ、ソーシャルワーカーが果たす役割（使命）と深く結びついているものである。

ソーシャルワーカーの倫理綱領においては、ソーシャルワークの定義として、「ソーシャルワークの専門職は、人間の福利（ウェルビーイング）の増進を目指して、社会の変革を進め、人間関係における問題解決を図り、人々のエンパワーメントと解放を促していく」と述べられている。このなかのキーワードを整理すると、①「人間の福利」すなわち「人間の福祉」、②社会変革（社会のあり方＝社会の仕組みを変えていく）、③人間関係（人々が生活上直面する家族関係、職場関係、学校関係、地域関係等々）における問題解決、④人間に対するエンパワーメント（問題解決のための能力、スキル、知識の賦与や向上、自信の回復等）、⑤人間解放（抑圧、差別、貧困、排除、暴力等からの解放）となる。また、ソーシャルワークの定義のあとに、「人権と社会正義の原理は、ソーシャルワークの拠り所とする基盤である」と述べており、⑥人権と⑦社会正義の2つが、ソーシャルワークの価値を構成するものと考えられる。

ところで、ソーシャルワーカーの倫理綱領の中では、「価値と原則」に関して以下の5項目を掲げているが、内容を紹介すると、以下のとおりである。

> I. 人間の尊厳であり、ソーシャルワーカーは、すべての人間を出自、人種、性別、年齢、身体的精神的状況、宗教的文化的背景、社会的地位、経済状況等の違いにかかわらず、かけがえのない存在として尊重する。
> II. 社会正義であり、ソーシャルワーカーは、差別、貧困、抑圧、排除、暴力、環境破壊などのない、自由、平等、共生に基づく社会正義の実現をめざす。
> III. 貢献であり、ソーシャルワーカーは、人間の尊厳の尊重と社会正義の実現に貢献する。
> IV. 誠実であり、ソーシャルワーカーは、本倫理綱領に対して常に誠実である。
> V. 専門的力量であり、ソーシャルワーカーは、専門的力量を発揮し、その専門性を高める。

ところで、国際ソーシャルワーク学校連盟（IASSW）と国際ソーシャルワーカー連盟（IFSW）が、共同して定めたソーシャルワークのグローバル定義（日本語訳）が、2014年5月にIASSWへ提出された（国際ソーシャルワーク学校連盟（IASSW）＆国際ソーシャルワーカー連盟（IFSW）2012）。以下の定義は、今後のソーシャルワークの原理・原則を指し示すものであり、グローバルレベルのソーシャルワークの価値を反映するものである。

> 【ソーシャルワークのグローバル定義】
> 　「ソーシャルワークは、社会変革と社会開発、社会的結束、および人々のエンパワーメントと解放を促進する、実践に基づいた専門職であり学問である。社会正義、人権、集団的責任、および多様性尊重の諸原理は、ソーシャルワークの中核をなす。ソーシャルワークの理論、社会科学、人文学、および地域・民族固有の知を基盤として、ソーシャルワークは、生活課題に取り組みウェルビーイングを高めるよう、人々やさまざまな構造に働きかける。」

この定義に含まれる、(1)社会正義、(2)人権、(3)集団的責任、(4)多様性の尊重は、ソーシャルワークの中核をなす原理でもある。また、ソーシャルワークの

中核となる任務として、①社会変革、②社会開発、③社会的結束の促進、④人々のエンパワーメントと解放、が挙げられており、これらはソーシャルワークの価値を反映したものである。

さらには、以下のグローバル定義の大原則も、ソーシャルワークの価値について具体的に示すものである。①人間の内在的価値と尊厳の尊重、②危害を加えない、③多様性の尊重、④人権と社会正義の支持、である。このグローバル定義は、日本のソーシャルワークの専門職団体もすでに合意済みであり、日本におけるソーシャルワークの価値の指針となる重要な定義といえよう。

3節 ソーシャルワーカーの倫理綱領と日本国憲法の関係について

ソーシャルワーカーの倫理綱領の前文にみられる「われわれソーシャルワーカーは…平和を擁護し、人権と社会正義の原理に則り…」とする部分は、日本国憲法の前文（「日本国民は、恒久の平和を念願し、人間相互の関係を支配する崇高な理想を深く自覚するのであって、平和を愛する諸国民の公正と信義に信頼して、われらの安全と生存を保持しようと決意した」）や第9条（「日本国民は、正義と秩序を基調とする国際平和を誠実に希求し、国権の発動たる戦争と、武力による威嚇又は武力の行使は、国際紛争を解決する手段としては、永久にこれを放棄する」）において述べられている、「恒久平和の実現」と「正義と秩序を基調」に相当するものである。

また、ソーシャルワーカーの倫理綱領の価値と原則のところで、Ⅰの「人間の尊厳」は、日本国憲法第11条に定める「国民の基本的人権の永久不可侵性」条項の条文「国民は、すべての基本的人権の享受を妨げられない。この憲法が国民に保障する基本的人権は、侵すことのできない永久の権利として、現在及び将来の国民に与えられる」の中に読み取ることができる。

さらには、同憲法第13条に定める「個人の尊重」条項の条文には、「すべて国民は、個人として尊重される。生命、自由及び幸福追求に対する国民の権利については、公共の福祉に反しない限り、立法その他の国政の上で、最大の尊重を必要とする」と述べられており、個人の尊厳とともに個人の自由と権利が、

最大限に尊重されねばならないことが読み取れる。

　Ⅱにある社会正義について、同憲法第13条の「個人の尊重」及び第14条第1項に定める「法の下の平等」に関して、「すべて人は、法の下に平等であって、人種、信条、性別、社会的身分または門地により、政治的又は社会的関係において差別されない」と述べられているが、社会的な公平さや公正さを保障すると同時に、社会的に不利益あるいは不平等な扱い（差別）を許さないとする社会正義は、「人間の尊厳」と同様に、ソーシャルワークの価値として考えられる。

4節｜世界人権宣言にみられるソーシャルワークの価値について

　人権が人種や民族の違いを超えて、人類に共通する普遍的な課題であることは、1948年に国際連合総会で採択された「世界人権宣言」に象徴される。その前文において「人類社会のすべての構成員の固有の尊厳と平等で譲ることのできない権利とを承認することは、世界における自由、正義および平和の基礎である」と記されているように、「固有の尊厳」と「平等」は、ソーシャルワークの価値に通じるものである。

　さらに前文では、「国際連合の諸国民は、国際連合憲章において、基本的人権、人間の尊厳及び価値並びに男女の同権についての信念を再確認し、（中略）加盟国は国際連合と協力して、人権及び基本的自由の普遍的な尊重及び遵守の促進を達成することを誓約したので、これらの権利及び自由に対する共通の理解は、この誓約を完全にするために最も重要である」と述べていることから、人権の尊重と遵守は、世界人権宣言においても核となる価値であり、ソーシャルワークの価値に相通じるものがある。

　ところで、世界人権宣言第1条には、「すべて人間は、生まれながらにして自由であり、かつ尊厳と権利について平等である。人間は理性と良心を授けられており、互いに同胞の精神をもって行わなければならない。」とあるが、自由・平等・博愛の精神が基本となっていることが読み取れる。

　また、同宣言第2条には、「すべて人は、人種、皮膚の色、性、言語、宗教、政治上その他の意見、国民的若しくは社会的出身、財産、門地その他の地位

又はこれに類するいかなる事由による差別を受けることなく、この宣言に掲げるすべての権利と自由とを享受することができる」と述べ、理由の如何を問わず、あらゆる差別の禁止が謳われていることがうかがえる。

さらに、同宣言第7条においては、「すべての人は、法の下において平等であり、またいかなる差別もなしに法の平等な保護を受ける権利を有する。すべての人は、この宣言に違反するいかなる差別に対しても、またそのような差別をそそのかすいかなる行為に対しても、平等な保護を受ける権利を有する」と述べ、法の下の平等とその不可侵性を強調し、誰もが、差別や差別を招く行為から平等に保護される権利を有していることが明確にされていることがわかる。

また、同宣言第22条には「すべて人は、社会の一員として、社会保障を受ける権利を有し、かつ、国家的努力及び国際的協力により、また各国の組織及び資源に応じて、自己の尊厳と自己の人格の自由な発展とに欠くことのできない経済的、社会的及び文化的権利の実現に対する権利を有する」と述べ、人格の自由な発展を保障する経済的、社会的権利のみならず、文化的権利の実現にも触れていることは、特記すべきことであるといえよう。

さらに、同宣言第28条には「すべて人は、この宣言に掲げる権利及び自由が完全に実現される社会的及び国際的秩序に対する権利を有する」とし、それに続く第29条第1項では「すべて人は、その人格の自由かつ完全な発展がその中にあってのみ可能である社会に対して義務を負う」と明記され、権利が保障された社会に対して果たすべき人間の責務についても言及していることを見逃してはならない。

なお、同宣言第29条第2項では、「すべて人は、自己の権利及び自由を行使するに当っては、他人の権利及び自由の正当な承認及び尊重を保障すること並びに民主的社会における道徳、公の秩序及び一般の福祉の正当な要求を満たすことをもっぱら目的として法律によって定められた制限にのみ服する」と述べ、日本国憲法で定められていると同様に、公共の福祉に反しない限りにおいて、個人の自由と権利の行使が最大限に尊重されることがうかがえる。

以上のことから、世界人権宣言の理念は、日本国憲法やソーシャルワーカーの倫理綱領の精神や理念に相通じるものがあると考えることができる。この宣

言はソーシャルワークの価値を指し示す、いわばバイブル（聖書）的な存在であるといっても過言ではないであろう。

5節 倫理と道徳の関係について

　倫理は道徳に通じるものがあり、生命倫理をはじめ政治倫理、経済倫理等々様々な分野における善悪の価値判断の基準として取り上げられる。
　ところで、倫理は「しては良いこと（善いこと）」と「しては悪いこと（ならぬこと）」の相反する2つの価値を峻別する価値基準となるものである。
　具体的には、「人を殺めること」「人を傷つけること」「人を騙すこと」「人に迷惑をかけること」「嘘をつくこと」等は、常識からして「しては悪いこと」であり、「してはならぬこと」でもある。いわば、道徳や倫理に反する行為と考えられる。その反対に、「人を助けること」「人に親切をすること」「人を幸せにすること」「正直であること」等は、一般的に「しては善いこと」であり、道徳や倫理に適うこととして考えられる。
　かくして、善と悪は二律背反の関係にあり、その間には峻別すべき明確なラインが引かれている。しかし時には、善であり、かつ同時に悪でもあるという場合もある。卑近な例を挙げれば、「嘘をつく」ことは「人を騙し、欺くこと」であり、その行為自体は、社会道徳の観点からも、認められたり、許されたりする行為ではない。しかしながら、嘘をつくまいとする正直さゆえに、相手を怒らせ不愉快にさせたり、相手の心を傷つけたりするなどして、予期せぬ悪い結果を生む場合もなきにしもあらずといえる。嘘をつくことは、時には方便としても用いられ、相手に対する気遣いや配慮はもとより、良好な人間関係を保とうとするが故の行為にもなりうる。こうしたケースはそう多くはないものの、悪意のない相手への気遣いから嘘をつくことが、人間関係の潤滑油的な役割をもたらす場合もあることは否定できない。
　一般論として、道徳規範に基づく倫理的行為は、社会生活において重要なものと考えられる。では、ソーシャルワーカーの場合はどうであるのか。次節においては、ソーシャルワーカーの職業倫理であるソーシャルワーカーの倫理綱

領について述べるとともに、いかにソーシャルワーカーは倫理的に実践すべきかを考察することとする。

6節　ソーシャルワーカーの倫理綱領にみられるソーシャルワークの倫理について

　ソーシャルワークの倫理は、リーマー（Reamer）によれば、次に挙げるソーシャルワークの6つの使命、①サービスの精神、②社会正義、③人間の尊厳と価値、④人間関係の重要性、⑤誠実、⑥適任性、とかかわりがある（Reamer 1998：494）。以上の6点に関して、実行ないしは実現することを使命として、ソーシャルワークの援助（支援）を必要とする人々（利用者）とかかわりをもつことがソーシャルワークの倫理と考えることができる。

　ソーシャルワークの倫理について考える際に、参考となるのはソーシャルワーカーの倫理綱領であるが、倫理基準に関して、大きく4項目に分けている。第一は、利用者に対する倫理責任、第二は実践現場における倫理責任、第三は社会に対する倫理責任、第四は専門職としての倫理責任である。

　まずは、第一の利用者に対する倫理責任についてである。①利用者との関係において、ワーカーは、専門的援助関係を最も大切にし、自己の利益のために利用しないとある。いわば、ワーカーが自己の利益のために、利用者を悪利用することを禁止する、②利用者の利益の最優先に関して、ワーカーは業務遂行上、利用者の利益を最優先に考えることを責務として、二の次にしてはならない、③受容に関して、ワーカーは自身の先入観や偏見を排除し、利用者をあるがままに受容する、④説明責任に関して、ワーカーは利用者に対して、必要な情報を適切かつわかりやすい方法や表現を用いて伝えると同時に、利用者の意思を確認する、⑤利用者の自己決定の尊重に関して、ワーカーは利用者の自己決定を尊重し、利用者がその権利を十分に理解し活用していけるように援助する、⑥利用者の意思決定能力への対応に関して、ワーカーは意思決定能力が不十分な利用者に対して、常に最善の方法を用いて利益と権利を擁護する、いわばアドボカシーの役割を担う、⑦プライバシーの尊重に関して、ワーカーは利用者のプライバシーを最大限に尊重するとともに、関係者から情報提供を受ける際

には、事前に利用者からの同意を得る、⑧秘密の保持に関して、ワーカーは利用者や関係者から情報を得る場合に、業務上必要な範囲にとどめ、その秘密を保持することを厳守するとともに、業務を退いた後も同等に守秘義務を果たす、⑨情報の共有に関して、ワーカーは利用者から情報の開示請求があった場合に、本人に対して開示する責務を負う、⑩情報の共有に関して、ワーカーは利用者の援助のために、利用者に関する情報を関係する機関や職員と共有する場合、秘密を保持するべく最善の方策を用いる、⑪性的差別、虐待の禁止に関して、ワーカーは利用者に対して、性別、性的指向等の違いに由来して、差別、セクシュアル・ハラスメント、虐待等の行為を禁止する、⑫権利侵害の防止に関して、ワーカーは、利用者を擁護し、あらゆる権利侵害の発生を防止するように努める、としている。

　次に、第二の実践現場における倫理責任についてである。①最良の実践を行う責務に関して、ワーカーは実践現場において最良の実践（業務）を遂行するために、自身がもつ専門知識や専門技術を惜しみなく駆使する、②他の専門職等との連携・協働に関して、ワーカーは専門職同士、相互の専門性を尊重し、連携と協働に努める、③実践現場と綱領の遵守に関して、ワーカーは実践現場との間で倫理上のディレンマが生じるような場合、実践現場に対して、倫理綱領の原則を尊重し、その基本精神を遵守するように働きかけるように努める、④業務改善の推進に関して、ワーカーは常に業務を点検・評価し、業務の改善に努める、としている。

　次に、第三に掲げた社会に対する倫理責任についてである。①ソーシャル・インクルージョンに関して、ワーカーは人々をあらゆる差別、貧困、抑圧、排除、暴力、環境破壊から守り、包含的な社会を目指すように努める、②社会への働きかけに関して、ワーカーは、社会に見られる不正義の改善と利用者の問題解決のため、利用者をはじめ他の専門職とも連携し、効果的な方法により社会に対して働きかけるように努める、③国際社会への働きかけに関して、ワーカーは人権と社会正義に関する国際的問題を解決するために、全世界のソーシャルワーカーと連帯し、国際社会に対して改善を働きかけるように努める、としている。

　そして最後に、第四の専門職としての倫理責任についてである。①専門職の

啓発に関して、ワーカーは利用者をはじめ、他の専門職、一般市民に対して専門職としての実践を伝えるとともに、社会的信用を高めるように努める、②信用失墜行為の禁止に関して、ワーカーは、その立場を利用した信用失墜行為を禁じる、③社会的信用の保持に関して、ワーカーは他のソーシャルワーカーが専門職業の社会的信用を損なうような行為をした場合、本人に対してその事実を告げ、必要な対応を促す、④専門職の擁護に関して、ワーカーは不当な批判を受けることがあれば、専門職として連帯し、その立場を擁護することに加わる、⑤専門性の向上に関して、ワーカーは最良の実践を行うために、スーパービジョン、教育・研修に参加し、援助方法の改善と専門性の向上を図ることに努める、⑥教育・訓練・管理における責務に関して、ワーカーは教育・訓練・管理に携わる場合、相手の人権を尊重し、専門職としてのよりよい成長を促すように努める、⑦調査・研究に関して、ワーカーはすべての調査・研究過程で利用者の人権を尊重し、倫理性を確保するように努める、としている。

7節 ソーシャルワークにおける倫理的ディレンマについて

　ワーカーが直面する事柄の1つとして、倫理的ディレンマがある。もちろんすべての場合に生じるわけではないものの、時には、避けようにも避けられない場合もある。

　次に、倫理的ディレンマに関する具体的な事例を紹介することで、倫理的ディレンマとは何かを述べていきたい。

　　Aさん（80歳、無職の男性）には、長年にわたって呼吸器系の慢性の持病があった。3か月ごとの定期受診の折、主治医から、「念のために精密検査をしたいので、近日中に検査入院をしてもらいたい」と告げられた。ところが、Aさんは、事前の断りもなく、検査入院当日の約束の時刻になっても来院しないままであった。Aさんの健康や今後のことを憂慮した医療ソーシャルワーカーは、Aさんにすぐさま電話をして、検査入院の予定日に来院しなかった事情を詳しく聞くことにした。するとAさんは電話口で、「医師の指示には絶対逆らえないと考えて、その

時は、検査入院に同意する振りをして、渋々頷くしかなかった」という。さらには、「入院は絶対嫌だ。もしも、仮に検査入院となれば、治療も必要と言われて、さらに入院が長引き、最悪の場合、2度と家に戻れなくなる」との不安を語った。

実のところ、以前から主治医はワーカーに対して直接、「Aさんには、必ず検査入院をしてもらうように」との指示を出していたのである。かくしてワーカーは、検査入院をめぐって、Aさんと主治医の間で板挟みの状態となり、今後どうAさんに対して援助（支援）を行っていけばよいのか、あれこれと悩む日々が続くこととなった。

ワーカーは、基本的に利用者に寄り添いながら、利用者の最大かつ最善の利益を確保することが求められる。しかし、ワーカーは検査入院を頑なに拒むAさんの思いを重く受け止め、それを尊重したいと考える一方で、主治医の指示に従って、Aさんに検査入院をしてもらうように丁寧な説明をし、Aさんの同意のもと、今後必要かつ適切と考える治療につなげていきたいとの思いもあった。ワーカーとしては、Aさんの健康と命を守ることを重要視し、最優先に考えたいものの、Aさんの今の率直な思いを汲み取り、素直に受け止めることができなければ、今後Aさんとの信頼関係において悪影響を与えると懸念するのである。ワーカーには、患者の権利を尊重し擁護する立場上、Aさんの自由な意思決定を尊重したいとの思いから、ワーカー自身の率直な思いを伝えられないままであった。

ワーカーは今まさに倫理的ディレンマの状態に陥っている。このように、価値と倫理を重要視するソーシャルワーク実践であればこそディレンマはつきものであり、ディレンマがあるからこそ、ワーカーは悩みを抱えながらも人間的に成長し、自身の専門性の向上にもつなげていくことができると考える。

さて、この事例において、どこが倫理的ディレンマなのか。ワーカーは、Aさんの自由意思（家庭復帰を困難にしかねない入院を拒否したい）を尊重したいと思う一方で、主治医の意向や指示（Aさんの健康を第一に考えて、治療へとつながる検査入院を促す）にも従う必要があるという、いわば板挟み状態に陥っている。

そこで、ソーシャルワーカーとして考えるべきことは何か。ソーシャルワーカー

の倫理綱領に照らしていえば、Aさんの自己決定の尊重がその1つである。あくまでもAさんが検査入院を拒むのなら、それを強引に説得することは倫理に反する。とはいえ、Aさんの気持ちを最大限尊重しながら、同時にAさんの最善かつ最大の利益（健康回復）も追求していくことは重要である。

したがって、検査入院が結果的にAさんの自己実現とQOLの確保と向上につながると考えるのであれば、現時点でのAさんの意思に反するからといって、検査入院を最初から選択肢として外すべきものではない。より重要なのはAさんの気持ちに最後まで粘り強く寄り添いながら、Aさんが自分の今後の人生に関して最善の選択をできるように支援することである。言い換えれば、ここでのワーカーの役割としては、Aさんが一人の人間として尊厳を保ちつつ、自由意思に基づく自己決定が尊重されると同時に、Aさんにとって最善かつ最大の利益を図り、Aさんの自己実現を保障し、QOLの確保と向上に向けて支援することにあるといえよう。

次に、Aさんの事例をもとに、倫理的葛藤と倫理的問題について、その違いに注目して明らかにしたい。倫理的葛藤は、ワーカーが倫理綱領に基づくソーシャルワーク実践において直面する心の内面的葛藤を意味する。Aさんの事例では、2種類の倫理的な配慮（Aさんの自由意思と自己決定を尊重する、ならびにAさんの最善かつ最大の利益を確保する）の間で、ワーカーは板挟み状態となった点にある。

また、Aさんの事例における倫理的問題は、Aさんの今後の治療方針をめぐって、主治医が考えるようにAさんの健康と命を守ることを優先に考えて検査入院を追求すべきか、それともあくまで患者の権利を尊重する立場に立って、Aさんの自由意思や自己決定（検査入院を拒否する）を優先するべきかという点にある。まさに医の倫理（患者の健康と生命を守る）と患者の権利（患者の人権）との間で、ワーカーの立ち位置が揺さぶられる状態を意味している。この場合、仮にソーシャルワーカーが医の倫理に基づく医師の判断を重視するあまり、患者の意思を尊重しない場合は、患者の権利を尊重する立場からして、ソーシャルワークの倫理的問題が発生すると考えられる。よって、再度ソーシャルワークの使命かつ倫理ともいえる人間の尊厳と価値を尊重する基本に立ち返り、患者

の側に立つソーシャルワーク実践を目指す必要があると考えることができる。

　最後に、価値葛藤と倫理的葛藤、それぞれの定義と違いについて言及することで、本章のまとめとしたい。価値葛藤は一般的に、異なる価値観（個人的な価値観、職業人としての価値観等）の狭間やせめぎあいにあって、いかようにして異なる価値を尊重していくべきかという点で、心の内面的な葛藤を抱えた状態を意味している。他方、倫理的葛藤とは、専門職の行動基準を指し示す職業倫理に照らして、いかようにして倫理綱領を尊重していくべきかという点で、立場の違いや考え方の違いから、心のなかで内面的な葛藤が起きる状態を意味している。

　以上のことから、価値葛藤と倫理的葛藤を比較した場合、価値葛藤は価値観の多様性に由来して、異なる価値観の狭間にあって、心のなかで摩擦や衝突を起こしている状態を意味するものである。他方、倫理的葛藤は専門職としての価値基準であり、倫理的な行動規範を指し示す職業倫理綱領が根底にあって、いわば現実と理想との間で、ひずみや葛藤が生じている状態ということができるのではないだろうか。

　ソーシャルワークには倫理的葛藤がつきものであるが、それは、人と環境の二重の視点から、利用者の最善かつ最大の利益を図る使命を帯びた専門職であるが故である。よって、葛藤を引き起こしている混沌とした状況から逃げずに、勇気を奮い立たせて正面から向き合い、困難に立ち向かっていく挑戦的な姿勢を取り続けることで、利用者の人生において希望と幸福の灯をもたらすことに貢献できるのではないだろうか。いわば利用者の人権を守る砦としての役割こそが、ソーシャルワーカーに求められる専門職としての使命ではないだろうか。

引用文献

国際ソーシャルワーク学校連盟（IASSW）＆国際ソーシャルワーカー連盟（IFSW）（2012）*Global Definition of the Social Work Profession*（＝2014，日本社会福祉教育学校連盟・社会福祉専門職団体協議会訳「ソーシャルワークのグローバル定義（日本語訳版）」．）

嶋田啓一郎（1980 a）『社会福祉体系論』ミネルヴァ書房．

嶋田啓一郎（1980 b）『社会福祉の思想と理論』ミネルヴァ書房．

Banks, S.（1995）*Ethics and Values in Social Work*, MACMILLAN PRESS LTD.

Reamer, F.（1998）The evolution of social ethics, *Social Work*, 43（6）．

Reamer, F.（1999）*Social Work Values and Ethics*, Columbia University Press.（＝2001，秋山智久監訳『ソーシャルワークの価値と倫理』中央法規出版．）

参考文献
法務省人権擁護局編（2015）『人権の擁護 平成27年度版』法務省.
ミネルヴァ書房編集部編（2015）『社会福祉小六法 2015』ミネルヴァ書房.

第2部

ソーシャルワーク理論の活用と検証
―理論と実践―

第6章 問題解決アプローチ

　問題解決アプローチとは、人は問題解決や計画された目標に向けて社会的交互作用の中で参加することを通して自己を成長させるというデューイ（Dewey）の考え方に基づき、自我を生かすかかわりをしてくれる援助者との関係性の中で、個人的・環境的に明らかとなった問題点に対して取組みが可能となるよう問題を小さく分け、時間と場所を区切った目標に向けて1つひとつ役割をこなしていくことを通して、クライエント自身もワーカーも成長し、さらに周囲の環境のネットワークも拡がっていくという援助過程のことである。

1節 理論の概説

(1) 問題解決アプローチとは

　パールマン（Perlman）は『ソーシャル・ケースワーク──問題解決過程』(1957)の序文において「われわれの感情や憧れ、現在よりももっと良くなり進歩したいという衝動──これらは、われわれすべてに共通の人間的衝動である。ソーシャル・ケースワークは、人間が、自分達の生活を高め、自分達の心を充足させることに到達できるよう、内面的にも外面的にも基本的な安定感をうるよう、援助を与える1つの方法である。」（Perlman=1967：日本語版改訳への序文）と記し、「ケースワークの状況をつくりあげる力動的内容を、特に援助の過程に強調点をおいて」論じようとした（Perlman=1967：xv）。診断的に養成されたパールマンが機能的概念と原理を取り入れてやってみたところ問題が解決したことからパールマンの立場は「折衷主義とよばれるかもしれない」と述べている（Perlman 1967：xv）。

人は生きていくうえで様々な困難に出くわす。自分一人ではその困難を乗り越えることが難しいときに、現在置かれている状況よりももっと良くなりたいという希望、進歩したいという衝動から何とかしたいという動機づけをもってソーシャルワーカーと出会い、そこでのワーカー―クライエント関係における信頼関係を基盤としたやりとりの中で問題点を明確化し、問題を解決するための課題を見出し、ワーカーの暖かい見守りの中でクライエント自身が役割を果たしていくことを通して当面の課題に取り組んでいく。その一連の援助の過程でクライエント自身のパーソナリティの成長がもたらされ、さらに、将来の再発予防に向けて、クライエント自身の成長とクライエントを取り巻く環境の変化がもたらされる。すなわち、問題解決アプローチにおいては、①当面の課題解決と、②将来の再発予防に向けての成長を促す、という2つの問題解決の側面に取り組んでいくのである。

⑵　問題解決アプローチの構成要素

4つのP

　パールマンによると「ソーシャル・ケースワークは、人びとが社会的に機能するあいだにおこる問題をより効果的に解決することを助けるために福祉機関によって用いられるある過程である」と定義づけ、相互に関係をもつケースワークの核として「ある**問題**をもてる**人**が、ある**専門家**がある**過程**によって彼を助ける**場所**にくる」という4つのP、すなわちProblem、Person、Process、Placeを挙げている（Perlman＝1967：4）。

　その**人**とは、ある人が生活していて社会関係上あるいは気持ちのうえで何らかの助けが必要だと自ら気づき、あるいは援助の必要性があるとされる1人の人のことである。その援助の必要性は何らかの処遇を必要としている場合もあれば、相談を必要としている場合もある。いずれにしろ、そのような人が援助を受け始めるときにその人はクライエントとなる。

　問題とは、その時期、その人にとって関心事の中心を占めている困難のことである。「誕生から死の瞬間まで、生涯にわたってすべての人間は、意識しようとしまいと、行動の安定を保ち、それをとりもどし、より高いレベルで安定を得ようとして、つねに問題解決に直面しているのである」（Perlman＝1985：

132)。援助を求めている人が、日々生活している中で感じ、心を奪われ、体験している自分自身の問題を主観的に受け止め、また、その問題に悩んでいる本人が同時に自分自身の問題の解決者とならなければならない。本人自身が自らの力を生かしてはじめて問題を扱うことができるのである。その人自身が問題を何とかしたいと思う動機づけをもち、自分がどう感じているかを見つめ、その人を取り巻く状況を見ながらその人の生活に順応していく。

場所とは、社会福祉援助サービスを提供している機関のことを指す。例えば、社会福祉施設、社会福祉部など、生活していくうえで援助を必要とする人や家族、集団、その人を取り巻く状況の中で生じた問題の援助を提供する所のことである。

過程とは、パールマンは生きること自体問題解決の過程であると述べており（Perlman＝1985：133）、生き生きとした力が交互作用しつつ前進していく道すじのことであり、正に問題解決の過程である。クライエント本人が問題を何とかしたいと意識的に努力し、問題解決の過程を積み重ねていくことにより、欠点がカバーされて長所に、また、無秩序などうしてよいかわからないように思われる状態から少しずつ状況が改善していくことを指す。相談場面において、ただ問題について話すだけではなく、パールマンは援助の始めから直ちに処遇を開始するとしている（Perlman＝1985：158）。ワーカー―クライエント間における信頼関係を前提として、クライエント自身の希望に向けて、クライエントの「自己選択」と「自己決定」を積み重ねていくことがクライエントの問題処理能力と責任感を育んでいくのである。

パールマンは後に、専門家（Professional person）と制度・政策（Provision）を加え6つのPを提唱するようになった。

(2) 問題解決アプローチの理論上の基盤と関連領域

パールマン自身が問題解決アプローチの理論上の基盤と関連領域について挙げているものは以下のとおりである（Perlman＝1985：169-175）。

①ジョン・デューイの教育哲学

デューイの熟考の5段階とは、①問題にぶつかるとまずショックで動揺する―感じられる困難点、②その中で問題がみえてくる（問題の明確化）―その困難な点が置かれている位置と定義づけ、③現コンディションから全体の調和へ向

けて―可能な解決方法を提案する解決策（仮説）を考える、④事を起こす前の調査―提案された解決方法の吟味と展開、⑤アイデアの確証と結論づけ―更なる考察及びその解決方法の今後の採否を決める実験である（Dewey 1910：68-78）。人間は、問題解決や計画された目標を追求して社会的交互作用の中で活発に参加することによって、自己を成長させる、というデューイの考え方と、問題解決モデルの根底にある考え方とは、まったく一致しているとパールマンは述べている（Perlman=1985：170）。

②自我心理学

　フロイト（Freud）が1964年の「心的パーソナリティの解明」という講演の中で「自我心理学においては、（中略）新しいものを発見するという問題よりも、新しく物を見る方法と新しくものを整理する方法という問題であろう」と語っているところにヒントを得て、パールマンはこの「新しく物事を見る方法」の中に、人間が問題を解決したいという衝動と自我戦略との関係性を見出し、また、この関係性とケースワーク援助過程における専門的に統制された問題解決との間にも関連性を見出している（Perlman=1985：133）。また、よりよいケースワーク援助の概念的基礎として、その人を最も生かす、あるいは萎縮させる問題解決の条件を知っておくことが重要であるとしている（Perlman=1985：169）。

③社会的役割と行為理論、実存主義

　ケースワーク援助に持ちこまれる問題のほとんどは、対人関係あるいは人と状況の危機とストレスに関する問題であることから、問題解決アプローチの診断においては、問題の見られる役割ネットワークの中にいる人に焦点が当てられる。人は、人間関係における地位や物に対する行為の中で社会生活を営んでおり、人が生きていくうえで、常にある役割の問題解決を積み重ねていっており、その社会的役割の中で、自我の訓練はなされる。「ランク派の心理学は、深い意識を持って自己と他者を体験して解放する力と揺り動かす力のなかで、援助者と援助を求める者の直接の出会いの潜在的な力への信念を広めた」。すなわち、重要な他者（ワーカー―クライエント関係）を通してクライエントに潜在しているパーソナリティの強さと動機が引き出され、自己を成長させるという実存主義の考え方は問題解決アプローチに影響を与えた（Perlman=1985：171）。

④危機介入アプローチ

　ラポポート (Rapoport) によれば、自我の「問題解決メカニズム」と「危機的状況における問題解決」を促す処遇の条件は、①問題の明確化と公式化、②感情の拡がりと処理（「混乱した感情、不合理な態度、拒絶的な応答を、援助者がはっきりと受容することによって促進される」）、③危機的な状況にある人は、重要な他者の影響に極めて敏感であると考えられるので、対人関係の人的資源と援助機関の社会資源を集中的に用いることが可能となる。

⑤短期処遇アプローチ

　パールマンはライド＆エプスタイン (Reid & Epstein) の『課題中心ケースワーク』の序文を書いている。従来の診断学派による長期処遇には法外な費用がかかり、クライエントも当初計画されていた長期的処遇を中断してしまう傾向もみられたことから、長期サービスよりも短期処遇の方が、より多くの進歩がみられ、しかもその進歩は同様に持続することがライドらの調査により明らかとなった。ライド＆シャイン (Reid & Shyne) の短期処遇は、①取り組むべき問題をはっきり確認すること、②その問題を部分化すること、③ゴールを現実的に規定し限定すること、④精神内のどろどろしたものよりも現在の対人関係の交互作用の問題に焦点をおくこと、今この局面で、人が知覚し、感じ、理解している問題から取り組みをはじめることを通して、今までよりももっと満足のいくように対処しようとすることである。

⑥システム理論

　パーソナリティは解放されたシステムであり、社会的現実との持続的な交互作用を通してパーソナリティは形成され、発展し、生成される。問題解決アプローチにおけるケースワークの援助関係は、人間の変化する順応の交互作用における経験の積み重ねである。そして、複数の人が相互に作用し合っているときには「社会システム」が存在し、そこで役割の概念は中心的なものとなる。さらに解放システムの「インプットとフィードバック」は、円環的なものであるとパールマンは示唆している (Perlman=1985：176-177)。

(3)　**問題解決アプローチの特徴**

①問題解決アプローチにおける診断の特徴

パールマンは従来の診断学派による診断と問題解決アプローチによる診断を区別している。従来のように起こった事実と必要な方法が何かということを把握しようとするよりも、むしろクライエントがどのように起きたことを見て、感じて、自分のことの一部として理解しているのか、そしてクライエントが何を望んでいるのか、さらにはクライエントが目の前の現実に対してどう反応しているのかを把握する。すなわち①取り組むべき問題の特定化、客観的ストレスと主観的ストレス、問題を悪化させている要因、現在進行している原因と結果、結果から原因への悪循環、②援助を求める人、とりわけ自分の困難を解決するにあたってどのような動機づけと能力をもっているかということ、問題解決を妨げている内的・外的要因、③クライエント自身がもつ資源と機会、そして足りないものを充足し、彼自身も含めて対処に向けた活用できる資源と機会、これらについて診断する。ここで大切な視点は、ワーカビリティという、問題に取り組みたいというクライエントの願いや問題に取り組める彼の能力の点からみなければならない（Perlman＝1985：168）。

②3つの段階

　ゴールドシュタイン（Goldstein）は実践の局面を導入・中盤・終結の3つに分けている。導入期のワーカーの役割は教育的なものであり、問題要因に気づき、事実を明確にしていく。中盤における役割は、クライエントの知識を広げ、その中から適切なものに絞るように援助する一方で、クライエントの不安や混乱を軽減する情緒的な援助も必要とされ、リハーサルへ向けての援助を行う。終結期のワーカーの役割は、問題解決能力の確認とその強化であり、成し遂げた変革についてクライエント自身が気づいて評価できるよう援助し、今回の問題解決技能が他へ応用しうることを示すことである（藤原 1990：163）。

③クライエントとの協働性

　援助の開始期にワーカー──クライエント間のやりとりとワーカーの支持によってクライエントは安心感を得て、そして自分自身を語り、何が問題か、何をしたいかを考えはじめるようになる。やがて何とかしようとする思いが芽生えてくる。このような援助過程を通してクライエント自身が人とかかわる力、行動する力、適切な応答で反応する力をもっていることがわかる（Perlman＝1985：168）。

ホロビッツ（Hallowitz）は、問題解決においてクライエントとの直接的な取り組みだけでなく、ワーカー側の内在的な問題解決の活動が含まれるとしている。個人や家族の根本的な問題や葛藤、気持ちが動転するような出来事の中で、治療の力動や援助過程を統合するものとして問題解決アプローチがなされる。そこでワーカーは自らを問題解決に向けて総動員し、冷静にクライエントとともに問題解決に取り組んでいく（Hallowitz 1979：117）。ジョンソン（Johnson）は、問題解決過程とはクライエントとの協働作業を進めるうえで、ワーカーの知識や価値・技能を適用する方法であり、またそれは、ニード充足へ向けての障害物を取り除くために、循環する各段階を通して多年にわたって遂行される方法であるとしている（Johnson 1983：77-80）。

　コンプトン＆ギャラウェイ（Compton & Galaway）はソーシャルワーク実践の鍵となるテーマとして、①人と状況、②問題解決過程、③クライエント―ワーカーパートナーシップを挙げている。（Compton & Galaway 1999：3）。

　いずれもワーカー―クライエントの援助関係における協働性が問題解決過程に不可欠な特徴であるといえる。

④場における社会的役割

　パールマンは相談に持ち込まれる問題の多くは役割の交互作用の問題であることに関心を示しており、社会的役割の考え方は問題解決アプローチの特徴の1つとなっている。宮崎法子によるとパールマンの「"社会的機能"とは、ある人の生活の中で、一定時期に果たすすべての役割を包括する総括的な言葉であるとする。（中略）役割とは、ある地位に帰属するものであり、他の役割との相互作用を伴い、クライエント問題の原因となったり、影響を及ぼすものであるとする。そして、役割の中には、諸感情が投入されており、役割期待・役割葛藤・役割侵害の問題は、文化が複雑になる程増すとしている。加えて、我々の諸感情や態度は、社会的に要求される行動、社会的に供給される報酬や欲求不満に関する過去から現在までの経験過程での所産であり、役割は幼少期より人々のパーソナリティーを形成していくとしている。さらに、その遂行は自我の明確な知覚の度合いに基づいており、社会的役割はパーソナリティーがそれを通じて表現され、同時にそれによって形成される」としている（宮崎 1982：78-79）。

⑤部分化

　部分化の原則は、機能派の概念からきている。現在のワーカー─クライエント間の交互作用の評価を病因論的診断よりも重要と考えており、そのため時間と場所を決めてゴールを設定し、状況を限定することにより、確認された問題に焦点を当てることによって、生活の一側面のストレスの改善が図られる。その部分的な改善が他の側面にも影響を与えるというものである。生活の中で1つの状況においてバランスを取り戻して力をつけることは、すなわち、また別の状況下でもその人の可能性と力を増加させることにつながるとするものである（Perlman=1985：171,176）。まず部分的にでもできるところから取り組み、汎化させることが問題解決アプローチでは可能となる。

⑥今─ここ

　ターナーとジェイコ（Turner & Jaco）は、「問題解決理論は、現代の重要なソーシャルワーク実践理論の1つである。本理論は実践を一層実用的にし、いま─ここの姿勢をもつための努力として誕生した。これは診断主義が治療のプロセスは形式的な診断と治療プランに基づいて行われるべきだという、誤った固定観念に対抗して生まれた。この理論の初期形成期において、ケースワークの理論としてみなされたが、今ではすべての実践様式に当てはまるものとみなされている」とする（Turner & Jaco=1999：232）。パールマンは、プラット（Pratt）の人間の知覚と感覚運動決定システムとの関係性をもとに、決定システムには、「現在蓄積されているもの以外に過去はない。すべての時間はこの今のなかの現在である。行為できるすべての時間と空間は、今、ここで、という現在のみである」と指摘している（Perlman=1985：177）。問題解決アプローチにおいて取り組むのは過去ではなく「今、ここで」に焦点を当てるという特徴があるのである。

　シエール（Shier）は、問題解決アプローチに取り入れられた機能派理論の特徴を以下5点にまとめている（Shier 2011：366）。

　①　危機的状況においてクライエントは援助を求める。
　②　サービスを求めるクライエントに対して援助機関は、援助を探し求める過程において、またクライエントの問題そのものに対して対応することができる。

③ ワーカー―クライエント関係はその時に現れている問題を援助するために必要である。
④ 治療過程の期間はクライエントの成果に影響を与える。
⑤ 問題解決にあたり、問題を対応可能な大きさに小さく砕く(部分化)ことができる。

⑷ 問題解決アプローチの必要性と意義

問題解決アプローチはソーシャルワーク理論と実践に通底する基礎的アプローチとしての意味と役割をもつ。

とりわけ問題解決アプローチが有効と思われるのは援助を望まず、疎外感をもっている人たちへのケースワークである。その場合、

○クライエントが感じている『今の問題』に集中して関心を向けること
○クライエントの動機づけを引き出し高めること
○クライエントが望んでいるものと関連づける処遇―診断の努力をすること
○常に重複し拡散している問題を小さな部分に分けて焦点づけること
○はっきりと行為できるようなものを選んで限定すること
○現実的な制限がある中で、可能な選択肢を見つけ出す能力を養うこと
○わずかでも手に入れやすい報いの得られる短期の当面のゴールを目指すこと
○問題の焦点化、問題の確認、部分化
○クライエントの今の交互作用の中で直ちに受けられる報酬をみつけるというゴール

これらの取り組み方により、援助機関に接近困難なクライエントや援助機関の利用が困難なクライエントに特徴的な乏しい動機づけと能力を高めることができるようになる(Perlman=1985:174)。

2節 実践的展開と検証

⑴ 「退院したい」本人の希望に動かされたリカバリー支援チームアプローチ

場 ― 精神科病院　入院期間　36年

> クライエント ― Aさん　男性　79歳　統合失調症
> 問題　本人の希望 ― アパートでの一人暮らし
> 　　　　　　　　　　2年したら、老人ホームに入りたい
> 　　　　　　　　　　調子が悪くなったら現在入院している病院に来たい

①退院促進の状況

　B県中核市にある中規模の病床数をもつC精神科病院は、精神科急性期治療病棟、精神一般病棟、精神療養病棟、認知症治療病棟があり、長期入院者が多い状況であった。それまであまり長期入院者の退院促進について組織的には取り組んでこなかった。平成22年度になってB県から精神障害者地域生活移行支援特別対策事業の委託を受け、院内に初めての退院促進を目的とする「退院支援委員会」が発足した。そこで退院準備プログラムを開始し、事業終了後は作業療法士のプログラムが継続されていた。さらに事業終了後、病院独自に「リカバリー支援チーム」として活動を継続し、そこで、長期入院者で退院を希望する対象者を募って選定し、チームアプローチによる個別支援を行ってきた。

②Aさんの状況

　Aさんの病気の症状としては、幻覚・妄想などの陽性症状は消失し、服薬は夜に向精神病薬1錠のみとなっていた。Aさん自身は以前から退院の希望を申し出ていたが、家族の反対により実現しなかった経緯があった。セルフケアの状態としては、「人付き合い」と「コミュニケーション」がやや課題となっていた。そのほかの課題としては、「清潔・不潔面でのこだわり」から、片付けが困難で、物が捨てられず、新聞等をためこむ状況であった。衣類は下着をボロボロになり汚れが付着するまで着込んでは、自分で繕ってまで着る人物であった。強迫的に手洗いをしたり、水道を1時間くらい出しっぱなしにして洗い物をすることがあった。平成22年度の精神障害者地域生活移行支援特別対策事業にAさん本人の「退院したい！」という申し出によりエントリーしていたものの、事業期間内に退院は実現しなかった。しかし、その後もAさんは退院をあきらめず、退院準備プログラムに2クール参加し続けた。そこでは作業療法士がつくった個別支援ツールをチーム内で情報共有し、Aさんも退院に向けての学びを重ねて

いった。そこで退院したい気持ちが徐々に強くなっていった。Aさんの強みとしては元より趣味の野球観戦や映画鑑賞、クラシックコンサートに病棟から外出できる人物であった。

③支援の経過

平成22年度の精神障害者地域生活移行支援特別対策事業終了後、C病院では「リカバリー支援チーム」での支援が開始された。チームの構成員はAさん本人、担当医師、担当看護師、作業療法士、訪問作業療法士、ソーシャルワーカーであった。チームは「リカバリーミーティング」を月1回開催し、そこでAさん自身が主体的に目標を決め、スタッフは将来の目標や当面1か月の目標を聴き、目標達成のために本人がすることとスタッフがすることを決めていった。翌月のミーティングでの事後評価を毎月積み重ねていった。それまでに開催された10回のリカバリーミーティングを経た時点でなお、アパートでの一人暮らしをあきらめないAさんの強い意志に、スタッフは心を動かされた。

本人から出てきたニーズを抽出し、チームで強みに着目したかかわりを積み重ねていった。病棟も療養病棟から社会復帰病棟へと移っていった。ソーシャルワーカーとしては家族への働きかけを行った。Aさんの兄は他界しており、代変わりしてキーパーソンとなる甥は月1回の面会に来てくれていた。当初、甥は「年だし、やっていけるのかどうか」と心配し、Aさんの退院には反対であった。そこで担当医師からAさんの病状が安定し、退院できる状態であることを説明し、さらにリカバリー支援チームで生活支援していくことを伝えることで甥の理解を促した。すなわち退院したときに家族への負担をかけないようにすること、退院後は訪問看護で支援し、病状が悪化した場合は再入院できることを説明した。支援の経過や依頼したいことなどについて随時ソーシャルワーカーと連絡をとる中で、家族も退院の準備品を持参するなど協力的に変化してきた。

④チーム支援のかかわりのポイント

リカバリー支援チームのかかわりのポイントとしては、

ⅰ）本人の価値観、自己決定の尊重を大事にし、捨てられないでいた新聞紙もAさんにとっては大切なものであることをチームで再確認した。

ⅱ）できたことを認める視点を大切にし、その1つひとつの達成感がAさん

の自信につながった。

ⅲ）問題になる行動面（こだわりの部分）は、指摘せずに見守るようにしたところ、病棟における強迫的な手洗いが減った。

ⅳ）以前Aさんは、自分ができないところに目が向き、「病気（問題行動）がよくなったら退院しますから」と言っていたが、チームが支援で心掛けてきたかかわりのポイント①～③を通じて、Aさんは自信をもてるようになり、退院への意欲を喚起することができた。そして、アパートへと退院することができた。

今回事例が動いてAさんの退院が可能となった理由は、

ⅰ）本人の退院をあきらめない強い希望があったこと

ⅱ）チームアプローチでそれぞれの立場からAさんの強みに焦点を当てるようにすることでできていることがみえてくるようになったこと

ⅲ）Aさんの社会との接点をもちつつ、チームはAさんへのかかわりを積み重ねていったこと

がポイントとして挙げられる。

⑤今後の課題と連携

Aさんは79歳と高齢であり、長期入院より退院後、地域で生活する中で、病院からの訪問看護を定期的に継続した。そこで何か問題を察知した場合でも、例えば、冬季に脱水症状を起こしたときには短期入院をするなどの対応を行うなど危機を乗り越えてきた。そしてAさんの希望であったアパートでの一人暮らしを今、実現している。今後の課題としては、病院単独で退院支援を行うのみならず、地域の支援者（行政、障害福祉サービス事業所）からも訪問し、訪問も病院から地域にバトンタッチしていくような体制が望まれる。できれば地域の支援者が退院希望者の入院中から病院と連携して面会に入ることで対象者理解が深まり、地域自立生活のより的確なアセスメントと支援が展開されていくと思われる。

(2) 事例における問題解決アプローチの理論分析と検証

Aさんの事例を振り返ってみると、36年間の精神科病院長期入院者のAさんがあきらめずに「退院したい」という強い希望を持ち続けたことについては、「問

題に取り組みたいというクライエントの願いや問題に取り組めるクライエントの能力、すなわちワーカビリティが備わっていた」ことから本事例がパールマンの指摘した問題解決アプローチによる最初の診断の特徴に適合している。その後の事例展開においても精神障害者地域生活移行支援特別対策事業を経て、病院独自のリカバリー支援チームが継続され、一ソーシャルワーカーによる退院支援の取り組みだけではなく、病院全体で組織的に退院支援に取り組むようにシステムが変化したことは、「クライエントが問題解決過程に取り組むことでクライエントの周りの社会システムとの交互作用が形成され円環的なものとなる」(Perlman=1985：177) とパールマンが理論上の基盤と関連領域の最後に提示していた指摘に通じている。Aさんという人が退院したいという問題を抱え、病院という場所で問題解決にアプローチした過程の事例といえる。

　チームとして定期的にAさんと一緒に希望に向けた目標と評価を定期的に積み重ねていったことについては、「クライエントとの協働性」のもとに問題解決過程が展開されていったといえる。そこで、Aさんの健康的な部分やできていることに目を向けることにより、症状が軽減していったことについては、問題を「部分化」してAさんが取り組めるところから徐々に強迫症状などの問題を解決し、外出を重ねて社会的役割を1つひとつ果たしていくことで自信をつけていった。このことはパールマンの提唱した「場における社会的役割」の遂行といえる。さらに、Aさんが症状という問題を軽減し、外出などの計画を実行し役割を果たせたことの背景として、Aさんの役割遂行を温かく見守ってくれるチームの存在はAさんが社会の中で取組みを積み重ねていくために不可欠な動機づけを保持するエネルギー源となっていた。その相互作用の中でAさんのアパートに退院したいという気持ちが強化されていき、やがて一人暮らしが実現したのである。

　まさにこの事例展開は問題解決過程において「現在置かれている状況よりももっと良くなりたいという衝動」(Perlman=1967：日本語版改訳発行によせて) に向けて何とかしたいという動機づけをもったAさんがソーシャルワーカーと出会い、リカバリー支援チームの支援者と一緒に問題解決に向けた目標を立て、そしてやってみたことを翌月のリカバリーミーティングで確認し、チームの暖かい見守りの中でAさん自身が役割を果たしていくことを通して徐々に自信をつけ、

最終的には退院を実現することができたということになる。その一連の援助の過程を経て、Aさん自身の成長がもたらされ、自己実現が可能となり、また並行して、支援チームが組織的に退院支援に取り組む体制へと変化し、できていることに目を向けるかかわりへとAさんの周りの環境も変化した。本事例がうまく展開したポイントとしては①Aさんにワーカビリティが備わっていたことと、②支援者ネットワークの拡がりが功を奏したといえる。さらに、問題解決過程の継続という点では、退院後の地域生活の継続においても、病院からの訪問看護や介護保険サービスによるホームヘルパーの利用によりAさんの生活を見守り、冬場の脱水症状という危機的状況においては短期入院により乗り越えることができ、再度の長期入院は回避されている。ただし退院直後の危機的状況の予防という意味では、福祉サービス事業所が地域移行・地域定着に向けたかかわりを入院中から行うさらなる医療福祉の連携という問題解決の新たな今後の課題もみえてきた。

　すなわち、パールマンのいう「問題解決過程は、(中略) 援助を求めている人に対して、関心を持ち尊重してくれる援助者の支持的で刺激的で情緒的な関わりの体験を提供すること(中略)、つまり、行為者としての自分の問題および自分をはっきりと知覚し理解すること、もっと十分に自分の衝動と能力に対応できるよう繰り返し訓練すること、物的な欠乏を満たす手段と豊富な機会の手段を提供すること、人と人との情緒の結びつきを強め、それをとおして彼自身が自己実現を続けていくような社会的ネットワークについての拡がりを強化していくこと」(Perlman＝1985：162) がなされていた事例展開であった。言い換えると、退院したいと願うAさんに対して、Aさんに関心をもち尊重してくれるリカバリーチームの支持的情緒的なかかわりの提供がなされていた。それを受けてAさん自身が退院したいという思いをさらに強く持ち続け、そのことにリカバリーチームも心動かされ、退院に向けた症状軽減や外出などの訓練を積み重ねて行き、退院を実現した。と同時に、ソーシャルワーカー1人で支援するのではなく、リカバリー支援チームや介護保険サービス事業所、さらには今後の障害福祉サービス事業所で支えていくという社会的ネットワークの拡がりをもたらした事例といえる。

問題解決理論の限界と課題

　クライエントのワーカビリティは問題解決アプローチの前提となるが、成年後見においてさえ、重い障害をもつ人たちにも丁寧な説明をすることにより取り組める可能性はある。また、自殺傾向のある人には孤立させないかかわりを最優先課題とすることにより、ワーカー──クライエント関係を育む中で問題解決が図られる。過去の未解決の問題に取り組もうとする人には長期的な問題解決アプローチとは別のアプローチが必要となる可能性もある。問題解決アプローチが文化的にすべての人類にあてはまるかどうかについては今後の検証が待たれる。

　シエールは「①なぜ問題解決が重要なのか、②なぜある人々とは効果的に問題を解決することができるのに、他の人々はできないのか、③効果的に問題を解決できる人々にとってあまりに長期間にわたることか、また、④人によって解決能力がこうも違うのかということについて、十分な実験的証拠は提供されていない」(Shier 2011：366) と指摘していることについては、今後の課題となる。

　とはいえ、問題解決アプローチはソーシャルワーク理論と実践に通底する基礎的アプローチとしての意味と役割をもっている。従来の診断学派や医学モデルではクライエントの側に変化の重責が置かれてきた援助方法に対して、パールマンは援助を望まず、疎外感をもっている人たち、すなわち「潜在的な問題解決者」(Perlman=1985：168) に対してもクライエントとワーカーの協働性においてクライエントの自我も強められるとしている (Germain 1983：38)。人・問題・場所・過程という4つの問題解決アプローチの構成要素をもとに今ここで起きていることに焦点化し、クライエントとの協働性をもって、問題を部分化して取り組めそうな課題にすることで、クライエントの社会的役割を果たしていくことができ、その積み重ねと今まで取り組んでできたことを次の問題解決時に応用し生かすことによりクライエント自身が自分らしい生活と人生を生きていくことを実現する援助となり得る。今日の福祉サービス支援において使われているケアマネジメントの手法も、クライエント本人の願いや希望を聴き、それを可能にするための支援計画を立て、本人の役割と支援者それぞれの役割を明確に

して取り組みを重ね、見直していく援助展開の根底には問題解決アプローチが位置づいている。また、問題解決アプローチは、ソーシャルワーク理論を統合化し、その理論に立脚した援助方法を一ソーシャルワーカーが実践していくジェネラリスト・パースペクティヴの根底に問題解決過程が組み入れられている。

結論

冒頭に述べたように問題解決アプローチとは、人は問題解決や計画された目標に向けて社会的交互作用の中で参加することを通して自己を成長させるというデューイの考え方に基づき、自我を生かすかかわりをしてくれる援助者との関係性の中で、個人的環境的に明らかとなった問題点に対して取り組み可能となるよう問題を小さく分け、時間と場所を区切った目標に向けて1つひとつ役割をこなしていくことを通して、クライエント自身もワーカーも成長し、さらに周囲の環境のネットワークも拡がっていく援助過程である。パールマン曰く「問題解決モデルは、本質的にいって、ケースワーカーとクライエントがともに『その日をとらえる』ことができ、『いま』を用いることができ、生き生きとすることのできる理論的構造である」（Perlman＝1985：177）。診断学派のもとで養成されたパールマンがここで今の問題に焦点をあてる機能学派の視点を取り入れてクライエントがワーカーとの関係の中で問題解決過程の積み重ねを通してその人らしく生きていくことを可能にするのが問題解決アプローチである。

引用文献
宮崎法子（1982）「ヘレン・パールマンに関する文献解題（I）——ソーシャル・ケースワークにおける役割概念を中心として」『明治学院大学大学院社会学研究科社会福祉学専攻』6.
Perlman, H.H. (1957) *Social Casework—a Problem-solving Process*, the University of Chicago Press. （＝1967, 松本武子訳『ソーシャル・ケースワーク——問題解決の過程』全国社会福祉協議会.）
Perlman, H.H. (1970) The Problem-solving Model in Casework, Roberts, T.W. *Theories of Social Casework*（＝1985, パールマン「問題解決的アプローチ」R.W. ロバーツ＆R.H. ニー編, 久保紘章訳『ソーシャル・ケースワークの理論——7つのアプローチとその比較 I』川島書店.）
Shier, M.L. (2011) Problem Solving and Social Work, Turner, F.J. *Social work treatment*: *interlocking theoretical approaches*, 5th ed.,Oxford University Press.
Turner, J. & Jaco, R.M. (1996) Problem-solving Theory and Social Work Treatment-Interlocking Theoretical Approaches, Turner, F.J. *Social Work Treatment*, 4th ed.,MacMillan.（＝1999, 米本秀仁監訳『ソーシャルワーク・トリートメント下——相互連結理論アプローチ』中央法規出版.）

参考文献

久保紘章・副田あけみ (2005)『ソーシャルワークの実践モデル――心理社会的アプローチからナラティブまで』川島書店.

藤原正子 (1990)「ジェネラリストパースペクティヴへの展開をめぐる一考察――問題解決アプローチに関連して」『社会福祉学』42, 155-187.

Compton, B.R. & Galaway, B. (1999) *Social Work Processes*, 6th ed.,Brooks/Cole.

Dewey, J. (1910) *How We Think*, D.C. Heath & Co.,Publishers.

Germain, C.B. (1983) Technological Advances, *in Handbook of Clinical Social Work*.

Hallowitz,D. (1979) Problem-Solveing Theory, Turner, F.J. *Social Work Treatment - Interlocking Theoretical Approaches*, 2nd ed.,Free Press.

Johnson, L.C. (1983) Social work as a Problem-solving Process, *Social Work Practice* : *A Generalist Approach*, Allyn & Bacon.

Perlman, H.H. (1976) Social Casework : The Problem-Solving Approach, *Encyclopedia of Social Work*, NASW, 1291.

第7章 実存主義的アプローチ

　20世紀の時代思潮といわれる実存主義思想は、「人間とは何か」という根源的な問いを追求し、同時代に生きるソーシャルワーカーの人間観や援助観にインパクトを与えた。クリル（Krill）は、ソーシャルワーク理論史において、「"今、ここで"の問題に方向づけること、分析的なカテゴリーを使わないようにすること、ワーカーを活力のある1人の人間としてあらわすこと、人としてのアイデンティティの形成は重要な他者との関係の質に関連すること、などの援助原則は、すべて実存主義の影響を受けたものだ」（Krill 1996:256）と説明する。本章では、実存主義的アプローチの概要を説明し、面接の場におけるクライエントとワーカーの対話の事例を用いて、このアプローチの特徴をあぶり出していきたい。

1節　実存主義的アプローチの基礎理論

(1)　実存主義思想

　実存主義的アプローチの基礎理論である実存主義思想は、旧約聖書のヨブ記や新約聖書におけるイエス、パウロ、そしてキリスト教古代のアウグスチヌスの思想、他方ではギリシャのソクラテスの人間思想に端を発し、近世ではパスカル（Pascal）、キルケゴール（Kierkegaard）、ニーチェ（Nietzsche）、ドストエフスキー（Dostojewskij）等を主流とし、かたわらヘーゲル（Hegel）、フォイエルバッハ（Feuerbach）、マルクス（Marx）等とも交流して、20世紀の時代思潮といわれるまでに発展した（松浪 1964：87-88）。つまり実存主義思想とは、旧約聖書にまで遡る遠大な思想の歴史的な流れを総称したもので、特定の哲学思想や統率された学派に付された名称ではない。ただその思想の源流が聖書にあ

ることは、上記した思想家たちの名前からも類推できる。彼等が、自己の問いに対する答えをまず聖書に求めたことは、その時代背景から考えても間違いないであろう。しかし、宗教改革や産業革命を経ることによって、中世における厳格なキリスト教社会が合理化されつつ発展していった。この近代化の過程で、人間のもつ不合理な要素や人間社会の矛盾点が、実存主義思想家たちによって暴き出され究明されていった。このように実存主義思想とは、聖書を源流とし近代化を背景にして、主にヨーロッパで生まれ育った思想だということができる。

(2) 実存主義心理学

　一方で、精神分析、行動主義心理学につぐアメリカ心理学の第三勢力として、マスロー（Maslow）やロジャーズ（Rogers）らによって、実存主義心理学が提唱された。これらは後にヒューマニスティック心理学とも呼ばれるようになるが、メイ（May）、ボス（Boss）、フロム（Fromm）などもその代表的存在である。実践的な特徴としては「①クライエントを何らかの心理学的概念に当てはめて解釈することに反対し、可能な限り先入観を加えることなく、ありのままに理解しようとする点。②各々の役割に縛られることのない全人格的なふれあいを重視する点。③単なる心理的問題に解消されることのできない、実存的諸問題に積極的に取り組む点」（諸富 1990:240）が挙げられる。実存主義思想は主にヨーロッパで生まれ育った思想であるのに対し、ロジャーズの来談者中心療法などの実存主義心理学にはアメリカで生まれ育ったものが認められる。

　一方で日本には、これらの実存主義心理学をソーシャルワークの理論と実践に適用した先人たちが存在した。竹内愛二[*1]や中園康夫[*2]、西光義敞[*3]は、ロジャーズのカウンセリング理論をソーシャルワーク理論の体系に位置づけ、その具体的な展開方法を提示した。また嶋田啓一郎[*4]も、ムスターカス（Moustakas）の著書を翻訳し、訳者あとがきに実存主義的アプローチの重要性を主張した。こ

---

*1　竹内愛二（1969）「実存主義的社会福祉学序説」『四国学院大学論集』16, 1-32. ほか
*2　J.H.ウォーリス，中園康夫・岡田藤太郎訳（1965）『カウンセリングと社会福祉』誠信書房.（解説として、中園康夫「カウンセリングにおけるカウンセラーの問題」237-258.）ほか
*3　西光義敞（1969）「社会事業におけるロジャーズ理論の意義」『龍谷大学論集』389・390, 464-478. ほか
*4　ムスターカス，嶋田啓一郎・嶋田津矢子訳（1970）『個性と出会い——孤独感と感受性の探究』ミネルヴァ書房，209-225.

うして1960年代からソーシャルワークの実存主義的アプローチは提唱されており、近年も田嶋英行をはじめとして、その理論構築と実践への適用に関する精力的な取り組みは継承されている。

2節 実存主義的アプローチの概要

クリルによる、『Existential Social Work』（1978）やターナー（Turner）が編集した『Social Work Treatment』（筆者注：初版は1974年）に掲載された論文が、アメリカにおけるこのアプローチの代表的著作である。クリルは精神医学的ソーシャルワーカーとして各種医療関係施設に勤務し、学生のスーパーバイザーやデンバー大学ソーシャルワーク大学院の教授、そして個人開業のソーシャルワーカーとしての実践経験をもつ人物である。以下に、クリルの所説をもとに、実存主義的アプローチの概要を紹介していく。

(1) **実存主義思想がソーシャルワークに与えた影響**（Krill 1996：251-256）

ソーシャルワークの文献の中に、実存主義の色合いがはっきりと現れたのは、機能主義ケースワークの代表的な論者であるタフト（Taft）によるものが最初である。その後、実存主義的な色合いをもった著作は、ソーシャルワークを学ぶ学生や若い実践家たちの間に強い関心を呼び起こした。そのためソーシャルワーカーたちの援助方法の中にも、実存主義からの影響が見出せるようになった。

アメリカでは1960年代に、暗殺事件や抗議運動、またベトナム戦争などが起こり、さらに1970年代には経済不安、離婚や犯罪率の急増、精神療法への失望など、幻滅的な事柄が次々に起こった。実存主義はこうした、幻滅的なものに直面した際の絶望という精神状態から生まれるといわれている。なぜなら、人は幻滅と絶望によって既存の価値からの脱却を余儀なくされ、次のような実存主義的テーマに直面せざるを得なくなるからである。

①自由にストレスが伴うのは、自己の独自性を尊重する生き方を求めるからである。②人生が進行していく途上で、人生の意味を見出し成長するためには、

---

*5 田嶋英行（2004）「D.F.Krillによる実存主義ソーシャルワークにおける課題——「疎外」の問題とその対応」『社会福祉実践理論研究』13, 1-12. ほか

苦難が必然の要素となる。③人は最も身近な"瞬間"の中に、自己のアイデンティティや「人生とは何か」についての答えを見出す。それは、一定の型にはまったものではなく、絶えず進み開かれていく感覚のようなものである。この感覚が、独自の人生を歩くときの道しるべとなる。④人生において何らかのコミットメント（自己投入）をするには、他律と自律、黙想と行動、自己の尊重と他者への思いやりといった、相反する生き方が同時に求められる。

すなわち、これらのテーマに直面し、新たな価値の探求に向けて苦闘する存在がクライエントであり、そのクライエントと向きあうためにソーシャルワーカーも自己の人生と誠実に向きあわなければならない。これが実存主義的アプローチの人間観・援助観であり、その特徴である。

(2) **援助過程を導く実存主義概念** (Krill 1996：251-259)

クリルは実存主義思想が示唆している、幻滅、選択の自由、苦難の意味、対話の必要性、現実的な関与、という5つの概念は、対応困難な援助過程における具体的な方向性を見出すうえで有効である、と主張する。これらの概念に支え導かれた援助のあり方も、実存主義的アプローチの特徴である。

①幻滅

人生が"不確かなもの"から"真実なるもの"へと動くために、人は幻滅の痛みを受け容れなければならない。それは、自然な成長の過程を妨げる防御的な信念や分別、あるいはごまかしを手放すことによって、心理療法における変化が起こる、といわれるのと同様である。幻滅は、孤独と無力の痛みを伴った絶望として体験される。しかしこの絶望の向こう側に、新たな価値と信念の可能性が現れる。そして、捨てなければならなかったものよりも、新たな可能性のほうに、より人間的な価値を見出していこうとするのが援助の方向性である。そのため援助者の役割は、クライエントのあるがままで個性豊かな独自性が現れるよう、人格に備わった成長のエネルギーを解放する、産婆のようなものとなる。

②選択の自由

人格とは常に新しく表現されていくもので、固定したあり方にこだわるのは自己欺瞞である。つまり人格は、"無意識"や早期に学習された行動に支配される

ものではない。あくまでも"意志は自由"なのである。その人の過去によらず、その人に与えられた分析的なレッテルによらず、人は常に自分自身を変える力をもっている。人は新しい価値、あるいは新しいライフスタイルを、自ら選択できるのである。

　援助関係はそれゆえ、現在に焦点づけられ、現実的な課題や行動に関連づけられたものとなる。それは、人々が知識から学んだことよりも、経験から学んだことのほうを重視するからである。そのため変化にとって必要なのは、クライエントが"そうしたいと望むこと"である。したがって援助のプロセスでは、クライエントが求める変化を早期に明らかにしたうえで、その方向性にそった働きかけがなされる。そして変化の可能性に対する援助者の信念が、援助プロセスにおける一貫した肯定的メッセージとして、クライエントに繰り返し伝達される。

③苦難の意味

　実存主義的援助者は、苦難を人生の自由と責任の基盤となる"真正さ"の、無くてはならない一部分だとみている。そのため援助者はクライエントに対し、不安や罪悪感を排除したり、それに対する疑問をもつよう求めたりはしない。そのかわりに、そうした苦難は人間にとって必要不可欠であり、人生を方向づけるものだ、として肯定する。

④対話の必要性

　人は自分だけでは成長しない。周りの人々との応答的な関係の中で、その人の実存は現れてくる。人は自分自身が状況に対する反応の根拠となる"意味"を創造し、これらの"意味"はその後も選択や行動の基盤となる。しかしながら、その"意味"は他のすべての人と同様、絶対的なものではない。成長する過程では、自分自身の"意味"を絶えず再評価しなければならず、この再評価には環境（特に人間的な）からのフィードバックが不可欠となる。そして正直なフィードバックを得るために、人は他者に対し、正直で自由な自己表明を許さなければならない。

⑤現実的な関与

　クライエントが、自分の人生における独自なライフスタイルを認識し、それと

現実的な関与をしていくことが、実存主義的援助者の願いである。クライエントは、自分の世界観が援助者によって肯定されることを通して、自分もその世界観と現実的に関与できるようになる。そのためクライエントのユニークな世界観は、援助者によってインテークから終結に至るまで、一貫して肯定され続けなければならない。クライエントが自分の特徴や問題や矛盾をどのように受け取り、また変化をいかに受け取り、また変えたいと望んでいるのは何なのかを、あるがままに理解していくことが援助者の役割である。こうしてクライエントの独自性は、援助の過程を通して、"クライエントがいるところ"とのかかわりの中で肯定され続ける。そのため面接のテーマは、あらかじめ援助者が予想した合理的なものではなく、クライエントから出現する力によって、常に新たにされていく。それゆえ目標設定も、焦点をあてるべき面接のテーマも、相互作用によって進行していく面接の過程も、援助者中心ではなくクライエント中心となる。

3節 実践的展開と検証
―児童養護施設におけるファミリー・ソーシャルワーカーの事例―

　クリルが主張した実存主義概念が、ソーシャルワーク実践を具体的にどのように導くのか、筆者の創作した事例をもとに検証し、実存主義的アプローチの特徴を明らかにしていきたい。

(1) 事例の概要

> 　社会福祉士の資格を取得して児童養護施設に就職し、今年で3年目を迎える佐藤佳子指導員は、2か月前に入所した3歳の高橋幸子ちゃんを担当している。幸子ちゃんの入所理由は、母親の高橋佑子さんによる育児放棄。幸子ちゃんの生後しばらくして、夫の女性関係が発覚し関係がうまくいかなくなったために夫婦は離婚。しかしそれにより、佑子さんは精神的な不調をきたすようになった。離婚後は、毎日のように繰り返された激しい夫婦喧嘩がなくなり、母と子は静穏な暮らしを取り戻したかにみえた。しかしその後、幸子ちゃんの激しい泣き声が頻繁に聞かれるようになって、心配した近隣の住民により児童相談所への通告がなされた。こうした経緯で、幸子ちゃんは児童養護施設に入所することになっ

たのである。

　幸子ちゃんへの養護を担当する佐藤指導員と連携し、母親の佑子さんへの支援を担当するのはファミリー・ソーシャルワーカーの鈴木憲子指導員である。指導員としての長年の経験をもち、面接相談の実際についても研鑽を重ねてきて、本人の強い希望によりこの任務についている。幸子ちゃんが入所した当初より、佐藤指導員と連携し月2回のペースで母親の佑子さんと面接をしている。初回面接の概要は以下の通りである。

面接日時：〇〇年〇月〇日 10：00 〜 10：50
面接場所：児童養護施設△△学園の応接室
相談内容：

　母親の佑子さんは、面接に来ることにためらいと恐れを感じて眠れなかったと、憔悴しきったような表情で来談した。鈴木指導員は、そうした精神的プレッシャーに耐えて来談してきた、佑子さんの頑張りに深く感謝した。そして、「眠れないほどのためらいと恐れとはどういうものだったのか、まず話してくださいませんか」と問いかけた。「幸子を返してほしいんです。そんなことを言う資格、私に無いことはわかっています。幸子をちゃんと育てられなかったんですから。でも、このまま別れて暮らすなんて、どうしても耐えられません。幸子がいないと、私は生きていけないんです」と、佑子さんは懸命に訴えた。そして、こうしたアンビバレントな感情の背景にある、幸子ちゃんとの生活の経緯を次のように語り始めた。

　「結婚してすぐに妊娠して、幸子が1歳半になる頃までは本当に幸せでした。別れた夫は幸子の面倒をよくみてくれる、子煩悩な父親でした。幸子の誕生を心から喜んでくれて、親子3人の生活は、本当に今から思うと夢のようでした。でも幸せだったその頃に、私はちょっとしたことで夫の女性関係に気づいてしまったんです。初めは何かの間違いだと思いました。それなのに、間違いではないことも、だんだんわかってきたんです。しばらくは、どうしていいかわからず、夫には何も言えませんでした。でもやっぱりどうしても耐えきれなくなってきて、何度も何度も問い詰めたんです。初めの頃は「何もない」の一点張りだった夫も、耐えきれなくなったのかすべてを私に打ち明けました。でもその話の内容は予想していた以上で…、私には我慢できない内容だったんです」。

まるで堰を切ったかのように語る佑子さんから、当時の悲しさや悔しさが痛いほど伝わってくるのを懸命に受けとめながら、鈴木指導員は話を聞いた。そして、「まだ心の整理がついていない混乱のうちに離婚して、寂しさや孤独感、そして絶望感のうちに、2歳というまだ手のかかる時期の幸子ちゃんと2人きりで生活することになったんだなあ」と、その頃の状況を思い浮かべた。またそれは、佑子さんが養育困難なほどの精神的な不調に陥ってもしかたのない状況だったのではないか、とも思い巡らせた。すると、その当時の佑子さんのつらさがあたかも自分のものであるかのように感じられて、鈴木指導員の目からは思わず涙があふれ出てきた。「すみません。どんなにおつらかったか、その頃のお母さんのお気持ちを思うと涙が出てきました」。鈴木指導員のこの言葉に、「ありがとうございます。本当に、生きているのもつらかったんです。幸子がいなければ、私は生きていることさえできませんでした。私にはもう、幸子しかいないんです」と、佑子さんは嗚咽しながら、心の思いを鈴木指導員にぶつけた。そして、「1人ぼっちになる」という言葉の意味を、さらに詳しく説明していった。

　「私は、結婚を反対する両親に腹を立てて、自分で家を出たんです。それから、もう4年近くも連絡を取っていません。結局、両親が心配したとおりの結果になったので、申し訳ない気持ちや、悔しい気持ち、情けない気持ちなど、いろいろな気持ちが整理できなかったんです。半年に1度くらい訪ねてきてくれる姉に、離婚したことは話しました。でも、幸子を施設に預けることになったとは、どうしても言えませんでした。ついこのあいだも、姉から連絡がありました。でも、今は会いたくないと伝えたんです。まさか自分がこんなことになるなんて、今でも信じられません。私はもう、この先どう生きていけばいいのかわからないんです。幸子がこんな母親から離れて、この施設にお世話になれてよかったと思います。でも、このままずっと別れて暮らすなんて、どうしても耐えられないんです」。

　こうして佑子さんは、幸子ちゃんだけが心の頼りであることを、鈴木指導員に懸命に訴えた。すると鈴木指導員は、「このまま別れて暮らすなんてどうしても耐えられない」という佑子さんの感情こそが、家族の再構築をはかり新たな人生へと歩みを進めていくエネルギー源になると考え、「私がこうしてお会いしているのは、お母さんが1日も早く幸子ちゃんと一緒に暮せるよう支援するためです。幸子

> ちゃんも、1日も早くお母さんと一緒に暮らしたいと願っているはずですから」というように、面接の目的をはっきりと伝えた。すると佑子さんは、「ありがとうございます。私も頑張りますから、どうかよろしくお願いします」と深々と頭を下げた。
>
> この初回面接で、月に2回のペースで面接相談を行うこと、そして佑子さんの姉とも1度会わせてもらいたいことを申し出た。すると継続的な面接相談について了解が得られ、姉と会うことについても検討してみると、前向きな返答が得られた。

(2) 事例についての考察

高橋佑子さんとの初回面接において、①幻滅、②選択の自由、③苦難の意味、④対話の必要性、⑤現実的な関与の姿勢、という5つの実存主義概念が、鈴木憲子指導員の実践を具体的にどのように導いたのか、以下に検証していきたい。特に、これらの概念が鈴木指導員の基本的態度を支え導いていることに留意して、詳しく検証していきたい。

① "幻滅"への直面と絶望の痛みへの共感

鈴木指導員が、佑子さんを中心に面接を展開しているところに、まずは注目していきたい。面接に備え、幸子ちゃんのケース記録に目を通して、鈴木指導員は受容的な雰囲気をつくることに努めたと考えられる。しかし、面接のテーマは佑子さんから出現する力によって決められていく、と心にとめて自分が主導することは意識的に控えている。また、面接の展開を佑子さんにまかせることによって、話を聴くことに集中することもできている。それにより、佑子さんが語る内容やその表情から、母と子をこうした生活状況へと至らせた根源的な理由が、"幻滅"への直面と絶望の痛みだったのではないかと、思い巡らせているものと考えられる。

両手でつかんでいると信じていた幸せな家庭生活は、夫の女性関係が発覚したことにより、まるで幻のように消え去ってしまった。どうしてそんなことになったのか理解できず、自分にはどうすることもできない。この無力感や絶望の痛みに耐えきれず、佑子さんは離婚することを決意したのではないか。しかし、

離婚した後も"幻滅"の痛みは癒えることなく、佑子さんは精神的な不調を来すほどに追い込まれていったのではないか。しかも佑子さんは、幸せの絶頂にある、まさにその時期にすべてを失ってしまったと語っている。鈴木指導員は、夫から話を打ち明けられた瞬間の佑子さんの驚きや絶望の痛み、そして幸子ちゃんと2人きりの生活をどうしても受けいれられない孤独や無力感の痛みを思い、そのつらさが痛いほどに伝わってきて、思わず涙をあふれさせている。

② "選択の自由"の尊重

　面接とは、もとより台本や筋書きが存在するはずのない、"1回限りの出たとこ勝負"である。そのため期待と不安を抱きつつ面接に臨んでいるのは、クライエントだけではないであろう。そしてこの、出合いがしらともいえる面接の冒頭で、佑子さんは「あまり眠れなかった」と"今、ここ (here and now)"の場で最も強く感じている気持ちを、鈴木指導員に素直に打ち明けている。それは、面接の受容的な雰囲気をつくりだそうとした鈴木指導員の努力が、佑子さんに伝わったことで、感情表明が促されたものと考えられる。さらに鈴木指導員は、言葉だけではなく憔悴しきった表情をも見逃さずに、まず来談したことそのものを深く感謝している。そして、"今、ここ (here and now)"の場の佑子さんの感情に焦点をあてて、「眠れないほどのためらいと恐れとはどういうものだったのか、まず話してくださいませんか」と、問いかけている。それはこの面接における対話が佑子さんにとって、新たな選択を促す経験的な学びになるためには、佑子さん自身の"選択の自由"を尊重し、佑子さんが"そうしたいと望むこと"にそって進めることが大切だと、深く認識していたゆえだと考えられる。

③苦難の意味を肯定的に捉えること

　実存主義思想は「分析的なカテゴリーを使わず、ワーカーを活力のある1人の人間としてあらわす」という援助原則に影響を与えた、と本章の冒頭で述べた。鈴木指導員が佑子さんに共感して涙をあふれさせているのも、「ワーカーとして」というよりも「1人の人間として」の反応だと考えられる。またそれは、素直に感情を表明する佑子さんと向きあうことによって、鈴木指導員の心に湧きおこってきたものでもあろう。このように、懸命に話を聴く中でワーカーの内面に湧きおこってくる感情を、実存主義的アプローチはクライエントの感情と同じくらい

大切に扱おうとする。なぜならば、"今、ここ"の場で語られている"苦難"は、クライエントとワーカーの両方に共有されており、その"苦難"の意味を肯定的に捉えるということは、クライエントと同様にその場で起こってきたワーカーの感情をも大切に扱うことを意味するからである。それゆえ鈴木指導員は、湧きおこってくる涙を押しとどめることなく素直に表明することが、佑子さんに対する誠実かつ援助的な対応であると信じ、ためらうことなく涙をあふれさせたものと考えられる。そしてまた、佑子さんの苦難を鈴木指導員が深く共有することにより新たな出会いが生まれたことを、この涙は象徴していると考えることもできる。

④対話の必要性

　内なる感情の表明には、時として勇気をもった決断が必要となる。しかしこの面接の場では、佑子さんの懸命に語る姿が鈴木指導員に力を与え、感情表明を促したものと考えられる。この2人のやり取りからは、クライエントとワーカーの力動的な人間関係が、クライエントの力により刺激され動いていく、というありさまを見出すことができる。そして"幻滅"の説明文にある、「援助者の役割は、クライエントのあるがままで個性豊かな独自性があらわれるよう、人格に備わった成長のエネルギーを解放する、産婆のようなものとなる」というクライエントとワーカーの姿を、佑子さんと鈴木指導員のやりとりから見出すことができる。クライエントの力を感じ、その力に波長をあわせ、促されて、ワーカーは動いて行く。鈴木指導員の佑子さんに対する肯定的なメッセージは、こうしたワーカーのあり方を通して伝達されているものと考えられる。

　そして"対話の必要性"には、「他者との応答的な関係の中で、人は自分の状況に反応するための意味を創造することができる」と説かれている。鈴木指導員は、佑子さんとの面接がそうした応答的な関係として佑子さんに体験されることを、何よりも重視していたものと考えられる。それゆえその応答は、佑子さんがこれまで経験したものとは異なる、深い共感と肯定的感情を伴った応答になり得たものと考える。

⑤現実的な関与

　鈴木指導員は、佑子さんが語る幻滅的苦難との出会いを、人生の真の意味

を見出す契機として、肯定的にとらえている。そして離婚という耐えがたい喪失感よりも、幸子ちゃんと一緒に暮らす希望のほうに、より佑子さんの気持ちが強く動いていることを、鈴木指導員は見逃していない。それが佑子さんにとって、人生の真の意味なのかどうかは、まだわからない。しかし少なくとも、今の佑子さんを支える希望であることは確かであろう。鈴木指導員と佑子さんは面接の場において、佑子さんの"今、ここ"における人生の意味をともに見出すことによって、面接の意味を見出すことができたのだと考えられる。

このように、"幻滅"という実存主義概念はそのうちに希望をも指し示していることを知るゆえに、鈴木指導員は受容的態度を崩すことなく佑子さんと向きあうことができたのではないだろうか。たとえ涙をあふれさせても、決してたじろぐことなく、話を聴き続けることができたのではないか。そんな鈴木指導員の基本的態度により、「この人には何を話しても大丈夫だ」と、佑子さんもより具体的に自分を語り続けることができたのではないかと考えられる。

こうして鈴木指導員は、面接の目標を幸子ちゃんとの家族再統合に設定し、佑子さんに"現実的な関与"をする方向へ舵を切っている。「このまま別れて暮らすなんて考えられない」という佑子さんの思いも、家族の再構築という現実的な目標を達成するためのエネルギー源として、あるがままに肯定している。そして養育困難に至った状況を克服するために、まずは佑子さんのお姉さんにお会いして、再びそうした状況に陥ることがないように"他者との応答的な関係"を佑子さんの周りにも構築しようと働きかけ始めている。そしてこうした申し出に、佑子さんが前向きな応答をしていることは、鈴木指導員の"現実的な関与"が佑子さんの気持ちに添ってなされたものであり、佑子さんを中心にしてなされたことの証であろう。

(3) **実存主義的アプローチの課題**

実存主義的アプローチの特徴である、「幻滅」「苦難」「対話」などの援助を導く実存主義概念は、一般には馴染みにくいその用語法ゆえに広く普及するのは困難だった、とクリルは指摘している (Krill 1996：250)。それは、「幻滅」などの実存主義特有の用語を理解し、実践を導く概念として用いるためには、ワーカー自身もこれらの意味を自分の生活経験と関連づけて深く理解する必要

があるゆえだと、筆者は考える。そのためには、ワーカーの養成（現任）訓練において、「幻滅」や「苦難」を経験し「対話」による支援を受ける、ということを積み重ねていくことが必要になると、筆者は考える。

メァーンズ（Mearns）は、ワーカーがクライエントとの信頼関係を形成するためには、「たとえクライエントがどんな人であっても、そのクライエントに対する深い尊敬と関心を純粋に感じる、そういうワーカーであることが必要だ」（メァーンズ 2000：xi）と主張する。この事例において、鈴木指導員が面接に臨んで最も援助的だったのは、佑子さんに対する深い尊敬と関心を純粋に感じる、そういうワーカーとして存在したこと、ということもできるだろう。自己受容を深め人格の安定に到達するための人間的成長を目指し努力していくことが、実存主義的アプローチが提唱する援助者には不可欠である。それゆえこのアプローチの課題は、ソーシャルワーカーが1人の人間として成長していくことを支え導く養成（現任）訓練の体制を、構築することではないかと考える。

引用文献
松浪信三郎・飯島宗亨編（1964）『実存主義辞典』東京堂出版.
諸富祥彦（1990）「実存主義的アプローチ」國分康孝編『カウンセリング辞典』誠信書房.
Krill, Donalld F. (1996) Existential Social Work, F.J.Turner ed, *Social Work Treatment 4thed*, The Free Press.
デイブ・メァーンズ著, 岡村達也ほか訳（2000）『パーソンセンタード・カウンセリングの実際——ロジャーズのアプローチの新たな展開』コスモス・ライブラリー.

参考文献
Krill, Donalld F. (1978) *Existential Social Work*, New York：Free Press.
ウィリアム・バレット, 島津彬郎訳（1975）『実存主義とは何か』サイマル出版会.
信川美樹（1998）「実存主義ソーシャルワーク研究——D・FクリルのExistential Social Workを中心に」『同志社大学社会福祉学』12, 103-115.

第8章 エンパワメントアプローチ

　エンパワメント (empowerment) の基本原理は、社会正義の実現、周縁化され抑圧された人々の側に立って活動するという、ソーシャルワークのミッションのうえに成り立っている。エンパワメントは、人と環境との間の複雑で力動的な相互作用の過程で生ずるパワー・インバランスを問題とし、パワーを剥奪され無力化された状態(powerlessness)を生み出す構造的要因に着目し、パワー・ベースの変革、すなわち、パワーの再配置を図ろうとする。エンパワメントアプローチは、パワーを剥奪され無力化された状態に置かれている当事者が主体となり、当事者とワーカーとの協働作業により、個人的、対人的、社会的レベルのパワーの回復・獲得を支援するアプローチである。それは、社会の構造的変化を伴う相互変容をもたらす。つまり、個人の成長発達とマクロシステムの変化双方に焦点をあてる、マルチレベルのアプローチである。本章では、以上のような援助枠組みをもつエンパワメントアプローチの実践への適用の意義と課題を探る。

1節 理論の概説

(1) エンパワメントアプローチの概念化

　エンパワメントは、1980年代以降のソーシャルワーク理論、実践において強調されている概念の1つである。国際ソーシャルワーカー連盟と国際ソーシャルワーク学校連盟による「ソーシャルワーク専門職のグローバル定義」(2014)においても、中核となる概念として位置づけられている。ソーシャルワークにおいて、エンパワメントが概念化された端緒は、1976年にソロモン (Solomon) が著した*Black Empowerment : Social Work in Oppressed Communities*である。ソロモンは、黒

人に対するソーシャルワークの目的と過程としてエンパワメントを概念化し、エンパワメントを、「スティグマ化されている集団の構成メンバーであることに基づいて付与された否定的評価によって引き起こされるパワーが剥奪され無力化された状態を改善することを目指して、クライエント、クライエント・システムとともに一連の諸活動にワーカーが取り組んでいく過程」(Solomon 1976：19) と定義づけている。ソロモンは、支配的な社会とそれから否定的な評価を受けているマイノリティとの間に内在しているパワーに着目し、マイノリティグループの中にみられるパワーを剥奪され無力化された状態を問題にした。そして、その状態を、「個人、あるいはグループの目標を達成するために、資源を獲得したり、活用できないこと、価値ある社会的役割を遂行するための情報、知識、スキル、物質を管理できないこと」(Solomon 1976：28) ととらえている。黒人という1つの属性のみで、否定的評価を受け、剥奪されているパワーを回復、あるいは獲得していく過程を支援することをエンパワメントと措定したのである。

　その後、1980年代にはいって、エンパワメントをテーマにした論文が多数発表されるようになり、社会的に抑圧されている人たち、例えば、高齢者、女性、障害のある人、HIV／AIDS患者等に対応するソーシャルワーク実践に適用されるようになった。こうして、1990年代には、ストレングス (strengths) 視点と関連しながらソーシャルワークアプローチの展開の中に組み込まれていった。さらに、近年のリジリエンス (resilience) 理論との関連もみられる。

　日本では、1990年代半ば頃よりその理論動向が紹介され、実践への適用を含めて研究が進んでいった。さらには、政策サイドでも取り上げられている。例えば、厚生労働省が公表した『障害者ケアガイドライン』(2002) では、「障害者ケアマネジメントは、利用者が自己の課題を解決するにあたり、自分が主体者であることを自覚し、自分自身に自信がもてるように、利用者の力を高めていくエンパワメントの視点で支援していくことが必要である」としている。

　エンパワメントの哲学的基盤として、コックス (Cox) らは、「人間のニーズの充足、社会正義の促進、資源のより平等な分配、環境保護にたいする関心、差別の排除、自己決定・自己実現の支援」(Cox & Parsons 1994：41) を挙げている。エンパワメントの基本原理は正義・平等・参加、人々の権利を搾取したり、

否定したりしないことであり、社会正義、とくに周縁化され抑圧された人々のために活動するという、ソーシャルワークのミッションのうえに成り立っている。そして、エンパワメントアプローチは、パワーダイナミックスの理解に基づき、パワーを剥奪され無力化された状態がいかにクライエントの存在のありよう・具体的生活のあり方に影響を与えるかに着目し、パワーを剥奪されたクライエントと環境との間のパワー・ベースの変革、すなわち、組織的、文化的、制度的、社会経済的環境のパワーの再配置にコミットし、個人の成長発達とマクロシステムの変化双方に焦点をあて、人と環境の関係の構造的変化、相互変容をもたらすマルチレベルのアプローチといえる。

現実の社会は同質化した水平な構造にあるというより、パワー・インバランス状態にある。また、エイブルイズム、ジェンダーイズム、エイジズム、さらにはプロフェッショナリズムといった、さまざまなイズム、社会的排除が存在している。人の技能、知識、自己指南、希望などの個体要因は、環境の影響や状況の要請・期待と無関係には存在しない。人は個人的な喪失と環境の制約の相互作用によって、無力化の知覚に至る。すなわち、自分の行為や自分の存在は他者に何も影響を与えない、自分の人生はうまくいかない、自分は無意味な存在であると自己知覚することによって居場所も所属感もなく、学習された無力感、自己非難、社会的な影響力の喪失感を強め、パワーを剥奪され無力化された状態に慣らされ、閉塞状況に陥るのである。エンパワメントアプローチはこのような状況から脱脚し、周縁化された人たちのメインストリーミングを支援するアプローチととらえることができる。

(2) 援助構造におけるパワー──パワー・インバランスから協働作業へ

パワーに着目したのがエンパワメントの特徴の1つである。ドッド(Dodd)らは、パワーを、「①必要としているものをえる能力、②他者の考え、感情、行動、信念に影響を与える能力、③家族、組織、地域、社会といった種々の社会システムの中の資源分配に影響を与える能力」(Dodd & Gutiérrez 1990：63-64) と定義している。パワーは関係概念としてとらえることができ、個人的、対人的、社会的レベルで行使される複雑な現象といえる。パワーは、個人の内部に保有しているものでもあり、人々が社会資源にアクセスしコントロールする能力、その

人の内発的エネルギーを意味し、時に他者を支配したり、その人の意思に反して何かをするように強制する能力と結びつくこともある。そこでは、依存と保護が交換され、依存される度合いが大きい側のほうが、パワーを他者に対してもっていることになる。

　専門的援助は、本来的に善行原理に基づきながら援助するという側面と、援助者としての地位を保つためのパワーの保有とそれへの依存関係を維持するという側面の二面性をもつことは否定できない。専門職のパワーは、問題に名前をつけること、困難を克服するための戦略を立てることから生じる。今まで名前がついていなかったものに名前をつけ、未知のものであったものがカテゴリー化され、ラベリングされ、問題を合理的なプロセスに従属させることによって、問題を抱えている人は、それがある型をもち、対処されうるものとみなすようになる。問題の存在は専門的な援助者の存在理由を提供する。科学に基づく技術的知識を保有する専門職による定義の政治によって、「クライエント」という社会的地位を付与され、専門職支配・管理のもとに依存する関係をつくり上げるのである。こうしてみると、パワーは援助構造に論及するとき、重要な概念であることがわかる。

　援助関係はワーカーのほうがクライエントより大きなパワーをもっているため、ワーカーが実質的な権限をもち、クライエントの生活・人生のありように大きな影響力をもっている非対称な関係であり、パワー・インバランスがある。こうした関係は、マクロの社会構造にあるパワーの差異を反映しており、援助関係に潜むパワーについては、構造的にとらえ、その中にクライエントが一般社会において経験する相対的なパワーを剥奪された状態を映し出すことを避けなければならない。クライエント―ワーカー関係は組織によって構造化されており、クライエントのコンピテンスと自己尊重の感情を最大限にするサービスを提供する際の困難さもある。ワーカーは、このような事実を認識したうえで協働作業に取り組むのである。

　協働作業を展開していくための基盤として、ストレングス視点を挙げることができる。ゴールドシュタイン（Goldstein）は、人々の失敗・病理に焦点をあてる関係は他者のパワーと地位を上昇させるのに対して、ストレングス視点に基づく

関係は対等とパワーの共有を迫ることになるという (Goldstein 1990：270)。サリービー (Sallebey) は、ストレングスを「人々が保有する積極的な特性、徳、才能、プライドや教育を通して獲得したものと生活の知恵、逆境に立ち向かうなかで学んだこと、さらには文化的・個人的ストーリーと体験知、地域社会の福祉力、スピリチュアリティ」(Sallebey 2013：102-105) ととらえている。従来これらは、専門的知の前では客観的でない、論理的でないと軽視されてきたものである。ストレングス視点は、人々、そして、社会の否定的な側面への偏見のオールタナティブであり、分配の正義、平等、個人の尊厳、自律という価値を具現化する理論であり、クライエントからの発信に学ぶ方法といえる。人々が自分たち自身にとって最善の決定をする能力があり、人々が可能な最善の道を歩むという信頼がある。このように、クライエントのストレングスを認め、それとワーカーのストレングスとを共有し、協働作業に取り組むのである。クライエントの積極的位置づけは、クライエントが究極的に価値がある存在であるという信念に基づく。ここで、注意しなければならないのは、それが抑圧に転じてはならないということである。クライエントの潜在性への絶対的信頼の強調は、クライエントの責任の明確化を内包している。また、すべての人にパワーを剥奪され無力化された状態に陥る危険性があり、社会的に不利な条件にあったり、抑圧されているクライエントは資源と機会を得るために必要な知識とスキルに制限があることもまた事実である。したがって、クライエントの権利、活用できる社会資源を得るための手続きなど、クライエントに必要な情報・知識を伝授し、ソーシャルスキルを学習する機会を提供していくことが必要である。

　協働作業は、クライエントとワーカーが問題に対処するべく、クライエントとの参加的関係を展開させ、クライエントとともに、クライエントによって定義される問題と目標に取り組む、民主的な相互努力の過程である。ワーカーはクライエントとの間に関係の橋を架け、クライエントの生活・世界に入り、クライエントのいる場所にともに立ち、クライエントの具体的現実をとらえるべく、クライエントの語りを傾聴し、クライエントが状況を理解する能力を信頼し、クライエントによる問題の定義を支えていく。こうして、クライエントは自分の置かれている状況を把握し、問題に気づきニーズを明らかにし、目標を設定する主体

となる。

　ワーカーは、受容・共感的理解、支持的態度に裏打ちされた援助関係を媒介にして、コンサルタント、ファシリテーターといった役割を担う。それにより、クライエントが否定的なステレオタイプ、ラベル、制限のある政策、サービス供給システムといった抑圧的な条件に適合するようにするのではなく、クライエントが置かれている所与の状況の改善を図っていくのである。こうした援助過程におけるパワーの行使が自尊感情、自己肯定感を高めることになり、サービスの利用者としての成長のみならず、生産者としての成長が促進され、より大きな社会環境の中でのパワーの行使につながっていく。クライエントは援助関係の中でメンバーシップ、オーナーシップを獲得し、さらに、より広い社会の中にメンバーシップを確立していく。ウォルツァー（Walzer）が「共通の場所とアイデンティティは分配の正義の実現である」（Walzer 1983：31-63）というように、メンバーシップをもつことが尊厳、責任をもつことにつながり、専門職の知識や社会の支配的な価値観等の変革に結びつく可能性をもっている。マイクロレベルの協働作業は、クライエント―ワーカー関係を超えて、ワーカーと同僚、ワーカーと機関、機関と機関、クライエントと地域社会の関係といった他のレベルでの協働作業に拡大していく。

(3)　エンパワメント・プロセス

　エンパワメントは次の3つのレベルからなるプロセスである。第一のレベルは、自らを生活の主体者として自覚し、自尊感情、セルフコントロール、自己効力感をもち、社会資源を活用しながら、自分が自分自身の生活をコントロールしていく現実的な生活力をもつ、心理的・個人的エンパワメントである。第二のレベルは、他者との安心できる積極的な関係を取り結び、自己主張し、効果的な相互影響作用を行い、互いに対等な人間同士として自分たちの問題をともに検討し、解釈するグループに対等の立場で参加する、対人的エンパワメントである。第三のレベルは、自分の能力を生かして社会的活動に取り組み、社会変化、パワーの再配置を目指して行動をとったり、社会的発言力をもち、ソーシャルアクション、制度の変革への集合的参加、政策決定レベルへの参画などを通して、社会的不正義の認知から社会資源の再分配を引き起こす、社会的（政治的）エ

ンパワメントである。そして、これらのレベルは相互に関連し、1つの連続体として展開していく。

　以上のようにエンパワメントは、多元的レベルで起こり、各レベルが相互浸透しながら展開していく。パワーの源泉へのクライエントのアクセスを最大限にするべく、個人的、対人的、社会的成長と、援助者、組織、地域社会、さらには、より広範な社会の構造的変化という、多元的なレベルでの実践が展開されるのである。

2節 実践的展開と検証

　本節では、父子家庭のエンパワメント・プロセスを通して、理論から実践へのベクトルの検証を行いたい。[*1]

(1) 事例の概要

　Aさんは、31歳の男性、IT関連の会社に勤務している。3歳になる娘（Bちゃん）が誕生して半年経った頃に離婚し、その後Bちゃんを1人で育てている。父子家庭になったことでAさんの生活環境は一変した。突然、1人で家事・子育てをすることになり、戸惑いの連続であった。直面したもっとも大きな問題は仕事をどうするかということであった。両親のサポートを得るために、実家の近くに引っ越しをした。通勤時間は長くなったが、勤務先を変更せず、継続することができた。しかし、子どもに寂しい思いをさせてはいけないと思い、子どもと一緒に過ごす時間を確保するべく業務を変更し、時間外勤務も極力控えるようにしているため収入は減少した。子育てと仕事を両立させていくと自分を納得させていたが、同僚との差が開いていくことに焦りを感じたり、仕事に打ち込める同僚を羨ましく思うこともある。一方で、同僚に迷惑をかけているのではないか、会社での評価が下がり、会社の経営が危うくなったときには真っ先にリストラの対象になる

---

*1　本事例は、父子家庭の置かれている現状をもとにしながら、フィクションとして作成したものである。下記NPO法人の報告・活動内容が参考になった。
　NPO法人ファザーリング・ジャパン（http：//fathering.jp/project/french-toast，2015.10.15）
　NPO法人父子家庭サポートネットひろしま（http：//fusisapo.jimdo.com/，2015.10.15）

のではないかと葛藤が渦巻いている。

(2) 関係の橋を架ける

　Aさんが、Bちゃんを抱えて朝早く出勤していく姿を目にしていた民生委員・児童委員が気にかけて声かけをしてくれていたが、「大丈夫です」と笑顔で対応していた。Aさんの母親が置いていった、NPO団体・シングルパパサポートクラブのリーフレットにある「1人で抱え込まないで、ほんの少しでいいからお話聞かせてください。シングルパパ、頑張りすぎないでください。あなたとあなたのお子さんの笑顔が見たいから。電話してみてください」のメッセージを目にしながら、電話をするのに半年を要した。

　ワーカーが「私はあなたの負担を少しでも軽くしたい。だから、言いづらいことかもしれませんが、話しやすいことからお話を聞かせてくださいませんか。私に、何かあなたのお役に立てることがあるかもしれません」と積極的にかかわったことが、Aさんの心を開かせ、Aさんは重い口を開いた。Aさんは、子育てと仕事の両立に疲れ、孤独・不安を感じていたことをワーカーに語り始めた。ワーカーは、Aさんの思いと葛藤に共感を示し、「1人で背負い込まないで、一緒に取り組んでいきましょう」と語りかけ、Aさんの援助活用の動機づけを高めるように寄り添っていった。

(3) パワーを軸にしたAさんが置かれている状況の理解

①個人的レベル

　Aさんは、離婚したことにより自己否定しており、「どうしていいかわからなくて、途方にくれている。こうなったのは私のせいだ」と語った。育児休暇制度も利用せず、子育て支援のサービスを利用したこともない。Bちゃんには肩身の狭い思いをさせたくないと、頑張ってきた。その結果、子育てや家事のため、睡眠時間は短くなり、いわゆる時間の貧困に陥り、心身ともに疲れ果てて、ストレスから子どもを叩いてしまいそうになったこともある。「父子家庭の父親が子どもを虐

待」といったニュースを見ると、自分もそうなってしまうのではないかと他人事と思えず、不安になることもあった。このまま1人で子育てを続けていくのだろうか、果たして、自分にそれができるのだろうかと思い悩む日々を過ごしていた。このように、親としての責任感と先のみえない不安との間で揺れ動き、自信を喪失しており、未来図を描くことができない状況にあることがうかがえる。

②対人的レベル

　Aさんの両親はBちゃんのことを可愛がってくれ、サポートしてくれている。引っ越してから地域社会になじめないでいるものの、近所の人も同僚も好意的でありがたく思う。だが、どんなにたいへんでも、男なら、1人でなんとか頑張らないといけない、助けを求めることが弱さをみせることになるのではないかと考えていた。世間体もあり、父子家庭ということは他人に話しづらい。また、ひとり親だからだめだと他人から言われないように、しつけも厳しくなっていたかもしれない。やがては、Bちゃんに母親のことを説明しなければならない。これからは親同士のかかわりも必要になってくるだろう。女の子だから、男親である自分で大丈夫なのか、母親のほうがいいのかもしれないと不安が募っている。しかしながら、離婚してから人と話すのが億劫になり、人付き合いが減って、心を許せる相談相手は見当たらず、孤立し、ヒューマンネットワークが脆弱化した状況にある。

③社会的レベル

　幸せな家庭を築こうと思っていたが、失敗してしまった。仕事も同僚と差がついてしまうと思うと焦ってしまう。職場では重要な業務を任され期待されていたが、今の仕事は自分でなくても誰でもできるもので、職場に自分の居場所がなくなったようでやりきれない。男として仕事が第一であり、これまでの仕事中心の生活にはやりがいを感じ、自信をもっていたが、今は休みたくなることがしばしばある。社会的な場面での無力感、閉塞感を抱えている状況である。

(4)　エンパワメント・プロセス

　Aさんが打ち明けた状況の背景にどのような個人的価値・社会的価値があるのか考慮し、Aさんのストレングスを探求しながら、エンパワメント・プロセス

を検討していく。

①個人的エンパワメント

　ワーカーは「たいへんな状況のなか、1人でよく頑張ってこられましたね。そして、私に自分のことを話してくれる勇気をもってくれてありがとうございます」とねぎらいと感謝の気持ちを表した。ワーカーに接触を求め、自分の言葉で語り、気持ちを表現することができたことは、動機づけがあり、Aさんが有益な社会資源を活用できる力をもっているということの表れである。就職、結婚、親となることといった発達課題を達成し、希望をもって人生を歩んできた実績がある。何より、これまでの生活の中で困難にぶつかりながら、なんとか対処してきている。こうした自分のストレングスに気づいてもらうことに力点を置いた。そして、ようやく援助を求めてきたAさんの動機づけを支え、自由な感情表現を促し、ワーカーを社会資源として活用してほしいこと、ワーカーが協働者になることを理解してもらった。さらに、孤立無援ではないことを知ってもらい、Aさんの支えになるサービスの利用を促し、福祉事務所、子ども家庭支援センター、ひとり親家庭等相談事業、民間のサポートプログラム、一般市民を含めて、関係機関との連携を図り、社会資源の活性化を図っていった。

　社会とのかかわりの中で自分の問題をとらえる自己認識を高め、問題を1人で抱えこんだり、自分を責めるのを止め、行動を起こすのを助けるために、「あなたが、困っていること、不安を感じていることを話してくださいませんか」と語りかけ、自分の置かれている状況の定義ができるように勇気づけた。例えば、沈黙しているAさんに、ワーカーは「あなたの生活の中で、あなたをそのようにさせる、どんなことが起こっているのですか」と質問し、Aさんが、家庭崩壊の経験、それにまつわる自分の感情に名前をつけることを支援し、Aさんの現実を共有していく。Aさんがワーカーとの対話に取り組むことは、環境への影響力を高める一歩であり、こうしたプロセスを通して、自尊感情を養っていった。さらに、「父子家庭になって気づいたことや、父子家庭だからこそできると思うことはありませんか。おかしい質問と思われるかもしれませんが、父子家庭になってよかったと思うことはありませんか」と問いかけ、否定的な思考の転換を図り、今までと違う生活を想像してもらい、希望を見出していくのを支援していった。

②対人的エンパワメント

　両親だけでなく、近所の人や同僚は、Aさんのことを心配していることを思い出してもらい、ひとりぼっちではなくて支えてくれる人たちが身近にいることに気づいてもらうようにした。また、人とのつながりの大切さを感じ始めているAさんに、問題を共有できる仲間と出会うきっかけとするため、シングルパパサポートクラブの交流会への参加を促した。交流会への参加を通して、仲間との痛みのみならず喜びの共有、相互支援・知識と情報の交換がなされ、Aさんの生活空間、人間関係が拡大し、援助する・援助されるという経験をする機会となった。具体的には、自分の抱えている問題を顕在化させるために発言し、これまで抑えていた感情を自由に表現することができた。さらに、自分と同じように頑張っている人がいるとわかり、勇気づけられるとともに、自分の生き方のモデルとなる人と出会い、対処方法についてのヒントを得ることができた。こうして、サポートネットワークが拡大し、他者を援助する側に立ったり、他者を信頼・尊重したり、さらには自己主張するスキルを獲得していった。加えて、問題を共有するメンバーとのグループでの学習は、批判的意識を養い、父子家庭の置かれた状況を個人的な問題から社会的問題に転換し、現実社会と自分をかかわらせて理解し、父子家庭の支援システムが当事者の現実に合致しているか、グループ内で検討していくようになった。

③社会的エンパワメント

　「仕事と子育て・家事を両立させていることは、あなたの強みですよ。何より、あなたがこれまで苦難に取り組んできたことに自信をもってください」とワーカーに勇気づけられ、Aさんの自尊感情は高まっていった。そして、これまでの人生・生活から得た経験や知識には社会的価値があることを実感し、価値観を転換し、個人的変化を為したAさんは、無力化の背景にある構造的要因に関心を向け、自分の地位とマクロな社会構造との関係について批判的に検討するようになった。自分は世間の一般的なモデルから外れているとあきらめていることは、自分自身の社会的権利の侵害になること、さらには父子家庭に対する自分自身の差別意識に気づき、その背景にある社会構造に目を向け、それを改善するにはどうすればよいか考えるようになったのである。

こうしたなかで、社会資源の開発や制度・政策の立案過程に参画していくためにどのようにすればいいか、自らのネットワークに問題を投げかけ、父子家庭の抱えるニーズや課題を社会に発信していこうとしている。具体的には、父子家庭が置かれている位置、それに対する支援の実態を検証し、シングルパパサポートクラブの交流会で出会ったメンバーを中心に、一般住民を巻き込んで運動を展開していくことを志向している。さらに、子育て支援、母子家庭を含むひとり親家庭の生活問題、親の介護問題といった地域の福祉課題や、企業の子育て支援プログラム、ワークライフバランスといったテーマに取り組み、自分たちの暮らしと社会とのつながりを見直し、自分だけの狭い世界から社会的な世界に目を向けるようになった。

(5) 検証

　エンパワメントアプローチは、人々の潜在性の解放と政治的・構造的変化を統合するマルチレベルのアプローチである。Aさんを起点とするエンパワメント・プロセスは、他方で、地域住民を巻き込み、地域社会の支援力の強化となるコミュニティエンパワメント、ひとり親家庭の支援システム、さらには企業のひとり親家庭に対する姿勢、一般社会の父子家庭像の改善をもたらし、社会（環境）のエンパワメントをもたらしていく。父子家庭という社会の主流モデルから外れている、1つの属性に基づいて否定的評価を受け、当事者もそれを内面化し無力感に苛まれている状況を変革していく方法として、エンパワメントアプローチは有効であるといえよう。

　本事例を通して、エンパワメントアプローチ適用の意義について具体的に触れておきたい。エンパワメントアプローチは、クライエントのストレングスに着目するが、それはけっして、クライエントの欠点や弱さを否定するということではない。そうではなくて、クライエントをありのままの存在として受け容れ、クライエントが困難を抱えながらも何とか対処し、生き抜く多くのあり方に着目するのである。こうして、Aさんが協働作業の一方の主体になり、ワーカーが対話を通してAさんの語りを傾聴し寄り添うことが、Aさんの自己非難を減じ、Aさん自身の価値観・信条の変容が起こり、自己肯定感や自尊感情の回復につながっていく。それを基盤にして、Aさんの視点から状況を理解し、社会資源の利用

にかかわる具体的な情報や知識を伝授することによって、Aさんは孤立無援状態から脱却し個人的エンパワメントに至った。そして、第二レベルである対人的エンパワメントに進んだ。すなわち、Aさんの忘れていたサポートネットワークを再生させたのである。さらに、同じような問題を抱えている父親との交流の中で相互支援を経験することによって、自己有価値感を創り出し、グループでの活発な議論を経て、自己認識が高まり、問題の本質を社会構造的に理解するようになった。それは、第三レベルである社会的エンパワメントの展開へつながっていき、当事者の連帯、さらには地域の支援力が高まり、パワーの再配置、社会資源の開発を目指す社会的活動を志向している。

しかしながら、本事例のように、3つのレベルからなるエンパワメント・プロセスを、すべてのクライエントが志向するとは限らない。第一レベル、あるいは第二レベルがゴールになるかもしれない。エンパワメントアプローチが当事者主体の実践理論である限り、第三レベルまでの適用がクライエントにとっては抑圧となり、ディスエンパワメント・プロセスになることを認識しておかなければならない。

また、エンパワメントアプローチは、クライエント自身の経験についての理解を、クライエント自身の目的のために、クライエント自身の言葉で語ることが主眼とされる。周縁化され、支配的文化に抑圧された人々の語りが社会変革の道を切り拓いていくという信念のもと、そうした語りを支える聴く力が不可欠である。そして、クライエント（当事者）はなぜ語らなければならないのか、クライエントは本当に語ることができるのか、クライエント側に立って問い続けなければならない。

他方、エンパワメントはセルフヘルプ運動の重要な価値でもあり、エンパワメントアプローチの体系化にセルフヘルプ運動が及ぼした影響は大きい。なぜ、セルフヘルプ運動が盛んになったのか。その背景には、客体化され、操作される対象としての役割固定への抵抗があった。当事者が主張したのは、当事者不在のサービスシステムの否定であり、社会のあり方に異議申し立てをし、依存させられる存在から脱脚し、自らの手でサービス供給システムを改善・創造してきた。研究方法論においても、当事者の語りの重要性が認識され、当事者を

調査協力者とした質的研究が増加し、当事者参加型のアクションリサーチも活用されている。そこにおいては、当事者にとって当該研究がいかなる意味をもつのか、検証することが極めて重要である。さらに、「浦河べてるの家」(2005)の実践にみられるように、自分自身をこれまでの自分の生き方とは異なる視点でとらえ、自分という人間の生きる足場を築き、生きる主体性を取り戻す作業として、当事者本人による当事者研究の進展がみられる。こうした動きと対話をしながら、クライエント（当事者）参画による協働作業を通して、エンパワメントアプローチの理論と実践の相互循環的発展は可能になろう。

　日本のソーシャルワークは、長らく北米のソーシャルワーク理論に依存してきた。しかしながら、その理論が編み出された背景を理解しないままの導入は何ら意味をなさない。また、それらがソーシャルワーク実践理論として、日本というシステムに根をおろし、育っていったかどうかには疑問がある。その一方で、エンパワメント概念は欧米から導入したものであるが、筆者は、エンパワメント実践ととらえられる営みは、これまで日本のソーシャルワーク実践においてすでに行われていたのではないかと思っている。そうした実践を掘り起こし理論化する作業や、エンパワメントアプローチとしての検証を行い、実践から理論を導くベクトルを活性化していくことが期待される。

引用文献
厚生労働省・援護局障害保健福祉部（2002）『障害者ケアガイドライン』.
Cox, E. & Parsons, R. (1994) *Empowerment-Oriented Social Work Practice with Elderly*, Brooks/Cole Pub. Com.
Dodd, P. & Gutiérrez, L. (1990) Preparing Students for the Future : A Power Perspective on Community Practice, *Administration in Social Work*, 14 (2), 63-78.
Goldstein, H. (1990) "Strength or Pathology : Ethical and Rhetorical Contrasts in Approaches to Practice", *Families in Society*, 71 (5), 267-275.
Saleebey, D. (2013) The Strengths Approach to Practice Beginnings, Saleebey, D. ed. *The Strengths Perspective in Social Work Practice*, 6th ed., Pearson Education, Inc., 97-112.
Solomon, B. (1976) *Black Empowerment : Social Work in Oppressed Communities*, Columbia University Press.
Walzer, M. (1983) *Spheres of Justice : A Defense of Pluralism and Equality*, Basic Books Inc.

参考文献
浦河べてるの家（2005）『べてるの家の「当事者研究」』医学書院.
Cox, E. & Parsons, R. (1994) *Empowerment-Oriented Social Work Practice with Elderly*, Brooks/Cole Pub.Com.

Gutiérrez, L., Cox, E. & Parsons, R.（1998）*Empowerment in Social Work Practice：A Sourcebook*, Brooks/Cole Pub.Com.

Margolin, L.（1997）*Under the Cover of Kindness*, University Press of Virginia.

NPO法人ファザーリング・ジャパン（http：//fathering.jp/project/french-toast，2015.10.15）

NPO法人父子家庭サポートネットひろしま（http：//fusisapo.jimdo.com/，2015.10.15）

Saleebey, D. ed.（2013）*The Strengths Perspective in Social Work Practice*, 6th ed., Pearson Education, Inc..

Solomon, B.（1976）*Black Empowerment：Social Work in Oppressed Communities*, Columbia University Press.

Zingaro, L.（2007）*Rhetorical Identities：Contexts and Consequences of Self-Disclosure for 'Bordered' Empowerment Practitioners*.（＝2008，鈴木文・麻鳥澄江訳『援助者の思想』御茶の水書房.）

第9章 エコロジカル・アプローチ

　エコロジカル・アプローチ (ecological approach) は、1970年代後半から1980年代にかけて、ソーシャルワークの理論的潮流に大きなインパクトをもたらした。それは、個人と環境との交互作用に働きかけるというソーシャルワークの基本的かつ本質的な視座に画期的な理論的枠組みを提供することになったからである。その後、エコロジカル・アプローチは、単体の援助理論としてというよりも、ソーシャルワーク全般、とりわけジェネラリスト・ソーシャルワークの下地となる基礎理論の1つとして引き継がれていくことになる。

　本章では、理論の概説として、かつてライフモデル (life model) を構築したジャーメイン (Germain) らの学説に基づき、エコロジカル・パースペクティブ（生態学的視座）、エコロジカル・アプローチの実践へのアプローチ、エコロジカル・ソーシャルワークからジェネラリスト・ソーシャルワークへ、という展開で論じる[*1]。そのうえで、コミュニティソーシャルワーカーによる実践事例を用いて検証を行い、エコロジカル・アプローチの適用の可能性及び課題について探ることにする。

1節　理論の概説

(1) エコロジカル・パースペクティブ（生態学的視座）

　生活問題は、人間と環境との複雑な交互作用の中で生起する。そうした生活

---

*1　本稿におけるエコロジカル・アプローチの概説は、次の文献をもとに再構成したものである。
　　岩間伸之（1991）「わが国におけるライフモデル研究の現状と課題」『同志社社会福祉学』5,72-86.

課題をいかにとらえるかは、ソーシャルワークにおける視点や方法を導き出すことに直結する。エコロジカル・アプローチでは、エコロジカル・パースペクティブという固有の見方でもって課題と課題を抱えるクライエントを認識しようとする。ここでは、3つのカテゴリーに分類して整理する。

①適応／ストレス／対処

　エコロジカル・アプローチにおいて適応（adaptation）は重要なキー概念である。ジャーメインらはこの適応と現状の環境に受動的に合わせる適合（adjustment）が混同されることがあると指摘し、「生物学的概念としての適応は、生物体が生存し、成長し、再生産を成功させるために、環境との良好な適合状態（goodness-of-fit）を目指して、進化の全過程にわたる種や人生全般にわたる個々人の能動的な努力である」（Germain 1979：7）としている。これは、有機体が環境に一方的に合わせるのではなく、有機体が環境に変化を与え、その環境に対して有機体が適応していくという人間と環境の交互作用（transaction）の考え方が基盤にあり、人間と環境を一元的にとらえる視点を特徴づけている。そうして、交互作用の中で「良好な適合状態」（goodness-of-fit）というバランスのとれた最適な状態にたどり着き、さらにこれを維持発展していこうとする。「人間において、適応のプロセスは生物学的であるだけでなく、心理的、社会的、文化的である。言語、知識、技術、信頼できるシステムによって人間は自分自身と環境を変化させ、それらの変化に人間がさらなる適応をしなければならない」（Germain & Gitterman 1986：620）のである。この適応の概念は、これまでのソーシャルワークにおける環境か人間かといった二者択一的な思考に新たな視座を提供したといえる。

　人間は種々の内的及び外的資源を用いて自己実現を達成しようとし、その過程で知覚された欲求とその充足されない現実を知覚したときに生起する生理的歪みをストレス（stress）と呼ぶ。これが「良好な適合状態」が崩れた状態である。ジャーメインらは「外的欲求と情緒的及び心理的反応として、ストレスは特定の人と環境の関係に表出し、ゆえに本質的には交互作用的なものである」（Germain & Gitterman 1986：620）としている。ストレスの原因が個人や環境のどちらかの要因だけに短絡的には帰結されず、その関係上に表出するということは、ス

トレスの発生状況や形態、さらにはその解決の手段が千差万別であることを示唆している。また、エコロジカル・アプローチにおいては、ストレスを単に「避けるべき状態」としてとらえるのではなく、ストレス自体が新たな適応を志向するエネルギーの源泉になるというプラスの認識を必要とする。

エコロジカル・アプローチではそうしたストレス状態を脱し、安定したシステムに補正していく個々人の種々の努力を「対処」（coping）と呼ぶ。健全な状態であれば、ストレスが対処能力を喚起してくれる。この「対処」もまた内的資源をもつ人間と外的資源を含めた環境との交互作用の中で行われるということもソーシャルワークには重要な視点である。

②関係性／同一性／対処能力

人間同士の関係性（human relatedness）、すなわち人間関係というのは、乳幼児から高齢者まで生涯を通して、生物学的及び社会的に不可欠である。人と人との交互作用はこの関係性を媒介としてなされるため、適応のためには絶対不可欠な資源であるといえる。関係性は各ライフステージでその性質や範囲が変化していく。幼児期には母子関係を核とした家族内での依存的な関係性の中で子は愛情を享受し、人への信頼感を育んでいく。青年期が近づくと、学校や地域社会へ生活空間が拡大していくとともに、人間関係の範囲が拡大し、同年代との多様なレベルの関係性の中で自我同一性を獲得していく。また老年期になると、身体機能の低下が既存の家族との関係に加えて、地域のソーシャルサポートとの新たな関係を必要とする場合もある。関係性は人と環境の位置関係を表出しており、ソーシャルワーカーはその両方に二重の焦点を当て続けなければならない。

そうした生涯を通した人との関係性の中で、「同一性」（identity）を獲得し、自尊心を高めていくことが人生における大きな課題となる。エリクソン（Erikson）は思春期の発達課題をアイデンティティの確立としたが、これは人生を通しての不可避の課題となる。同一性の獲得や自己評価（self-esteem）は周囲との交互作用の結果、相対的に生じるものである。同一性と自尊心の観念は、人と環境との交換活動の意味ある結果であり、ソーシャルワーカーが人と環境の双方に意識を向けることを示唆している。

以上に連関することとして、個々人の置かれた環境において、成功しえた経験の総体としての「対処能力」(competence) がある。これは人間が環境との交互作用を促進することによって成長・発達していく能力といえる。自身が置かれた環境の中で諸条件を調整し、新しい資源を創造しながら、自己実現に向けてうまく対処していくという、「良好な適合状態」を目指した生活能力である。クライエントのワーカビリティ (workability) の強化に重きを置くエコロジカル・アプローチにおいては、クライエントがこの対処能力をどのように獲得していくかが実践において重要視されることになる。

③環境

　ジャーメインは「環境 (environment) は層 (layers) と織り (textures) から成っている――層は社会的及び物理的環境であり、一方の織りは時間と空間である」(Germain & Gitterman 1986：623) と説明している。環境とはある時間の流れと一定の空間の接点であり、そこでは社会的環境と物理的環境に分類できる。エコロジカル・アプローチにおける環境に関しては、かつて久保紘章によって物理的環境と社会的環境に分類され（久保 1986：140）、また小島蓉子によって人間環境と社会環境に体系的に整理されている（小島 1989：6）。こうした環境のとらえ方は、生態学からの影響を大きく受けていることがうかがえる。

　ジャーメインは、人間に重要な環境のサブシステムとして、「ソーシャル・ネットワーク」(social networks) の重要性を強調している。ソーシャル・ネットワークが資源の交換や情報の提供、対処技術の伝授を可能にする「相互援助システム」(mutual aid system) として、有効で効果的な機能が発揮できると指摘する。さらにこれらの「諸機能が遂行されると、ソーシャル・ネットワークは同一性、自己決定、対処能力、人間関係を育む滋養的環境とみなされる」(Germain & Gitterman 1986：625) としている。

　また、ジャーメインは空間を3つに分類して解説している。個人的空間 (personal space) は、文字通り個人が有する個別生活空間であり、「社会的相互作用及び距離の望ましい総計」(Germain & Gitterman 1986：626) であるといえる。生態学で、動物が防衛しようとする一定の広さの空間を「なわばり」(territory) と呼ぶが、個人的空間はこの概念に近い。「人間行動において何が

適当な距離かは、人との交渉を通して確立され、プライバシーを侵害せず、疎遠にもならない距離が相互に経験される」(Germain & Gitterman 1986：626) とされ、人との交互作用の中で双方にとって適当で居心地のよい距離を模索していく。これはソーシャルワークにとって重要な援助の視点を提供してくれる。この生活の場としての個人的空間が疎外されるとストレスが生じるのである。また、家具、カーテン、植物や色、光などの移動可能な物体とその空間を準固定空間（semi-fixed space）と呼ぶ。こうした物体の移動は一種の「なわばり行動」（territorial behavior）である。そして、移動不可能な物体とその空間を固定空間（fixed space）とする。このように人と環境との関係において、空間を分類してとらえる視点は生活問題をとらえやすくする。

(2) エコロジカル・アプローチの実践へのアプローチ

ここではエコロジカル・パースペクティブに立脚した実践へのアプローチとして、4つのカテゴリーから要約する。このアプローチは「人々が成長、健康、適応的な社会的機能に向けて潜在力を開放し、環境が人々の欲求、権利、目標、能力により応えうるように介入が方向づけされる」(Germain & Gitterman 1986：628) のである。

①ストレスの発生要因

エコロジカル・アプローチにおいてはストレスの発生要因を、生活の相互に関係する3つの領域に規定する。1つは「生活の変化」(life transitions) である。この変化には生涯にわたる心身の発達的変化、地位や役割の変化、大切な人の喪失等の危機的事件が含まれ、そこでストレスが生じる。これらはすべて、家族や地域社会との相互作用の結果として生起するものである。こうした際の生活空間の再構築が必要とされ、そのために「全ての生活の変化には、セルフイメージの変容、世界の見方、認知・知覚・感情から生ずる情報の処理、人へのかかわりのパターン、環境資源の利用、目標が必要となる」(Germain & Gitterman 1980：7) のである。また、ストレスの大きさは変化の質、つまり変化のスピードや予期できる危機なのか偶発的危機なのかによって違ってくる。

2つめのストレスの要因が「環境の圧力」(environmental pressures) である。環境が生活変化を支える一方で、環境自体がストレスの発生源となることがあ

る。本来、適応のための組織であるべき家族、学校、病院、福祉機関等が不適切なかかわりをするとストレスを生み出すことになる。また、組織との関係性や依存性によってストレスの大きさが違ってくる。

　3つめが「不適応の対人過程」(maladaptive interpersonal processes) である。人は生活上の諸問題に対処しようとする際に、家族内や種々の集団間のコミュニケーションと関係のパターン自体が障害となる場合がある。これがシステム内にストレスを生み出し、相互援助のシステムを阻害するのである。

②ソーシャルワークの機能／専門職としての役割／クライエントとワーカーの役割

　ジャーメインらはソーシャルワークの社会的目的 (social purpose) として、個人の成長と発達を最大限にするために、人と環境との間の交互作用を推し進め、人間の欲求と環境資源との適切な結合状態、つまり「良好な適合状態」を促進することであると常に強調している。必然的にソーシャルワークの中心的機能は、人と環境との「接触面」(interface) における適合を強化することになる。

　そうした目的を達成するため、ソーシャルワーカーの「専門職としての役割」(professional roles) として、ストレスへの対処や自尊心を高めようとする動機をつくり出したり強化する「イネーブラー」(enabler)、対処という問題解決の手法を教える「教師」(teacher)、人々が自分自身のために決定でき行動できるように奨励する「促進者」(facilitator) といった概念がある。

　そのようなワーカーとクライエントとの関係は交互作用関係にある。クライエントにとってワーカーとの関係は環境との接触面の1つであり、そこでの交互作用が双方に影響を与えて結果的に別の物を形成することになる。そうすると、「クライエントとワーカーの役割」(client and worker roles) は、「劣ったクライエント」と「優れたワーカー」といった役割ではなく、相互関係の中でさらにその相互性を深めていく関係といえる。さらに、ジャーメインらは、その交互作用を妨げる壁として、地域と期待される役割の社会的な定義、機関の構造と機能、専門職としての限定されたものの見方の3つを挙げている (Germain & Gitterman 1980: 15)。

③援助過程と専門的援助活動

　ジャーメインらはライフモデルによる「援助過程」(helping process) を3つの

段階に分けて説明する。しかし、それらは援助の要素を分析するためであって、実際には必ずしもこの順序で援助していくとは限らない。まず、「初期の段階」(intial phase) ではクライエントの生活空間の客観的かつ主観的現実に実際に向き合う前の準備として、クライエントが持ち込んでくるであろう情緒に備えたり、探索と契約を実施する。「中期の段階」(ongoing phase) には生活の変化、環境の圧力、対人関係の不適応に関係した課題にクライエントがうまく対処できるように、個人、家族、グループを柔軟に用いて援助する。そして最後が援助の終了への準備とそれを実行する「終結の段階」(ending phase) である。

　エコロジカル・アプローチに特定の技術はない。しかし、使われる技術がこれまで述べてきた個人の適合能力と環境、及び両者の相互作用に向けられ、クライエントの行動、自律性（適合）能力が強調されるのである。そしてソーシャルワーカーは技術や援助の様式に、個性と創造性、芸術性を統合させていく。

(3)　エコロジカル・ソーシャルワークからジェネラリスト・ソーシャルワークへ

　1960年代後半から1970年代にかけて、ソーシャルワーク理論としては統合化が進む一方で、1974年に初版が発行されたターナー (Turner) の著作に顕著なように、多くのソーシャルワークのモデルやアプローチが生み出された。それらの多くは隣接諸科学を背景理論としたり、それらから強い影響を受けたものであり、ソーシャルワークの固有性という観点からみれば混迷の時代でもあった。

　1980年代に入ってからのエコロジカル・ソーシャルワーク (ecological social work) の台頭は、その潮流に大きな変化をもたらし、その後のソーシャルワーク理論、そしてジェネラリスト・ソーシャルワークの形成にも強い影響を与えることになった。とりわけ、エコロジカル・ソーシャルワークの代表格であるジャーメインらによるライフモデル (life model) は、強いインパクトを与えることになった。

　エコロジカル・ソーシャルワークは、多くの新しい概念をもち込んだが、とりわけ「人と環境との関係性」は、ジェネラリスト・ソーシャルワークの内容にも深く影響を及ぼした。「状況の中の人」(person in the situation) という概念は、従来からソーシャルワークにおける重要な援助概念として位置づけられてきた。1970年代に入るとソーシャルワークにシステム理論が本格的に導入され、続いてエコロジカル・パースペクティブ（生態学的視座）に基づいたこのエコロジカ

ル・ソーシャルワークの台頭に伴って、「環境の中の人」（person in the environment）と表現されるようにもなった。

　この「状況（環境）の中の人」の概念は、ソーシャルワークが向けるべき援助の焦点を明確にする。つまり、ソーシャルワークは、「人」のみに焦点を当てるのではなく、また「状況（社会）」の側だけに焦点を当てるのでもなく、その関係のあり方に焦点を当てるというものである。

　エコロジカル・ソーシャルワークにおいては、その専門的介入をクライエントとその環境との接触面（interface）に求める。この接触面への介入とは、クライエントと環境との間のストレス状態にある関係のあり方を変えることである。これが「相互作用」（interaction）への専門的介入である。相互作用とは、相互の働きかけによってお互いに影響を与え合うことを意味する。ソーシャルワーカーはクライエントとその環境（人やグループ、組織、地域等）との双方に働きかけることによって相互作用を促進し、両者とその関係に変化をもたらし、最終的には良好な適合状態に至ることが目標となる。こうしたエコロジカル・パースペクティブによる「適応」の考え方は、現代ソーシャルワークの基本的視座となっている。

　1990年代に入ると、エコロジカル・ソーシャルワークの流れをくみながら、ジェネラリスト・ソーシャルワークとしての体系化が進むことになる。[*2] ケースワーク、グループワーク、コミュニティ・オーガニゼーションの3方法はソーシャルワークとして融合し、一体化している。そこでは、ソーシャルワークの価値を基盤に置きつつ、個人と環境との関係性、人間の理解、課題の把握、課題解決の方法などが単なるアプローチの域を超えた体系として見出されるようになった。1990年代以降に明確化されたジェネラリスト・ソーシャルワークは、現代ソーシャルワークの特質を反映するものであるが、その底流には、ソーシャルワークの統合化からエコロジカル・ソーシャルワークに至る特性が色濃く反映されている。

---

*2　ジェネラリスト・ソーシャルワークについては、次の文献に詳しい。
　　L.C.ジョンソン・S.J.ヤンカ著，山辺朗子・岩間伸之訳（2004）『ジェネラリスト・ソーシャルワーク』ミネルヴァ書房．
　　岩間伸之（2005-2006）「〈講座〉ジェネラリスト・ソーシャルワーク[No.1-4]」『ソーシャルワーク研究』31（1-4），相川書房．

2節 実践的展開と検証

(1) 実践事例
【事例】コミュニティソーシャルワーカーによるアウトリーチの拠点づくり

事例の設定及びこれまでの経緯

　A市は、政令市に隣接する人口15万人、高齢化率24％の市で、古くからの街並みと新興住宅地が混在している。A市社会福祉協議会（以下、「A市社協」）では、市内7つの中学校圏域ごとにコミュニティソーシャルワーカーを配置し、地域住民との協働で総合相談の仕組みを整備してきた。

　さらに、次の展開として、地域を基盤としたソーシャルワークをより住民に身近なところで推進することを意図し、小学校区ごとにコミュニティソーシャルワーカーによるアウトリーチのための拠点づくりに取り組んできた。具体的には、各中学校区内にある2ないし3小学校区ごとに「相談拠点」を設置するというものである。小学校区内にある自治会館等を小学校区レベルでの「相談拠点」として開設し、そこにコミュニティソーシャルワーカーを週2回の午前中、定例で派遣することによって、より地域に密着したかたちで、地域を基盤としたソーシャルワークを展開すべく取り組んできた。

取組みの経過
①B地区（小学校区）における「相談拠点」での取組み

　A市内のB地区（小学校区）は、人口約6500人、世帯数3000弱のエリアである。そのほぼ真ん中に位置する自治会館に、火曜日と金曜日の午前中（10〜12時）、コミュニティソーシャルワーカーが駐在するかたちで小学校区レベルでの「相談拠点」を開設した。B地区では、この「相談拠点」を「まちの福祉相談室」と名づけることになった。この開設にあたっては、当地区の民生委員10名と、これまでこの地区で福祉ボランティアとして中心的に活動してきた15名と話し合いを重ねながら開設に至った経緯がある。

　B地区での「相談拠点」が開設されてから約半年が経過し、週2回の「まちの福祉相談室」が地区内でも周知され、相談日には民生委員やボランティアが三々五々、気軽に自治会館に顔を出してくれるようになった。コミュニティソーシャルワーカーを交え、B地区の人たちがお茶を飲みながら地域の話題を中心にやりとりする場となっている。また、少し気になる地域の事例が持ち込まれるなど、拠点として機能するきざしが見え始めた。

②Cさん家族への支援－地域を基盤としたソーシャルワークの展開－

　ある火曜日の「まちの福祉相談室」に、民生委員が近隣のアパートに住む親子のことについて、コミュニティソーシャルワーカーに相談を持ちかけてきた。

　その親子は、30歳前後の夫婦と3歳ぐらいの女の子との3人家族であるが、父親の姿はほとんど見かけない。母親（Cさん）が、険しい顔つきで子ども（Dちゃん）をしかっている場面をアパートの前の道や近くの公園で見かけることがあり、また、季節に合わない服を子どもに着せていることも多かった。この母子はいつも2人でおり、地域の誰ともほとんど接していないようであった。

　数か月前、公園にいたCさん親子の様子が気になった民生委員が声をかけたところ、「1年ほど前に引っ越してきた。まだ友だちが誰もいない。子どもが言うことをきかないので困っている」と話したという。その際、地域の民生委員をしているので困ったことがあればいつでも連絡してください、と伝えたとのことであった。その後、道で会うと会釈をしてくれるようになったという。

　Cさんの住むアパートには、ほかにも生活上の課題のある人が入居していることもあって、このアパートの家主と民生委員は日頃からやりとりがある。Cさん家族についても家主から少し情報を得ることができた。家主の話によると、日頃Cさんの夫の姿はほとんど見かけることはなく、家賃は滞納気味とのことであった。

③個を地域で支える援助

　ある日、民生委員が、アパートの前でCさんが泣き叫ぶDちゃんを激しくしかっている場面を見かけた。声をかけて、様子を聴くと、「この子がわがままばかり言うから」とのことであった。そこで、困りごとの相談にのってくれる専門の人が近くの自治会館に来てくれているから一緒に行ってみないかと声をかけたところ、しばらく思案顔であったものの、小さくうなずいた。

　最初の頃は、火曜日と金曜日の朝、民生委員がアパートまで誘いに行って、徒歩5分ほどの自治会館まで同行していたが、数回後には、Cさんは自分から自治会館へ行くようになり、コミュニティソーシャルワーカーと面接するようになった。

　毎回、20分間ほどであるが、少しずつ会話が増えてきた。最初は硬かった表情も柔らかくなり、時折笑顔も見せるようになった。「ここは近いし、話を聴いてくれるのでうれしい」という発言もあった。定期的に面接し始めてから約半月が経過した頃、コミュニティソーシャルワーカーが一度アパートに訪問させてほしいと申し出ると、「散らかっているから恥ずかしいけど、いいですよ……」という返事だった。

　約1か月にわたる自治会館での面接と家庭訪問でわかったことを整理すると、次のようになる。

　○1年前に夫のEさんの仕事の関係で遠方から引っ越してきた。親族や友人は

近くにはまったくいない。夫は、以前に働いていたスナックの客で、子どもが生まれてから入籍した。
○Cさんの話す内容や話し方、子どもへの接し方等、総合的に判断して、軽度の知的障害がある可能性があることから、専門機関に相談する必要があるように思われる。とりわけ、文字を書くこと、特に漢字が苦手である。
○Cさんは、自信のなさそうな言動が多いものの、慣れてくると人なつっこさも見せる。
○Dちゃんの世話も一生懸命やっているが、Dちゃんが泣き出すとどうしてよいかわからなくなってしまうと話す。
○アパートの室内は、かなり散らかっている。調理器具がほとんどなく、料理を作っている形跡はない。ゴミ箱は、コンビニ弁当とスナック菓子の袋でいっぱいになっている。空いたペットボトルもあちこちに置かれている。
○世帯の収入は極めて不安定である。夫のEさんの仕事は、遠方の土木工事の現場に派遣される不定期の仕事らしく、週に1回程度帰ってきて、生活費を置いてすぐ出て行くとのことである。夫婦間に会話はほとんどない。夫が置いていくお金だけでは生活は苦しいとCさんは話している。
○娘のDちゃんは、自治会館に来たときも泣いていることが多く、表情も乏しい。標準よりも小柄であるように見える。

　コミュニティソーシャルワーカーは、継続的に自治会館での面接を重ねながら、緊急性のある状況にはないことを確認したうえで、Cさん家族をこの地域で支えていくための「オーダーメイドの支援体制」を整えていった。その過程では、あくまでCさんが主体となって自分たちの生活をつくり上げること、また、いずれはCさんと夫のEさんとが向き合う必要があることを確認しながら進めてきた。
　「オーダーメイドの支援体制」の構築に向けたはたらきかけを整理すると、おおむね次のような内容となる。

○A市の保健師と連絡を取り、Dちゃんの乳幼児検診と予防接種の案内を名目に訪問してもらい、今後の支援に向けて顔つなぎをした。
○地区内にある保育所が実施している地域の親子向けのプログラムを紹介した。事前に担当保育士に事情を説明しておき、Cさん親子が参加しやすいように配慮した。
○同じアパートに、小学生の子育てをしている人が2人いることから、コミュニティソーシャルワーカーの立ち会いのもと、自治会館でこの2人を紹介した。これを機に、アパートや公園での日常的な交流が始まった。
○Cさんが「まちの福祉相談室」にやって来る際、普段から出入りしている民

生委員や福祉ボランティアと接する機会を意識的に設定した。それによって、日常生活の場でCさんの顔見知りが増えた。
○A市社協のボランティアセンターには、絵本の読み聞かせのグループの登録がある。自治会館でコミュニティソーシャルワーカーがCさんと面接をしている間、隣室の和室でDちゃんに絵本を読んでもらうように依頼した。グループには、特に、Cさんと同じB地区に住むメンバーを派遣してもらうようにお願いした。
○アパートの家主に現状でのサポート体制を伝え、ほかの事例と同様に、今後とも支援に協力してもらえるよう依頼した。
○B地区担当の主任児童委員にも情報を提供し、コミュニティソーシャルワーカーと民生委員と一緒に訪問する機会を設定した。

④個を支える地域をつくる援助

　コミュニティソーシャルワーカーは、B地区におけるCさん家族への支援の過程を通して、同時に、地域の福祉力が向上することを意図して、はたらきかけようとしてきた。

　Cさん家族への「オーダーメイドの支援体制」が整ってから約半年間にわたって、「個を支える地域をつくる援助」に向けて取り組んできた。その主な内容を整理すると次のようになる。

○Cさん親子は、周囲からのちょっとしたサポートや見守りがあれば十分に生活していけることを、民生委員や福祉ボランティアに実感してもらえるようにはたらきかけた。また、民生委員や福祉ボランティアがかかわったことでCさん親子の生活が好転しつつあることを伝え、民生委員や福祉ボランティアがCさん親子にとって意味のある存在であることを具体的にフィードバックするように心がけた。
○Cさん親子と同じアパートに住む子育て中の母親2人とCさんとの良好な関係づくりを進めてきたが、その際、母親たちに、同地区にはほかにも幼少の子どもを抱えながら孤立気味の状態にある母親が少なくないという情報を伝えた。
○コミュニティソーシャルワーカーがCさん宅を訪問した際、アパートのほかの住人たちと顔を合わせたときには、社会福祉協議会としてCさん親子をサポートしていることを、Cさんの承諾を得たうえで伝えるようにした。
○A市社協では、ボランティアセンター主催の「A市市民活動・ボランティアフェスティバル」を年に1回開催している。A市には、Cさんのような地域で孤立気味に子育てをしている母親が少なくないことから、今年度は、今後の展開を見すえて、地域における子育てサロンの活動について、先進地の取組み

> を紹介する企画を検討している。そこに民生委員や福祉ボランティアだけでなく、Cさんと同じアパートに住む子育て中の2人の母親にも参加を促す予定でいる。

事例出所：岩間伸之（2015）「総合的かつ包括的な相談援助における専門的機能／個と地域の一体的支援機能（第11章第1節）」『相談援助の基盤と専門職 第3版』中央法規出版，216-219．（一部改変）

(2) 検証

　本事例においては、ジェネラリスト・ソーシャルワークを基礎理論として筆者が示す実践理論である「地域を基盤としたソーシャルワーク」[*3]の機能の1つである「個と地域の一体的支援」が遂行されている、つまり、「個を地域で支える援助」と「個を支える地域をつくる援助」を同時並行で展開するという機能を具体的に示したものである。そもそも、この機能自体がエコロジカル・アプローチの特性を色濃く反映している。「1つの事例が地域を変える」という発想は、システムを形成する個々の構成要素の変化がそのシステムの新たな更新を図り、「良好な適合状態」に至るという工程そのものである。

　エコロジカル・パースペクティブで示されているように、Cさん親子にとって、引っ越しは「生活の変化」を意味するものであり、ストレスの大きな要因となっている。当初は、「友だちも誰もいない」という孤立した状態、つまり交互作用が生起しない環境にあった。この状態から、コミュニティソーシャルワーカーは「出会いの場」を提供し、交互作用の促進を促し、やがてCさん親子を含んだ「新しい地域」の生成に至った事例である。このことは、Cさん親子のサポート体制が整ったことだけでなく、生活のしづらさを抱えた圏域内の別の事例への支援をも可能にする地域に進化したことを意味するものである。

　Cさん親子への支援においては、「まちの福祉相談室」を拠点とした「個と地域の一体的支援」が展開されている。「まちの福祉相談室」は、地域に「新しい出会い」をプロデュースし、本人を起点としてシステムの更新を図ることになっ

---

*3 「地域を基盤としたソーシャルワーク」については、次の文献で示している。
　岩間伸之（2011）「地域を基盤としたソーシャルワークの特質と機能──個と地域の一体的支援の展開に向けて」『ソーシャルワーク研究』37（1），相川書房，4-19．

た。親子と地域との「良好な適合状態」とは、親子が変化するだけでもなく、受け皿である地域が変容するだけでもなく、双方が変化し、新しいシステム（地域）を創出することになる。それは新たなニーズのある住民を受け入れる懐の深い地域となっていくはずである。これがエコロジカル・ソーシャルワークで強調される「良好な適合状態」を意味するものである。

事例における「個を地域で支える援助」において、コミュニティソーシャルワーカーが接点を提供した、保健師、保育士、「まちの福祉相談室」に出入りしている民生委員や福祉ボランティア、同じアパートに住む子育て中の母親、同じB地区に住むボランティアグループのメンバー、アパートの家主、主任児童委員は、いずれも今後の変化を視野に入れて支援体制が強化されることを想定した「ソーシャル・ネットワーク」である。つまり、良好な「支え合う関係」が健全に展開していくための「種」を蒔き、その過程で関係者たちの気づきを促し、さらに軌道修正を図るという機能に専門性が発揮されることになる。

さらに、これらの取組みの前提として、コミュニティソーシャルワーカーは専門職として、Ｃさんときちんと向き合い、援助関係を形成し、気づきを促しながら伴走的に支えるという専門的な働きかけが示されている。その延長線上に、ＣさんがＥさんと今後のことについて決めていくという過程が待っている。また、「個と地域の一体的支援」の一連の取組みにおけるコミュニティソーシャルワーカーのアプローチは、Ｃさん家族を支える「オーダーメイドの支援体制」やその関係者の気づきが前向きに進展していくための「素地」を提供することに主眼が置かれていることがわかる。エコロジカル・ソーシャルワークでは、当事者たちが自らの変化を促す主体として位置づけられるが、事例ではそれが具現化されている。

ジャーメインらがエコロジカル・ソーシャルワークを主唱して40年以上が経過した。当時、生態学とソーシャルワークとの接点における親和性が認められつつも、その高い概念性と抽象性から、具体の実践への援用は容易ではないとの評価もあった。しかしながら、ジェネラリスト・ソーシャルワークの台頭を経て、個人と環境の交互作用に働きかけるというソーシャルワークの基本的視座は、「地域」という本人が生活する「場」を実践の舞台として位置づけることによって、

「1つの事例が地域を変える」という実践に具体的な示唆を与えることになったといえる。

　ソーシャルワークの各モデルやアプローチは、時代の社会的要請の中でその個別の特性に応じて変遷していくものなのだろう。エコロジカル・アプローチは、ソーシャルワークの統合化後、ジェネラリスト・ソーシャルワークの体系化を誘発し、その理論の底流に位置する基本的視座として根ざすことになっている。

引用文献

久保紘章（1986）「ライフ・モデル」武田建・荒川義子編著『臨床ケースワーク』川島書店.
小島蓉子（1989）「ソーシャルワーク実践における生態学とは何か」『社会福祉研究』46.
Germain, C.B. (1979) "Introduction：Ecology and Social Work", in Germain, C.B. ed. *Social Work Practice：People and Environment*, Columbia University Press.
Germain, C.B. & Gitterman, A. (1980) *The Life Model of Social Work Practice*, Columbia University Press.
Germain, C.B. & Gitterman, A. (1986) "The Life Model Approach to Social Work Practice Revisited", in Turner, F. ed, *Social Work Treatment* 3ed., Free Press.

第10章 ナラティブ・アプローチ

　世紀転換期を経て、日本の社会福祉は大きく変遷してきた。特に基礎構造改革によって、行政処分としての「措置」から利用者の選択に基づく「契約」へと福祉部門が移行することと相まって、苦情解決システム、第三者評価、権利擁護事業等が制度として導入され、従来に代わる援助の仕組みが必要になってきている。こうした文脈において、「利用者主体」「ストレングス視点」「権利擁護」「エンパワメント」などの用語が政策として定着（再定着）してきたが、それらをどう「援助のふるまい」として具体的な現場に反映させようとするのかという点では模索が続いている。

　一方で、これらの政策としての用語も含みつつ、ソーシャルワークの依拠すべき新しい基本的概念や視座を据える理論やアプローチが提案されてきた。その背景の一つとして、「ポストモダニズム」の影響を受けつつ従来の援助を批判的に問い直す立場があげられる。

　本章では、新しい概念を反映したソーシャルワーク援助のふるまいとともに、それが求められる背景や考え方について、人間の主体的な語りを手がかりとするナラティブ・アプローチを通して考えたい。

1節 ｜ 理論の概説

　本節では、ナラティブ・アプローチが登場した社会的背景と理論的枠組みについて論じる。

(1) ナラティブ・アプローチ登場の背景

　モダニズムにおける科学は、出来事を客観的に把握し解釈する実証主義に

奉仕してきた。経験主義への限界から1887年にリッチモンド（Richmond）が専門教育機関設置の必要性を呼びかけたのを契機として、教育プログラムの開始、専任職員の有給化、関係団体の全国組織化等により徐々に形づくられたソーシャルワークの知識も基本的には実証主義を下敷きにしている。例えば、対象として客体化したクライエントを様々にアレンジした「適応調整モデル」によって「善導」するという専門職的立場や社会的役割は、精神医学や生態システム理論が担保する。[*1]しかし、あらゆる科学の前提としてのモダニズムは、1960～70年代以降、人々が視線をそれまで見逃してきたものに向け始めると、それぞれの分野や領域において批判を浴びるようになった。

　フーコー（Foucault 1961, 1963, 1975）は、世の中の何が評価され優遇されているかではなく、何が排除され冷遇されているのかを問題とした。前近代の世界では、恐怖政治や過酷な身分制度など絶対的為政者によって人々の生き死にそのものが管理されていた一方で、異質なものへの対応は必ずしも一定ではなかった。モダニズムの時代になると、みえない権力によって、人々の生のあり方が管理されるようになる。実証主義に基づく近代科学の「知識」や「まなざし」が、「理性／狂気」「健康／病」「正常／異常」を区別し、排除された異質なものを手厚くケアする「技術」（医療や福祉援助）を整え、人々の「生」（生としてどうあるべきか）に介入する「制度」となっていく。すなわち、フーコーにおけるモダニズムの進展とは、「非理性」へのアンチテーゼであり、異質なものを社会から疎外する過程でもあったと理解することができるのではないだろうか。

　バーガー＆ルックマン（Bager & Luckmann 1977）は、そうした「制度」によって成り立つ「社会的現実」は社会と個人の弁証法的相互作用から「構成されたもの」であると主張する。制度は自明に存在していたのではなく、構成されたものがいつしか習慣化され圧倒的な正当性をもって、個人に内在化を要請する。このような現実把握の仕方は、日常世界における様々な「物事のしきたり」が人間によって「つくり出された」ものであるにもかかわらず、それらが人間存在の

---

*1　ここでは、便宜上、「診断モデル」から「生活モデル」・「エコシステムモデル」に至る、モダニズムの価値（科学性、実証性、客観性、ワーカーの専門性の重視）に沿って提唱されたという点で共通する援助モデルを大括りにして「適応調整モデル」と呼ぶことにする。

時間と意味を構成するという新しい視点を提起した。

また、それまで実証の根拠としてみなされてきた統計学的手法によるデータの扱いにも異論が示された。いかなる客観的計測の結果も、所詮ゴフマン（Goffman 1974）のいう「私たちの解釈枠組み」によるものであり、ギアーツ（Geertz 1983）にいわせれば「1つの解釈」としてのアナロジー（類推）にすぎないのではないかという見方である。これを、リオタール（Lyotard 1979）は「大きな物語の終焉」とし、いかなる「大きな物語」もひとしなみに説得力を失った「ポストモダン」の状況と呼んだ。すなわちポストモダンとは、「ポストモダンとは何か」という定義を掲げることができない状況とも言い換えられる。

これらの主張は、社会的周辺に追いやられてきた人々が、自らを解釈する枠組みや付与された意味づけに異議申し立てすることを励ました。民族的マイノリティ、障害者、貧困者、難病患者、女性、性的マイノリティなど、モダンの枠組みにおいて排除の対象とされた人々が、自ら語り始めたのである。まず、60年代以降、公民権運動、福祉権運動、障害者自立運動、フェミニズム運動などマイノリティが権利を回復する運動が各国で起こり、ここでは民主・平等・合理性といったモダンの枠組みの「不備」や「矛盾」が指摘され、「補足」「修正」が求められた。一方で、こうした「自立した個人」を前提としたモダンの枠組みを貫くためにアップデートしていこうとする動きとは別に、その枠組み自体を「超越」し、時に「無効化」する動きも出始めている。最近では極めて個別的かつ繊細な事情を抱えた当事者によるカミングアウト、日々の暮らしや意見の発信も珍しくなく、「マイノリティであることを克服する」という発想そのものを飛び越えて、ありのままに生きようとする人々が増えつつある。非力な存在であることを受け入れ、生活の場に根差して、周りの人々とともに今その人にしかできない生き方をする。モダンが支柱としてきた能力・実力、進歩・発達、科学性・合理性・普遍性、均質性・量産性、専門職、国民国家といった価値（正しさ、美しさ）から解放されたあり方や生き様に共感が集まりつつある。

ところで、これを、これらの人々すなわちマイノリティの側に立つとされるソーシャルワークに置きかえて考えてみるとどうだろうか。こうした立場から目を凝らせば、法制度、社会規範こそがクライエントを周辺化し、パワレスな状況に放

置する装置になっている例もときに散見される。措置決定や手帳交付と引き換えの没個性化やスティグマ付与、保護という名の隔離や収容、援助に紛れ込んだ虐待や権利侵害など、社会福祉現場での事件や不祥事が起こるのはなぜだろうか。そう考えれば、クライエントに対して、名を付け、「社会復帰」という論理で適応や矯正の努力を迫ることや、ワーカーの言説が専門職という特権によって正当性を温存されることの欺瞞が浮かび上がってくる。それならば、クライエントの言い分がいつもそうされるように、専門職の態度も疑われてよいはずではないか…。

このようなモダンを疑う立場（ポストモダニズム）は、ソーシャルワークが自明としてきたあり方や価値を問い直し、プロフェッショナリズムとは何かを再考させることを促すことになった。専門職ワーカーの所見も「1つの解釈」であるならば、その自明性や信憑性が保証されるとは限らず、ワーカーの論理とは別にクライエントの論理も存在しうる。また、ポストモダン・ソーシャルワークでは、クライエントが置かれている周辺的立場から新しい価値や考え方を発信、提言することをも目指す社会的・政治的・運動的要素も強調する。こうして、従来の援助者中心の論理に代わり、いかに「クライエント主体」とした援助をつくり出していけるかという新たな議論が求められることになる。

(2) ナラティブ・アプローチの枠組み
①「ナラティブ（物語）」とは

徐々に、このようなポストモダニズムを下敷きとしたソーシャルワーク理論の研究が本格化してきた。欧米では、英国でペイン（Payne 1979）が、早くからソーシャルワークとモダニズムが不可分であることについて指摘してきた。オセアニアからホワイト＆エプストン（White & Epston 1990）が、narrative approachを提示したことは大きいし、米国ではハートマン（Hartman 1991）による*Social Work*誌上の巻頭言もインパクトをもって受け止められた。ガーゲンら（McNamee & Gergen 1992, Gergen 1994）は、社会構成主義に基づく知識の理論を暫定的に整理するなかで、現実を構成する言語（テキストやレトリック）に大いに関心を寄せ、ソーシャルワークとのかかわりにおいて言語が世界を構成するという観点を示した。やがてそれはnarrative modelやconstruction approachといった

ソーシャルワークモデルの議論に発展する。日本においては1995年、野口による「構成主義アプローチ」の紹介が嚆矢となった（野口 1995）。

　これらが共通して基盤とするのは、現実や社会を構成する「物語」には、「大きな物語」（肯定される価値）と「取るに足りない物語」（排除される価値）とがあり、これこそが目にみえない権力（power）の配分を左右しているという主張で、現実は言葉によって構成されるという立場である。

　「物語」（narrative）とは、ここでは広義には「言説」をさし、いかなる客観的事象も社会的に構成された「物語」としてとらえる立場のことをいう。精神医学や生態システム理論に依拠した「適応調整モデル」では、意味や主観を廃した客観主義や実証主義をメタファーにする。しかし、人間の生活や人生にかかわろうとするとき、実際にはそのようなやり方で全容を理解・把握することは果たして可能だろうか。いかに綿密な根拠に基づき「適切な」方法・技術の援助を提供したとしても、それを個々のクライエント本人がどのように感じるかは予測できない。にもかかわらず「適応調整モデル」では、クライエントの物語（言い分や主観）は「取るに足りない物語」として排除し、「大きな物語」に沿うようクライエントのみに変化を要請してきた。ここで、ナラティブ・アプローチは問いかける。現実を「物語」としてとらえたとき、この世の中で肯定される価値やそれを補強するワーカーの物語（専門知識）と同等に、クライエントの物語（個人の価値観や言い分）も聴くに値するのではないか、と。

②ローカルな知

　このような知のあり方を展開するとき、中村（1992）が提唱する「臨床の知」をイメージするとわかりやすい。従来の「科学の知」が構成原理とした「普遍・論理・客観」は、それぞれが結びつくことによっていっそう強力な論拠となるが、それでも取りこぼしがある。これに対抗するものとして掲げられるのが「臨床の知」であり、「コスモロジー・シンボリズム・パフォーマンス」を構成原理として、「個々の場合や場所を重視して深層の現実にかかわり、世界や他者がわれわれに示す隠された意味を相互行為のうちに読み取り、とらえる」ことを試みる知として提示される。

　例えば、高齢者施設における「食事」提供の場面を考えてみよう。援助者が、

クライエントの年齢、性別、体格、健康状態、処方薬との相性などを考慮し、蓄積されたデータをもとに、「適切な量の栄養分」として「いつ、何を、どのくらい」提供すればよいか計画することは可能である。それは極めて普遍的・論理的・客観的な科学的・専門的知識に基づく、至ってまともで真面目な態度といえよう。

ところでこの態度は、次のようなごく素朴な問いに応えられるだろうか。「それはクライエントにとって美味しいと感じられるのか」。そこでは、クライエントの好物、なじみの味付け、誰かからのおすそ分けを、どこで、どの食器を使って、誰と、どんな雰囲気で食べたいかといったことは捨象されてしまうかもしれない。なぜなら、「美味しさ」はまさに究極の「個人的体験」に依拠するのであり、普遍化・論理化・客観化され得ないからである。しかし、集団生活施設での専門的援助とはいえ、「食事」をどのように提供するかは、日々のクライエントのQOL（生活の質）にとって重要な意味があるのではないだろうか。

つまり、「臨床の知」は、個別のケースでのクライエントとのかかわりから生まれる「現場の知（ローカルな知）」であり、ワーカーの専門的知識といった「大きな物語」が、クライエントの言い分を取るに足りない不確かな物語として排除していないかを「ワーカー自身が省察する知」といえる。ナラティブ・アプローチでは、クライエントの「取るに足りない物語」に耳を傾け、異なる価値観に共感する努力をし、クライエントのありのままの生を肯定する新しい物語をともに模索することが実践の枠組みとなる。クライエントを一般化して理解するのではなく、その人独自の物語や意味づけといった、人がもつ動機や価値をも範疇とするのである。

③ナラティブ・アプローチにおける援助論

人間は意味を糧とする生きものである。人生は意味の積み重ねによって成り立っている。人はそれぞれ、意味を求めて自分の「物語」を生きている。意味なしでは何も知覚できないし、意味の外に出ることはできない。

これは、その人にとってのアイデンティティや人格とのかかわりとしてもとらえることもできるかもしれない。周囲から受け入れられ、ありのままの状態を本人が肯定的に認識できる場合は、これまでもこれからも人生そのものが安定するだろう。しかし、周囲から排斥、冷遇、差別され、本人までもが自己否定に陥っ

てしまったとしたらどうだろうか。世の中の「大きな物語」と「私の物語」があまりにも矛盾していたとしたら。大なり小なり誰もが優越感と劣等感とをないまぜにしながらアイデンティティを構築するのだとはいえ、もし「私の物語」が誰からも耳を傾けられず、または一方的に否定されたり、無視されるという経験をしたら、人は「私の物語」を自分自身で隠ぺい、否定、抑圧して、無理をしてでも「大きな物語」の中で生きようとするのではないだろうか。例えば、貧困、障害、病、老い、性的違和などの福祉サービスを必要とする人々の多くは、その物理的困難を抱えると同時に、人知れずそうした矛盾や、抑圧を感じているマイノリティである場合が多い。

クライエントの語りにはしばしばスティグマが刻印されている。しかしながら、ソーシャルワーク理論においては、クライエントはあくまでも対象者として扱われ、問題を定義したり理解する場からは疎外されてきた。なぜ、ワーカーの立場から問題はそのように説明され理解されるのか、クライエントの人生にとってその問題はどのような意味をもつのかということへの関心は薄かった。そこではクライエントは支配的で「大きな物語」と例外的な「私の物語」との間の矛盾や葛藤の狭間に置き去りにされてしまう。

ワーカーが「個別性の尊重」「共感」「傾聴」「受容」「ストレングス」「エンパワメント」の実践を標榜するとき、それらの根拠は従来ならば専門的知識や専門職としての立場に由来した。ナラティブ・アプローチにおいては、クライエント自らが語る個別でユニークな物語を援助の源泉とみなそうとすることに起因する。「適応調整モデル」[*2]が問題を局所的に扱い環境との調和に力点を置く「客観的」立場を貫くのに対して、ナラティブ・アプローチは、こうした「物語としての自己」という考え方から出発し、その人の「主観的」な物語にも耳を傾け、クライエントにとって抑圧となる「大きな支配的な物語」の相対化(自明性を問い直すこと)と「新しいオリジナルの物語」の生成とをクライエントとともに模

＊2 従来から唱えられてきたこれらのキーワードは、この意味において、ナラティブ・アプローチでは全く異なる文脈として理解されるべきである。モダニズムにおける「適応調整モデル」では、あくまでもワーカーが「よき専門職」であるための度量としてこうしたキーワードが重視されるのに対し、ポストモダニズムにおいては、ワーカーの専門職性や正当性が「括弧に入れられた状態」であるからこそ、援助において相手（クライエント）の語りや主体性が絶対的に必要とされる。

索することを目指す。そしてひいては、「自明とされた世の中の大きな物語」（ここではマイノリティを排除する硬直化した支配的な価値観）を変革することをも射程に入れるのである。

　福祉問題をシンプルな生存権の問題と直結させて理解すればソーシャルワーク援助として足りていた時代は終わった。貧困に介護、育児、労働、障害、病、家族などの問題が複雑に錯綜し人々のニーズも限りなく多様化する現代のワーカーは、クライエントがただ生き続けることではなく、人生の当事者として「いかに価値ある生き方をするか」（岡本 2006）ということを再考するべきである。人生を意味の積み重ねとしてとらえ、対話を援助実践に生かすことは、ワーカーとクライエントの間の新しい形の信頼感や対等な協働関係を確立することにつながる。

2節　実践的展開と検証
　　　―『施設の子』の物語と自立支援の意味をめぐって―

　本節では、実践現場を想定した事例を提示し、ナラティブ・アプローチによる検証を試みる。

　（なお、以下は、現場従事者からの聴きとりを基にして複数の象徴的ケースを組み合わせ些末な事情は割愛するなどした実例に基づく筆者の創作であり、施設や登場人物は実在しない。）[*3]

(1) 「事実は言葉によって構成される」

①ワーカーの物語

　ある児童養護施設における、どこにでもありそうな職員会議での一幕を見てみよう。

> （児童養護施設で生活する高校生になったばかりの裕子が、園の規則では禁止しているスマートフォンを保有していることが判明した。児童指導員らはその対応

---

*3　執筆時点での限定的な想定に基づく。短いスパンで急激に進展する携帯電話・スマートフォン事情への各施設各様の対応方針を一般化することは難しい。現時点では、所持自体を一切禁止する従前の方針に替わって、ある学年（例：高校2年生）以上に認める、（通話とメールのみ可能である）携帯電話に限り認める、など段階的部分的に容認する方針もみられつつある。

を話し合っている。裕子は幼児期に入所し、家族との連絡は取っていない）

赤間1：先日、裕子がスマートフォンで話しているところをみたと他の子どもから聞いて、晩に本人に確認をしたところ、やはり持っていることがわかりました。どこからどうやって入手したのかと追及したのですが、話そうとしないので把握できていません。園の規則に反していることを告げて、いちおう私が預かりました（預かったスマートフォンの現物を示す）。念のため、家族に確認しようと思って電話をかけていますが、まだ連絡がとれていません。本人は強い不満を示していて、「私のスマホを返して」と地団駄を踏んで激しく反抗しています。今後どう対応すべきか、よい考えはないでしょうか。

吉塚1：はあ、ついにスマートフォンですか。このまま放っておくわけにはいきませんし、すぐに取り上げて正解です。

古賀1：ええ、即時に没収して当然です。いったん解約させて、現物は退所するときに返すことにしてはどうですか。

折尾1：でもいちおう私物ですし、このまま取り上げっぱなしというのは、どうなんでしょう。

黒崎1：これまでの話し合いでは、裕子のことは職員が情報を共有して、全職員で注意を配るということでしたね。私も先日、夜に裕子が園庭をうろうろしていたので、声をかけて部屋に戻らせましたよ。

古賀2：私も先週、宿直で夜中に見回ったとき、玄関のところにガムの包み紙を発見したので、裕子の部屋に行って、どこに行ってたのと問い詰めましたが、たぬき寝入りを決め込まれました。そのときはそこで引き下がりましたけど。

赤間2：……ご迷惑をかけてすみません。生活自体も最近かなり荒れているんです。

吉塚2：もうこういう普通の対応も限界じゃないですか。きちんと線を引いて厳しくしないと規律というものが身につかないのではないですか、彼女には。それに子どもにスマートフォンを持たせたらどんな問題に発展するかわかりませんよ。

赤間3：学校でも授業態度とか成績とかいろいろ問題が生じています。この間はクラス担任から電話がかかってきて、何事に対しても全くやる気がなくぼんやりしているが、施設での様子はどうなのかと。

古賀3：やっぱり、責任をもって厳格な対応をするべきでしょう。

黒崎2：うーん、いきなり有無も言わさず取り上げて終わり、ではなくて、本人と面談してスマートフォンを手に入れた経緯を確認したほうがよいのでは。

折尾2：あの、私もそう思います。学校のこととか家族のこととか何か悩みがあるのかもしれませんし。

吉塚3：でも、すでに彼女の言い訳は何度も聞いてきたのですよね、赤間さん。

赤間4：ええ……。黒崎さん、古賀さん、学校にも迷惑を掛けていますしね

……。
黒崎3：いえ、私は別に。なんというか、彼女は寂しくて不安なのじゃないか、とさっき私は言いたかったんです。ここの子はみんなそうですけど。
吉塚4：でも、スマートフォンのことは他の子どもたちも知っているのだろうし、ここで筋を通さなければ。みんな我慢しているのは同じなのだから。門限が5時で早すぎるのも、生活時間が細かく決められているのも、行儀にうるさいのも子どもたちにとっては不満でしょうけど、ここを出た後にあの子たちがちゃんと自立していけるように……、そう、自立を支援するためにやっているわけですから。どこに行ってもトラブルになったり恥をかいたりしないように育てるのがわれわれの役割ですから。
古賀4：そうですよ。結局、社会に出てから苦労するのは、施設の子たちなんですから。
赤間5：ええ、やっぱりまずは私が厳しく善悪を教えないとこの子のためになりませんね。

　この会話において入所している子ども（裕子）の存在はどのような現実として語られているだろうか。優勢なのは、吉塚1、古賀1・2にみるように他の子どもにも我慢させているのだし本人が社会に出てから困らないよう規律を教えるために、個人の私物を没収したり夜中に居室に押し入り問い詰めたりすることに使命感をもっている「熱心な指導員」の語る物語である。夜間の無断外出の疑いや、学校からの「クレーム」などが、その正当性を補うものとなっている。一方、折尾2、黒崎3にみるように悩みごとがあるのかもしれないし、ここにいる子はみんな寂しさを抱えているはずなのだから、強硬な対応ではなく、とりあえず本人と話をすべきだと主張する「穏やかな指導員」の物語は、連携すべき他職員や学校に迷惑をかけ煩わせているという意識から、結局、熱心な指導員に対抗することができない。

　さて、ここでの現実をナラティブ・アプローチからとらえるとどうだろうか。熱心な指導員、穏やかな指導員の間に温度差こそあれ両者の現実に共通するのは、①ワーカーは、クライエントを一方的に語り、解釈し、理解する立場である、②ワーカーは、クライエントを「施設の子」として一般化し、スティグマを押される存在として認識する、③ワーカーは、クライエントの行動のみならずクライエントの人格をも評価の対象とする、④ワーカーは、クライエントを援助の対象

(客体)として扱う、という条件から現実が生成されていることである。すなわち、職員らの会話が裕子に対して紡ぎだすのは、「規則違反を繰り返し、素行が悪く、やる気もなく、成績不振なうえに口応えや言い訳が多いどうにも扱いにくい問題児」という「物語」ではないだろうか。その発言の中には職員個人の価値観や先入観と思われる部分も含まれているにもかかわらず、「専門職」が発することによりその物語は「倫理性」を帯び、それが最終的には「施設の子」「自立支援」という言葉で回収され、「大きな物語」となっていく。職員らの「正当」な「信頼に値する」「物語」は、1度編み上げられ流通すると、みえない大きな権力（パワー）と化し、その場でそれ以降起こる出来事の意味を規定するようになる。

②クライエントの物語

一方で、別の場面ではクライエントの「取るに足りない、もう一つの物語」が語られている。

（大学生の沙希は児童養護施設の家庭教師ボランティアとして、裕子（高校1年）を担当する。勉強は苦手だが話が弾む）

沙希1：裕子ちゃん、今日は何か嫌なことでもあった？　勉強、集中できない？
裕子1：超むかつく。絶対に許さない。
沙希2：何がむかつくの？
裕子2：スマホ。赤間先生に取られた。
沙希3：スマホを？　先生に取られたってどういうこと？
裕子3：だから、私がスマホ持ってるのを誰かが告げ口して、いきなり先生が私のカバンを開けて、没収したの。ねえ、なんでスマホ持っちゃいけないの？　先生だって持ってるでしょ？
沙希4：え？　私？　う、うん。持ってるよ。
裕子4：学校でもいまどき、みんな持ってるんだよ。もう高校生だよ。持ってない子なんて、ひとりもいないよ。
沙希5：そうだね。みんな持ってるよね。
裕子5：新しい友達、つくれないよ。
沙希6：スマホがないと友達つくれないかな？　そんなことないんじゃない？
裕子6：無理だよ。怖くて言えないよ。
沙希7：何を？
裕子7：私が施設の子だってこと。

沙希8：……。

裕子8：中学校までは、小学校から一緒の子も多いし、言わなくても始めからみんな知ってるもん。あの子は施設から学校に通ってるって。でも、高校になって知らない子ばっかりの新しい環境ですべてがリセットされて一から友達つくらなきゃいけないの。友達つくらなきゃ学校では生きていけないの。でも、友達になったら、……スマホの番号とかメルアドとか交換しないなんてありえないじゃない。

沙希9：確かにそうだよね。私も大学に入って、とにかく友達つくらなきゃと思って、まずはスマホの連絡先教えあったな。

裕子9：ほらね。先生だってそうでしょ！　スマホがなかったら、私何て言えばいいの？　施設の電話番号言うの？　もし電話掛かってきて、施設の受付が出たら？　びっくりして、引かれちゃう。次の日にはみんなに知れわたってるかも。だいたい、スマホ持ってないっていう、その時点で、すでにありえない。無視されちゃう。

沙希10：だったら、先に言っておいたらいいんじゃない？　私は事情があって、スマホ、ダメって言われてて……。

裕子10：そんなの怖くて言えないよ。そんな面倒な子と友達になろうって思う子、いるわけないでしょ。言ったらみんな逃げるに決まってる。スマホさえあれば、言わなくていいんだもん。あーあ、何で私はここにいるんだろう。ねえ、何で？
　　どうせ私は勉強もできないし、誰とも友達になれなくて、これからも一生、独りなんだ。早くここを出たいけど、行くところもないし、お金もないし、出て何をしたらいいかもわからない。勉強する意味もわからない。もう何のために生きているかもわからない。

　読者がこの大学生だったとしたら、裕子はどのような存在として現れるだろうか。職員が事情も聴かずに勝手にカバンを検査しスマートフォンを取り上げたことへの怒り。他の子どもが告げ口をしたことを知り裏切られたという思い。今の時代に高校生でスマートフォンを所持していなければ少数派になってしまうという不安。そもそもなぜ他の高校生に許されることが自分には許されないのかという不条理さ。一方的に制限する施設の方針への反発……（裕子3・8）。

　「スマートフォン＝問題児」と咎める気持ちよりも、子どもながらに家庭の事情を背負って新しい環境で生き延びていくために、周りの様子をうかがい端々に気を回して、自分の居場所を確保しようと必死にもがいていることに、むしろ

理解を示す向きもあるのではないだろうか[*4]。ボランティアとはいえ、適切なアドバイスができない自分自身を無力に感じることもあるかもしれない。

　会話の後半になると、相手が非専門職にもかかわらず、クライエントは「私の物語」と「大きな物語」の矛盾を訴えている。その矛盾とは以下のようなものではないだろうか。

> 高校に進学し、自分で新しい人間関係を構築しなければならない。他者に自分をどう語ったらよいだろう。施設で生活していることを世間はどのように評価するだろうか。よいイメージではないような気がする。拒絶されたら、どう対応したらよいだろうか。逆に妙な同情には、どう返せばよいだろうか。友達がほしい。誰かに受け入れてほしい。でも他者が受け入れてくれるかどうか不安で仕方がない。噂になってつまはじきにされるくらいなら、誰とも深くかかわらないほうがよいかもしれない。これから先、新しい人と出会うたびに自分の境遇を話すことができるだろうか。境遇を伏せて人と付き合うことはできるのだろうか。信頼してもらえるだろうか。そう思うと憂鬱で仕方がない。どこに行っても見えない壁が立ちふさがって、結局どこにも行けない自分が恨めしい。『施設の子』が一生ついて回ると思うと、どうでもよくなって、何もやる気が起きない。自分を必要としてくれる人は、この世の中に誰かひとりでもいるだろうか。いないような気がする。どうして私は施設で養育される境遇だったのだろうか……。

　ここでの現実は、①クライエントは、一方的に語られ、解釈され、理解される存在であることを自覚している、②クライエントは、世間が「施設の子」にどのような「まなざし」を向けるかを知っているとともに、自分自身にスティグマを押している、③クライエントは、スマートフォンの所持を罰せられただけでなく自分の人格が否定されていると感じている、④クライエントは、施設での生活の中で話や意向を聴かれることもなく、主体的・能動的存在として扱われて

[*4]　無論これは、児童養護施設という子どもの命と安全を預かり、また教育的要素も兼ねる措置制度下の施設において、なにもかもを子どもの希望どおりにすべきであるというものではない。

いないと感じている、という条件から生成されている。すなわち、クライエントが紡ぎだす「物語」は、「誰も私の話には関心がなく、『施設の子』である私は、これからの人生をどうやって生きていけばよいのか」と必死でアイデンティティを模索しようとする苦悩の中にあるのではないだろうか。その語りには、自信喪失や自己否定なども含まれており、専門職が「問題児の話」として耳を傾けないとしたら、結局クライエント自身が「施設の子」という言葉を受け入れることによって「物語としての自己」が「大きな物語」に絡めとられていくしかないだろう。*5

(2) ナラティブ・アプローチによる検証
① 「物語」の解体
　ワーカーの現実とクライエントの現実を対比してみてきた。同一の出来事であったとしても、職員が紡ぐ「現実」と子どもが経験した「現実」とは、それぞれの文脈や意味において決して「同じではない」。同じではないだけでなく、ワーカーの物語のほうが圧倒的に信頼されるのが常である。ワーカーの「施設の子」という物語は決して「裕子の物語」ではなく「児童養護施設に入所する子どもたち」をまとめて一般化したものにすぎないにもかかわらず。もし、クライエントを理解しようとするならば、ワーカーとクライエントが直面している現実は「違う」ということを前提として、専門職としての判断や立場を相対化し疑う知性が必要なのではないだろうか。
　ナラティブ・アプローチにおいては、現実は言葉によってつくられるという立場から、援助者が紡ぐ「現実」、子どもが経験した「現実」、さらにそれらに影響を与える世の中の「大きな物語」の文脈の絡まりを1つずつ解体していく。具体的には、ワーカーが常に自分の実践の意味を省察することが求められる。クライエントを常に理解できているとは限らないし、クライエントにとって今の方法や計画が最善とは言いきれない。つまり、「自分が正しいとは限らない」と、

---

*5 実際に、従事者への聴きとりからは「友人からの電話を施設の代表電話が取り次いだことをきっかけに、周囲の扱いの変化を恐れて翌日から登校を拒むようになった」ケースや、「熟慮の末、二つ折り携帯電話に限り使用を許可したところ、スマートフォンでなければ周囲から余計に浮いてしまう、それならば携帯電話などいらないし友達もいらないと関係づくりをあきらめてしまう」ケースなどが寄せられた。

援助者の専門職としての判断や実践を相対化し再検討することである。独りよがりの援助や「大きな物語」を無批判になぞるような援助となっていないかを自問するのである。

　この事例において重要なのは熱心な／穏やかな指導員を含めたワーカー、そしてクライエントの双方が、「施設の子」という世の中の「大きな物語」にとらわれていると気づくことである。職員の熱意や親切心は、ときに子どもたちに「施設の子」であるという意識を強化させるような（社会に出てから恥をかかないように○○を身につけなければならない、などの）「訓練」に駆り立て、それが却ってクライエントにとっては自己否定やスティグマ感を増幅させるかもしれない。ワーカーは、無意識のうちにマジョリティの側からクライエントを「施設の子」として理解していないかを省察すべきである。実際ここでは、すでにクライエント自身が「施設の子」という「物語」を内面化しており、「どうせ施設の子だから」「何をやっても怒られてばかり」「誰もかまってくれない」と低く自己評価し、それを取り繕いながら人間関係を結ばなければならないという不安やプレッシャーを強く感じている。この例のように間接的とはいえ、ワーカーが無作為にクライエントにマジョリティの現実「大きな物語」を疑う余地のない自明のものとして受け入れさせ、「私の物語」を封印して肩身の狭い人生を送ることを促すこともあり得るという認識が必要である。

②ナラティブ・アプローチにおける支援とは

　そこで、ナラティブ・アプローチでは、こうしていったん解いた文脈をもう1度紡ぎなおす作業に取り組んでいく。この例において、まず職員が先入観や囚われから解放されるには、「子どもたちのいるところ」からみえる「現実」を分析することである。その1つのヒントを、ホワイト＆エプストン（1990）は「問題の外在化」として、顕在化している問題（規則に反してスマートフォンを保持していたこと）をいったん脇に置いて、顕在化していない問題（悩み、苦しみ、反発、不満、孤独、一人前に扱われたい、アイデンティティの危機など）を考えることを提案している。例えば、顕在化していない問題が、やむにやまれず顕在化した問題を引き起こしているという解釈にたつ現実の分析も可能かもしれない。そして、ストレングスなどを十分に活用しながら今後の対応をクライエントとと

もに話し合う。

　この例における「自立」を支援することの意味をナラティブ・アプローチから検証するならば、それは、「スマートフォン所持問題に焦点を当て、施設の規則を守らせる指導を通して、社会に適応できる人間を育てる」ことだけが援助ではないということである。子どもたちのなかの「施設の子」というスティグマをどのようにすれば癒すことができるのか、職員自身の価値観やかかわりも再検討しながら、子どもたちの「物語としての自己」と「大きな物語」との矛盾に静かに耳を傾けるプロセスが必要ではないだろうか。それには、職員が信頼できる大人として、子どもたちが置かれている状況（施設に入所することになった経緯、家族の抱える事情など）を年齢に応じて説明するかかわりを継続し、子どもたちなりに自分の境遇を理解する支援をすることが前提でもある。そして、自己受容や自己肯定を経た情緒的安定のうえに「これからの私の物語」（将来設計）をともに紡ぎ、編み上げていくことが人間的自立へのアプローチとなると考える。例えば、他者との付き合い方、情報リテラシーを高める練習という面に着目すれば、スマートフォンを禁止するだけでなく、場合によっては職員の目が届く範囲での使用を注意深く認めることも対応のひとつである。退所後の人生において、社会に揉まれながらも他者との関係を築く力やチャレンジにつながる自信を獲得し、自分の物語を生きる人生の支援となるのなら、そのほうが「自立」という意味が深いものになるのではないだろうか。

まとめ

　「語ること」は、人間としての尊厳にも大きくかかわる。「尊厳をもって生きる」ことは、社会福祉がすべての対象者に負う使命である。それは、例えば、その人にとって「居心地がよい物語」を生きることの支援によってもある意味で可能といえるのではないだろうか。世の中の周辺に追いやられた多くのクライエントの今にもかき消されてしまいそうな語りをつなぎとめるというワーカーの役割は小さくない。ナラティブ・アプローチにおける援助とは、どのような「取るに足りない生」にも共感し、承認するふるまいを指すのではないだろうか。

とはいえ、ナラティブ（語り）に関連する概念がソーシャルワークの現場においてどれほど定着してきているのかという点では検討の余地が残る。すなわち、モダニズムの合理性を根底から批判する「実践理論」としてのポストモダニズムは、ソーシャルワークにおいて果たして可能だろうか。

　ソーシャルワークはモダンの産物であるとペインが述べるように、合理的な専門知識を用いて人間や社会について「理解」し、その両者に変化を促す一貫した専門技術を用いるという、ソーシャルワーク理論の定義そのものが、モダンに立脚したものである（Payne 2005）。実際のところ、ポストモダンではなく、モダンの枠組みの瑕疵を修正して、より完成度の高いものを追究していくという方法でよりよい支援を目指す立場のほうが現状では主流である。ソーシャルワークの定義や専門職倫理を刷新するたびにより細かい記述を追加し、専門性を向上させることで利用者の利益につなげようとする流れや、差別や排除を禁止する新しい法律が年々制定され「合理的配慮」を広く社会に求める動き。スポーツ選手、芸術家、批評家などとして活躍し、注目を浴びる障害者も珍しくなくなった。これらを、ポストモダンの現象として「説明」することもできるが、「自立した個人」による権利の主張や保障という文脈においては、実はモダニズムを高度に体現しようとするものともとらえられる。では、ソーシャルワークの「実践理論」としてのポストモダニズムとは何を意味するのか。それを語る言葉をわれわれはまだ得ていないように思われる。

　さらに、「大きな物語」が相対化されてしまった後のポストモダニズムの世界において、そもそもソーシャルワークの必要性や正当性は担保されないかもしれない。モダニズムにおいて排除することと救済することが表裏の関係にあるのだとすると、排除される人々が解放されるとき、ソーシャルワークは役目を終えることができるだろうか。なかなか予見しがたいことである。

　知的障害児福祉を実践してきた糸賀（1965）の「この子らを世の光に」は、モダニズムを突き詰めたのでは到底説明しきれないものを、まったく新しい切り口で説明する。モダニズムでは、救われるためには「条件」がある。その条件は、緻密に厳格に運用されることが平等とされ、時に緩めることも唱えられてきた。しかし、同じ人間であるということ以外にただのひとつも条件を付さず、他

者のありのままの「生」を包摂できるかという点に、ナラティブ・アプローチの新味はかかっているのではないだろうか。

　いずれにしても、「誰も自らの立場から自由とはなりえない」というポストモダニズムの地平において、ナラティブ・アプローチが提示するのは、「最後の答え」などではなく、あくまでも議論の端緒でしかない。それは、常に後続の議論──すなわち対話──を要請する。こうして物語は続くのである。

参考文献

糸賀一雄（1965）『この子らを世の光に──近江学園二十年の願い』柏樹社.（＝2003復刻版，NHK出版.）
岡本民夫（2006）『長寿社会を拓く──いきいき市民の時代』ミネルヴァ書房.
北川清一ほか（2007）『演習形式によるクリティカル・ソーシャルワークの学び──内省的思考と脱構築分析の方法』中央法規出版.
中西正司・上野千鶴子（2003）『当事者主権』岩波新書.
中村雄二郎（1992）『臨床の知とは何か』岩波新書.
野口裕二（1995）「構成主義アプローチ──ポストモダン・ソーシャルワークの可能性」『ソーシャルワーク研究』21 (3).
Bager, P. L. & Luckmann, T.（1966）*The Social Construction of Reality*, Doubleday & Company.（＝2003, 山口節郎訳『現実の社会的構成──知識社会学論考』新曜社.）
Foucault, M.（1961）*Histoire de la folie à l'âge classique*, Plon.（＝1975, 田村俶訳『狂気の歴史──古典主義時代における』新潮社.）
Foucault, M.（1963）*Naissance de la Clinique, Une Archéologie du regard médical*, Presses Universitaires du France.（＝1969, 神谷美恵子訳『臨床医学の誕生』みすず書房.）
Foucault, M.（1975）*Surveiller et punir, naissance de la prison*, Gallimard.（＝1977, 田村俶訳『監獄の誕生』新潮社.）
Geertz, C.（1983）*Local Knowledge : Further Essays in Interpretive Anthropology*, Basic Books.（＝1991, 梶原影昭ほか訳『ローカル・ノレッジ──解釈人類学論集』岩波書店.）
Gergen, K.J.（1994）*Realities and Relationships Soundings in social construction*, Harvard University Press.（＝2004, 永田素彦ほか訳『社会構成主義の理論と実際』ナカニシヤ出版.）
Goffman, E.（1974）*Frame Analysis. - an essay on the organization of experience*, Haper.（＝1984, 石黒毅訳『アサイラム──施設被収容者の日常世界』誠信書房.）
Hartman, A.（1991）Words create worlds, *Social Work* 36 (4).
Lyotard, J.（1979）*La condition postmoderne*, Minuit á Paris.（＝1989, 小林康夫訳『ポストモダンの条件』水声社.）
McNamee, S. & Gergen, K.J.（1992）*Therapy as social construction*, Sage.（＝1997, 野口裕二・野村直樹訳『ナラティヴ・セラピー』金剛出版.）
Payne, M.（1979）*Power, authority, and responsibility in social services : social work in area teams*, Macmillan.
Payne, M.（2005）*Modern Social Work Theory 3th. ed.*,Lyceum.
White, M. & Epston, D.（1990）*Narrative Means to Therapeutic Ends*, Norton.（＝1992, 小森康永訳『物語としての家族』金剛書房.）

第11章 ストレングス視点アプローチ

　ストレングス視点アプローチは、1992年にストレングス視点に基づくソーシャルワークを出版したサリビー（Saleebey）らや1997年にラップ（Rapp）とゴスチャ（Goscha）によって出版された「ストレングスモデル」を中心とするアプローチで、長所や可能性をクライエントの目標達成のために活かしていく希望志向、未来志向のソーシャルワーク理論である。それぞれ、現在までに版が重ねられて発展している。このアプローチは、ストレングスという概念がキーコンセプトであるが、『社会福祉用語辞典 六訂』（中央法規出版）によると「強さ」と訳され「能力・意欲・自信・志向・資源など」を意味する。一般的な表現としては、長所やできていること、潜在的・顕在的にもっている力や可能性のことである。そしてこれらのストレングスは、問題・課題を抱えたクライエントや家族あるいは環境の中に「すでにある」と考え、それらを丁寧に明らかにすることによって目標達成に活かしていく。近年ではポストモダンを背景にストレングスの視点を共有する他のアプローチ（例えばエンパワメント・アプローチやナラティブ・アプローチ、解決志向アプローチなど）が登場し、ストレングス視点の重要性は一定程度、共有されている。またストレングスの視点は、人権と社会正義を基盤として「利用者の主体性」や「利用者の最善の利益」の追求を目指すソーシャルワークの価値とも合致するものである。

*1*節　理論の概説

(1) ストレングス視点アプローチが生まれた経緯

　ラップとゴスチャによって1980年代後半に体系化された「ストレングスモデ

ル」は、カンザス大学における精神障害者のためのケースマネジメントの研究成果として著された。しかし現在ではその対象を広く拡大し、ソーシャルワークのアプローチとして重要な位置にある。

　彼らがこの理論を打ちたてた背景には、「問題」への着目に対する批判的立場がある。「人―環境の交互作用」の視点を理論的に定着させた生活モデル（エコロジカル・アプローチ）や、時代を遡ってパールマンの問題解決アプローチ、また初期に多大な影響力をもった診断主義などは、それぞれの理論的立場は異なるものの援助の焦点は何らかの「問題」の解決や改善であった。つまり「問題」への焦点化である。もちろんストレングスの重要性はこれまでのソーシャルワーク理論史においてもたびたび指摘されてきたが、それを中心において援助展開を構築する理論はなかったというのが彼らの主張である。そして、「問題」に焦点化することには無視できない弊害が存在すると考えるのである。ラップとゴスチャはその弊害を「欠陥あるいは問題志向のぬかるみ」（Rapp & Goscha＝2014：55）と表現し、①問題は常にその人の欠陥ないし能力不足とみなされる、②問題の性質は専門家によって定義される、③治療は、問題の中心にある欠陥を克服するように方向づけられるという特徴があると述べる。つまり、「問題」に焦点化するとクライエントも関係者も「無力さ」のイメージを固定化させ、時には拡大してしまい、援助による無力化を生むというのである。したがって、この理論では、「問題」を把握しつつもそれに焦点化することを退け、クライエントは彼らの生活、人生におけるエキスパートであると考え、ストレングスに着目したリカバリー志向の援助方法を体系化させたのである。

　リカバリーという概念は、彼らにとってストレングスと同様に重要な概念の1つである。これは「『病気』と『欠陥』から解き放ち、人間のもつ可能性とウエル・ビーイング（well-being）へとむかわせる」（Rapp & Goscha＝2014：18）一連の過程のことで、比喩的に「旅」と表現される。個人によって多様なリカバリーへの旅をクライエントが歩み始めるためにはストレングス視点に立ったアプローチが必要だと指摘する。また、エンパワメントという概念もリカバリーやストレングスと密接な関係にある。エンパワメントとは、社会的に抑圧され周辺化されている人たちが内的、社会関係的、政治的パワーを取り戻すことを意味する。

ストレングスとの関連について山口（2009：73）は「ストレングスは、利用者の生活経験のなかで蓄積された能力や強さや豊かさであり、本人の特性や価値などが重視される抽象的な概念である。他方パワーは、明確な対象に対して具体的に発揮していく力であり、影響を与える力であると理解できる」と述べている。また、久保（2002：78）は「ストレングス視点はクライエントのパワーの増強と社会資源の平等な分配をもたらす枠組をもっており、政治的な実践に導く。つまり、クライエントの政治的、経済的、社会的、心理的側面における抑圧を減じるサービスの展開を含んでいる」と述べている。パワーの獲得に向けた行動や変容を含むエンパワメントや、スティグマなどから解き放たれ可能性やウェルネスへ向かうリカバリーの旅にとってストレングス視点はベースとなる「ものの見方」といえる。

このような「問題」への焦点化に対する批判的な視点は、20世紀の諸科学に広く影響を与えたポストモダニズムや社会構成主義による認識論的な転向の影響がある。つまり本章の文脈でいえば、専門家によって問題が一方的に診断・援助されるという権力性そのものへの批判を内包している。なかでも社会構成主義は、世界は人々の言葉を介した相互作用から日々つくられていくものだとする考え方に立ち、真実は多様に存在しうると考える。ソーシャルワークでいうと、クライエントの生きられた経験や独自の世界観を尊重し、クライエントの言葉で語られた「生活」や「人生」に対する理解を尊重する立場といえる。

ラップとゴスチャ（Rapp & Goscha＝2014：ⅷ）によれば、ストレングスモデルは「単なる哲学やものの見方ではない。それはむしろ30年以上にわたって発展し、洗練されてきた一連の価値観や原則、実践理論、そして明快で厳格な実践手法から形成されている」と述べているように、ストレングスを中心概念とした独自の実践的な理論である。以下、彼らの「ストレングスモデル」（Rapp & Goscha＝2014）をもとに特徴をみていく。

(2) **ストレングス視点アプローチとは何か（理論的基盤）**

ストレングス視点アプローチの最大の特徴は、利用者や利用者が置かれている環境を、ストレングスの視点でとらえ直してかかわることである。そして、利用者にとって何が重要なのかを中心にすえて利用者の願望や目標を達成するた

めに、多様な資源の存在を明らかにする。これらの資源や可能性は、問題に焦点をあてたかかわりではみえにくくなっていることが多く、ストレングスを見出すための援助者の視点や後述するような援助技法が重要となる。

　援助の最終的な目標は、クライエントが自分で設定した目標を達成できるよう、生活の場を個人と環境の両方の「ストレングスに開かれた場」にするためにクライエントとともに創造することであり、これによって人々のリカバリーや生活の質の向上を行うことである。そして、個人と環境のそれぞれについて以下の諸点から生活の場にストレングスを活かしてクライエントの目標を達成することを目指す。個人のストレングスは、①熱望―目標と夢―、②能力―願望を達成するための技能・力量・素質・熟達・知識・手腕・才能―、③自信―目標に向かって次の段階に移る自信―であり、これら3つの要素は相互に作用しあう。また、環境のストレングスは、①資源―目標を達成するために必要な資源へ接近できること―、②社会関係―少なくとも1人との意味ある関係をもっていること―、③機会―目標に関連した機会に接近できること―であり、これらも相互に作用しあう。これらのストレングスをいかに見出し、拡張していくかがクライエントと援助者のパートナーシップの課題となる。

　また、次の6つの原則はこの援助理論のスタンスを簡潔に示している。精神障害者を想定した記述となっているが、対象としているクライエントに置き換えて理解することができる。①精神障害者はリカバリーし、生活を改善し高めることができる。②焦点は欠陥ではなく個人のストレングスである。③地域を資源のオアシスとしてとらえる。④クライエントこそが支援過程の監督者である。⑤ワーカーとクライエントの関係性が根本であり本質である。⑥私たちの仕事の主要な場所は地域である。

(3)　援助における5つの機能

　援助は5つの機能から説明されている。それぞれ説明を加えながらみていく。

　第一は、クライエントとパートナーシップに基づく関係性を結ぶことである。援助者は「クライエントと旅をする旅行仲間のような役割」(Rapp & Goscha＝2014：95) をとり、クライエントの目標や願望の共有、相互性、心から親身であること、信頼、エンパワー、希望を引き出す行動などが求められている。そ

のために有効な方法は以下の諸点である。

- 共感や誠実性、無条件の肯定的配慮を中核とすること（関係を左右する中核条件 Core-Conditions）
- クライエントとのやりとりのなかでストレングスを映し出す「肯定的な鏡」になるように映し返すこと（映し返し Mirroring）
- 自責感や低い自己評価にとらわれがちなクライエントが自分自身のとらえ方を変えていき、仲間の存在に気づけるような自己の社会的位置づけの理解の手助けをすること（自己の社会的位置づけ Contextualizing）
- クライエントの抱えている問題の明確化のために援助者が自己開示を適切に行うこと（自己開示 Self-Disclosure）
- 旅の同伴者として協働すること（伴侶的関係 Accompaniment）
- 小さな達成のたびに具体的な行動を即座にほめること（強化と達成 Reinforcement and Achievement）

　第二は、ストレングスのアセスメントである。現在の状態（問題や障害、課題を含む）や、クライエントが何を望んでいるか、過去に活用された資源や活動に関する情報などを理解し、個人と環境のストレングスについて包括的に明らかにする。ストレングスモデルでは、個人と環境のストレングスについて、次の4つの側面から理解していく。①個人の性格（性質）、②才能や技能、③環境のストレングス、④関心と熱望である。そして、それらのストレングスをさらに、7つの生活領域（①家／日常生活、②財産・経済／保険、③就労／教育／専門知識、④支援者との関係性、⑤快適な状態／健康、⑥レジャー／余暇、⑦スピリチュアリティ／文化）でどのようにあらわれているかを情報収集していく。また、現在、過去、未来という時間軸によっても把握する。これらのストレングスに関する包括的なアセスメントはラップとゴスチャによってストレングスアセスメントのシート（Rapp & Goscha＝2014：137）が提示されているが、重要なことはクライエントが希望する目標の達成に役立つストレングスの情報が、上記した生活領域から具体的に収集され、クライエントと援助者、関係者に共有されるもの

となることである。

　第三は、個別計画の作成と実施である。クライエントが設定した目標の達成のために長期目標、短期目標、クライエントと援助者の行動計画などについて明らかにする。「よい長期目標」はクライエントが「一番心から願っている」こと（Rapp & Goscha=2014：192）である。そのため、クライエント自身の言葉で表現されていることが最も望ましい。また、長期目標から導かれる短期目標や行動計画は、より具体的・明確で測定可能なステップに分割したものとなり、誰がいつ何をするのか（責任は分担して協働する）という行動計画につなげていく。この段階では、アセスメントによって明らかになったストレングスをいかに目標達成のために活かすのかを検討することが最重要課題である。また、短期目標や行動計画の作成にあたっては一度に多くの計画を取り込むことは、クライエントの力をそぐことになることから注意が必要となる。ところで、目標設定において、内容が曖昧だったり目標がすぐに見出せないクライエントの場合には、パートナーシップに基づいた開かれた会話を継続し、クライエントのペースを尊重して問いかけを行うことになる。その際、希望や願いを具体的な目標にしていくにあたっては、変化に対するアンビバレント（両価性）が存在することを理解し、クライエントが変化のどのステージ（前熟考期、熟考期、準備期／決定期、実行期、維持期／保持期、再評価期）にいるかを検討することが役立つ。

　第四は、資源の獲得である。クライエントが目標達成するためにクライエントが望む地域の環境資源を獲得しクライエントの権利を保障することであり、ケースマネジメントの本質部分である。クライエントが達成感や帰属感、自己肯定感をもつためには、地域で他者とのかかわりが安定的に維持されることが不可欠であるが、「機会、資源、そして人に富んでいるのは、地域である。そのため、ストレングスモデルの実践者の基本的な仕事は、クライエントを地域から切り離している壁を壊し、隔離を真の意味での地域統合に変えていくこと」（Rapp & Goscha=2014：247）である。間違えてはならないことは、誰にとっての、どのような目標のための資源獲得かであり、地域の保健・医療・福祉サービスの専門家等によってつくり出された「ケアする地域」（Rapp & Goscha=2014：248）にクライエントを「包み込む」（Rapp & Goscha=2014：260）ことではないという

点である。

　クライエントの希望や願望にそった資源獲得の戦略は、一般的に4つのポイントから検討する。①利用できるか(利用可能性)、②接近可能か(接近可能性)、③クライエントに適しているか(適合性)、④ニーズをどれだけ満たしているか(妥当性)。実際には、就労や住居、教育などに関するさまざまなサービスが資源となりうるが、それらの資源をできる限りクライエントに近づけて利用できるような調整を行う。また、資源の開発や創出も積極的に行うことになる。その際、援助者はごく一般的な普通のサポート(家族、友人、近隣、地域活動など)から始め、専門家によるサービスの利用は最後の手段である。

　資源獲得にあたっては、スティグマなどさまざまな障壁が存在することから、関係者や市民への以下のような効果的な「説得」の技法や、「合意形成」の戦略が求められる。効果的な「説得」の技法としては、利益や報酬を強調する、わかりやすく伝える、相手の価値観への適合を示す、証明された結果を引用する、試す、影響力のある他者にメッセージを結びつける、高圧的な方法を避ける、脅威を最小限にするなどである。「合意形成」の戦略としては、ものごとの二側面の論点を示して自らの立場を伝える、行動と態度などの認知的不協和(不一致)を示して変化を促す、立場の帰結を明確にして合意を形成する、記録や調査などの根拠の重みを活用する、チームで取り組む、実行によってモデリングを示す、動機と報酬によって人々に価値が認められるような合意にするなどである。

　第五は、協働に関するモニタリングと段階的な契約解除である。援助展開は徹底した利用者中心で、支援の方向や方法を決めるのは利用者の権利と考え、常にパートナーシップ(協働性)を重視し、その協働性をモニタリングする。また、地域での資源獲得においても強調されているように援助者の仕事の主な場所は地域だと位置づけている。

2節　実践的展開と検証

(1)　実践事例について

ここでとりあげる事例はスクールソーシャルワークの援助事例である。不登校で家族背景にもいろいろな問題を抱えていることからスクールソーシャルワーカー（以下、SSWer）に支援要請がありアセスメントを開始している。多面的な情報収集を行ったうえで、いかにストレングス視点によるアセスメントを行い援助展開するのかについてみていく。なお、このケースは実際の事例をもとに大幅に修正・加筆を行って新たに作成したものである。

(2) 事例の概要

> 不登校の中学校2年生男子A君は、1年生のときから不連続に不登校傾向があったが、2年生の夏休み後には全く登校しなくなった。担任が家庭訪問を行い母親と本人に接触し、保健室登校を促したが2回来ただけであり、その後は来なくなっている。担任が家庭訪問を行って事情を把握しようとしても応答がなく電話も出ないため、学校としても手詰まり感がある。これまでに把握できている情報は、以下のようなものである。
>
> 家族は母親とA君、軽度の知的障害のある姉（全寮制の特別支援学校に通学する高校2年生で基本的には身辺自立）の3人である。両親は本人が幼い頃に離婚しており交流はなく、現在は生活保護受給である。母親は離婚後、パート就労していたが心身の疲労が高じ、精神科クリニックに継続して受診しており、症状によっては数週間入院となることもある。その際には近所に住む母方祖母（独居）がA君の生活を支援している。現在、母親は自宅にいるが家庭訪問にも電話にも応じないことから体調がすぐれないことが推察されている。また、家庭訪問で母親に会えていたときには母親から「Aは学校に行ってもおもしろくない、友達もいない、先生は怖いと言っている」とのことで、「朝、起きてきても腹痛を訴えたり、起きてこなかったり」という状況だが、「家では好きなマンガを買ってきて読んだり、ゲームをしたり、コンビニや近くの公園に出かけていく」とのことである。また母親は自らのことについて「うつで受診しており身体が重くて家のこともできなくて、Aを学校に行かせることもできない。心配しているが。」と言葉少なに話しており、家の乱雑さなどからしても深刻であるとの担任の印象である。保健室登校でのA君の様子は養護教諭によると朝11時に登校し、得意だと

> 話す理科などのプリント学習を行って午後2時くらいに帰ることを2回行っており、クラスや友人、先生のことなどを話題にすると話したがらないが、マンガやゲームなどについて話題にあげると自分から説明するなど表情が一変するということである。母親については「病気だからずっと寝ていてしんどそう」だと言い、姉については「長い休みに帰ってくるが食事の準備はできないので自分が買ってきている」と話していたとの情報である。

(3) 支援展開

　上記の事例についてストレングス視点アプローチの立場から支援の展開をみていくが、最初に支援開始時の情報を問題志向の視点からとらえてみると、例えば次のような理解が導かれる。「不登校の状態が継続しているにもかかわらず保護者（母親）は登校に向けた学校のかかわりに一切応じていない。本人が学業に対する意識をもてず不登校が継続しているのも、保護者（母親）の精神的な問題からくる養育能力の問題が背景にあると考えられ、なんらかの対処が必要である」。問題志向の立場では、このようにＡ君の不登校という問題を、保護者の養育能力の問題から理解し、その問題解決に向けた専門的な支援が展開される。これに対してストレングス視点では何に着目し、どう支援展開するのかを前述の5つの機能に即してみていくことにする。

①ストレングスのアセスメントと関係づくり

　ストレングス視点アプローチでは問題の原因を詳細に探索し特定することには関心をおかない。むしろ、把握している情報から不登校の背景にある「母親の状態の悪化」を共有するとともに、Ａ君や母親、周りの状況の中にすでにあるストレングスや、Ａ君や母親の関心や希望は何かに着目する。例えば、初期情報をストレングス視点でみていくと、Ａ君には保健室登校が2回できていたこと、学校や学業には消極的だがマンガやゲームが好きであり養護教諭にそのことを楽しそうに話していたこと（つまり、Ａ君のいきいきとした内的世界がマンガやゲームという媒体を通して存在すること）、母親が病気で体調が悪いので心配していること、コンビニや公園に出かけることができることに着目する。また、母親は自身の体調が悪いにもかかわらずＡ君のことを心配していること、精

神科クリニックに継続して受診していること、母方祖母が支援的であること、学校関係者もなんとか現状の改善に向けて対策を打とうとしていること、生活保護担当者の存在も1つの資源であることなど、家族や環境面について同様に理解していく。そして、現状ではA君や母親の願いや希望がみえてはいないが、さらなる情報収集と関係形成を通してA君にどのような力があるのか、また、それをどう活かしながら望む方向に向けて支援につなげていくのか、母親に何があればよいのか、母方祖母や関係者の関与をどのようにつなげていくかを検討することになる。

　ストレングス視点アプローチにとって最も重要なことは、前述したようにA君や母親の言葉で表明された願望や希望、目標の共有である。そのためには、ストレングスに着目したかかわりを開始してパートナーシップを形成することが第一歩となる。この事例では、多面的な情報収集として学校以外の関係者を含むケース会議（母方祖母、生活保護の担当者、担任、養護教諭、教頭、SSWerが参加）を開催し、問題状況を共有したうえで初期情報をストレングスの視点から再検討した。すると、次のような情報が学校以外の関係者から新たに共有された。A君は母親が体調悪化した春以降、お金の出し入れや家計用財布の管理、食事の買い物などを一手に担っていること、母親は主治医から入院を勧められているがA君のことを心配して応じていないこと、A君は毎夕、近所の公園で小学校低学年の子どもたち数人と遊び、時にお菓子などを与えていることなどである。これらの追加情報から家族の中でA君が家計管理や最低限の家事を担う中心人物だったこと（日常生活、家庭の経済面）や、A君が近所の子どもたちにとって頼れる兄貴としての振る舞いを行っていたこと（学校外の余暇的な社会活動）が初めて理解されたのである。これらのストレングスのアセスメントは、前述したアセスメントの7つの生活領域のうち教育場面の情報からは推察しえないものであった。

　このように、関係者のケース会議によって初期情報の整理と共有、追加情報の共有を行うなかで浮上した援助展開上のテーマは、パートナーシップ形成に向けた関係形成の糸口をどのようにつくりだしていくかであった。そして、母親には母方祖母の同席のもと、関係のとれている生活保護担当者からSSWerの関

与の提案を行うこととし、A君には養護教諭から手紙を通して保健室登校を促すこととした。その後、SSWerの家庭訪問が実現したことから、母親をねぎらいつつ、ストレングスに着目しながら母親自身の体調や生活状況、子どもたちのことなどについて1つひとつ具体的な相談を行ったところ、母方祖母の協力を得て、短期間の入院を母親自身が決断するに至った。

この間、家庭訪問の際にA君にも家の中での役割や近所の子どもたちとの交流に関して、ストレングス視点に立った会話を行ったほか、マンガやゲームの世界観などを共有する会話を続けながら、保健室登校を側面的に支援した。例えば、「お母さんの調子が悪いときには家のお財布を管理していると聞いたけど、家計のやりくりはどんなふうにしているの?」や「近所の子どもたちの『お兄ちゃん』として気をつけていることはあるの?」「アニメのどんなキャラクターが好きなの? どんな性格をしているの?」など、A君の日常生活におけるストレングスを引き出すような会話を継続した。

さらに、環境調整としてA君の学校内の役割分担を話し合い、A君が「怖い」と感じている担任は当面後方にまわり、養護教諭が中心になって保健室登校に向けた体制を整えるよう調整を行った。

②個別計画の作成と実施

家庭訪問を継続し、A君の保健室登校も落ち着いた段階でようやくみえてきたA君の希望・目標は「高校進学したい」(長期目標)というもので、そのためには「保健室登校で少しでも勉強をする」(短期目標)ということであった。そのため、本人と養護教諭でどのような学習計画を立てるかを考え、ワークブックを用いた学習計画や自宅学習など、A君が高校進学のために必要だと思える具体的な計画が盛り込まれた。その際、担任も養護教諭の後方支援を行った。そして、予定どおり保健室登校や自宅学習ができた日にはA君が好きなアニメのシールを専用カレンダーに貼ることとした。

SSWerは、A君の目標と計画を、退院した母親、母方祖母らとも共有し、学校側に対しては担任、養護教諭、教頭らと連絡をとりあい、学校内での支援体制と今後の見通しを検討し、当面の方向性として、①保健室登校の継続のために複数教員が支援する体制づくり、②A君と担任との関係の再構築、③高校進

学に向けての個別ガイダンス実施などを行うこととした。
③資源の獲得

　このような計画が目標達成に向けて機能するためには、SSWerの資源獲得のための調整やかかわりが必須であった。例えば、生活保護担当者との連携によって、Ａ君の最善の利益のためにもこの家庭への見守りを継続的に行ってほしいことをケース会議で伝えて生活保護担当者の援助力を引き出すかかわりや、校長や教頭の承諾を得て学校全体の体制を高められるような校内ケース会議の設定、個別の連絡など仲介的調整をこまめに行い、必要に応じて代弁や提案を行って意見の相違や葛藤を乗り越えてきた。すると、授業の空き時間を使ってＡ君の個別学習に協力する教員や担任を支援するベテラン教員、Ａ君のことを気にしている友人の存在などもあらわれ、予想外の支援体制を組むことが可能になったのである。

④協働に関するモニタリングと段階的な契約解除

　上記の対応により、Ａ君の学習意欲は徐々に高まり高校進学という目標のもと、担任との関係も改善して少しずつ学級に戻れるようになった。母親の体調悪化や学級での不安などが生じた際は、必要に応じて校内ケース会議や関係者でのモニタリング会議を行い、本人や家族の状況を把握することに努め、最終的には単位制の高校進学を果たしている。

(4)　理論の検証

　ストレングス視点アプローチの最大の特徴は、前述したように利用者や利用者が置かれている環境をストレングスの視点でとらえなおしてかかわることである。しかし、実際にはクライエントや家族の希望や願望が共有できず、関係者が「問題」中心のアセスメントを行っている場合が少なくない。この事例でも、初期情報をストレングス視点で再アセスメントし、支援者とＡ君・母親の関係構築に取り組むと同時に、生活状況を把握するなかで継続してストレングスを見出し、Ａ君の「高校進学」という希望・目標を家族と学校が共有しながら、母親への支援、母方祖母との連携、学校や関係者との調整、支援体制づくりを行ったといえる。

　「学校へ行けない生徒」「養育力に問題のある母親」というスティグマから本

人や家族、関係者も離れがたくなってしまう「ぬかるみ」に陥ることなく、「問題」に隠れてみえなくなってしまったストレングスや可能性を丁寧に引き出し、変化を生み出す方向にもっていくのが援助における最初の作業になる。この支援プロセスは、本人や家族のエンパワメントのプロセスともいえる。

　また、このアプローチの最終的な目標は、クライエント自身が同意した目標達成のために生活の場をストレングスに開かれた場にすることである。この事例ではA君のストレングスとして、「高校に進学したい」という意思を教員や関係者に明確に示すことができたこと、そのための保健室登校の継続やワークブックを用いた学習計画、自宅学習を実際に行う力が本人にあったこと、個別ガイダンスや高校見学などに取り組む力を引き出すことができたこと、などが挙げられる。これらは家族の諸事情のため家計をやりくりしていた経験から得た判断力や行動力などと無関係ではない。そして、環境側もその目標に向けて養護教諭や担任、担任以外の教員など日々の学習を側面的に支える人的資源が連携したこと、生活の安定のために関係機関の職員が連携をとり、ゆるやかに見守り体制を維持したこと、本人には友人や近所の子どもたちとの社会関係の中で自己肯定感を維持できていたことなどがうまく機能した。

　このような個人と環境のストレングスに焦点をあてた援助は、意図的にストレングスの掘り起こしを行うことが必要であると同時に、ストレングスをどのようにいかせばいいのかという見通しと継続的なモニタリングが重要である。援助者が問題状況を適切に把握することと、援助者による問題の肥大化を見分けながら、このアプローチの利用者主体、協働実践を志向することは、ソーシャルワークの価値につながるといえる。

おわりに

　ストレングス視点アプローチは「エンパワメント」「利用者主体」「パートナーシップ」といったソーシャルワークの重要概念を共有し、利用者理解においてパラダイム転換を促進し、今後も影響力をもち続ける援助理論だと思われるが、今後の課題として以下の3点を提示したい。

第一に、ストレングスに着目した実践を行うにあたって援助者は、認知のギアチェンジともいうべき思考の転換が必要とされる点である。なぜなら、援助者は通常、知識教育などにおいて問題解決の思考方法を身につける傾向が強いからである。したがって、単にアセスメント項目にストレングスの欄を設けることに終わらず、問題に焦点化された情報や理解を、その都度、ストレングスの視点で書き換えるための認知の転換や具体的な技法のさらなる進展及び事例の積み上げが必要である。

　第二に、援助を必要とせず援助関係が成立しづらいクライエントや、希望や願望を言葉にすることが難しい状況にあるクライエント（三品2001：39）など、このアプローチに乗りにくいクライエントの場合に、援助関係を結ぶ段階からの援助過程のダイナミクスに関する理論の発展が求められる。例えば、長期入院を余儀なくされた精神障がい者や、DV被害や貧困を抱えて日々の生活に追われる母子家庭の母親、虐待を受けている子どもや高齢者などは、自らの希望や願望を話題にすることさえままならず、ストレングス視点の会話も成立しにくい状況が予想される。その場合には、まず「問題」に関する共感的理解を丁寧に行ったうえで、その会話の中からストレングスを引き出していくような会話へと導く必要がある。前述したように援助の5つの機能は提示されているが、この機能がどのようなプロセスで展開されるのかを対象や領域ごとに明確にすることが求められている。

　第三に、ストレングス視点アプローチはクライエントの語り（ナラティブ）を重視するナラティブ・アプローチや、エンパワメント・アプローチとの関連性が強いと思われるが、実践においてどのようにそれらが連関するのか、いまだ明確ではない部分もある。神山（2006：5）は「ストレングス視点による支援は、科学的様式ではなく物語様式であり、自らの語りを外在化する中で、事実の多様性を理解し、新しい意味づけを行う過程」だと述べ、ナラティブとストレングスの関連性を指摘する。また、山口（2004）はストレングスとエンパワメントのパワー獲得過程の関連に着目し、「ストレングス―パワー循環過程」を明らかにする必要を述べている。ストレングス視点アプローチ、ナラティブ・アプローチ、エンパワメント・アプローチなどそれぞれの理論における立場・視点は理解

可能であっても、近接するそれらの理論を実践の中でどのように理解し援用していけばいいのかについては今後の課題といえる。

引用文献

神山裕美（2006）「ストレングス視点によるジェネラリスト・ソーシャルワーク――地域生活支援に向けた視点と枠組み」『山梨県立大学人間福祉部紀要』1，1-10.

久保美紀（2002）「ソーシャルワークにおける『正義』志向とストレングス視点」『明治学院論叢』673，63-83.

中央法規出版編集部編（2012）『社会福祉用語辞典 六訂』中央法規出版.

三品桂子（2001）「精神障害者のケースマネジメントとストレングス視点」『ソーシャルワーク研究』27（1），32-40.

山口真里（2004）「ストレングスに着目した支援過程研究の意味」『福祉社会研究』4・5，97-114.

山口真里（2009）「ソーシャルワークにおけるストレングスの特性―類似概念との比較をつうじて―」『広島国際大学医療福祉学科紀要』5，65-78.

Rapp, C. A. & Goscha, R. J. (2012) *The Strengths Model.* (＝2014, 田中英樹監訳『ストレングスモデル――リカバリー志向の精神保健福祉サービス 第3版』金剛出版.)

Saleebey, Dennis ed. (2012) *The strengths perspective in social work practice 6th Edition*, Pearson.

第3部

ソーシャルワーク現場にみる経験知と理論の活用、その検証
――実践から理論へ――

第12章 知的障害者領域における
ソーシャルワーク実践

　知的障害者にかかわるソーシャルワーク実践においては、権利擁護と社会参加機会の保障、地域生活支援などが大きな課題として挙げられる。そしてその根底には、個人としての尊厳が、当然のこととして尊重されていなければならない。

　2006年に国際連合総会で「障害者の権利に関する条約」が採択された。日本は2014（平成26）年に批准したが、第1条では「全ての障害者によるあらゆる人権及び基本的自由の完全かつ平等な享有」がうたわれている。また第3条では、固有の尊厳、個人の自律及び自立の尊重、差別されないこと、社会参加及び社会に受け入れられることなどが「一般原則」として記されている。さらに第19条には、「どこで誰と生活するかを選択する機会を有すること並びに特定の生活施設で生活する義務を負わないこと」と記され、本人が望まない形での入所施設等での生活を強いられず、地域での生活が保障されることが明記されている。

　わが国の「障害者総合支援法」においても、その第1条の2には障害をもつ人々が「必要な日常生活又は社会生活を営むための支援を受けられることにより社会参加の機会が確保されること及びどこで誰と生活するかについての選択の機会が確保され」ることが基本理念として記されている。

　ソーシャルワーク実践に求められるのは、これらの理念を当事者の生活の中に「具現化」する働きである。本章では、知的障害者支援の実践に伴う困難性にふれつつ、具体的な地域生活支援の一部としての、就労継続支援の実践事例を検討する。そのうえで、知的障害者の尊厳と権利を護る実践のあり方について論じる。

1節　実践的展開

(1) 実践における矛盾やジレンマ

　知的障害者にかかわるソーシャルワーク実践には特有の困難性がある。それは、ソーシャルワークで大切にされる利用者の「自己決定」や「自立」の概念が、そのままでは実践に適用されず、支援者は支援の原理・原則と実際との間の矛盾やジレンマを抱えるということである。ソーシャルワーク実践では、利用者の意思や希望が何より尊重される。しかし、知的障害をもつということは、自らの意思を表すことや何かの選択をすること、判断することにハンディキャップを伴うということでもある。このことが知的障害者へのソーシャルワーク実践における難しさとなる。

　知的障害者支援の実践や研究に取り組んでいる西村愛は、知的障害について「自分は他者にどのように援助してほしいかという意思伝達が思考能力、判断能力、伝達能力の不十分さという障害特性ゆえの困難のためにうまくできないという障害」(西村 2005：410) としている。この意思伝達の難しさ (言い換えれば、知的障害をもつ当事者の意思表出を支援者側が理解することの難しさ) は、ときに支援者が「本人に代わって」支援の仕方などに関する選択・決定をするという行為をもたらすことになる。もちろんその選択や決定は「本人のために」「本人によかれと思って」なされる行為である。しかし、そこに落とし穴があることを忘れてはならない。すなわち、知的障害者への権利擁護の実践が、逆にその権利を奪ってしまう営みになるおそれがあるということである。

　「自分の希望やニーズを表明しにくいといわれることの多い知的障害のある人を支援するということは、決められたサービスを提供するだけではないことを改めて感じている」(浦野 2010：146-154) という実践者の言葉からも、ソーシャルワークの重要性とそのあり方に関する検討の必要性が認められる。

(2) 地域生活移行支援の難しさ

　冒頭で紹介した「特定の生活施設で生活する義務を負わない」という障害者権利条約の言葉の背景には、障害をもつ人々の多くが地域で生活する自由を奪

われ、特定の入所施設での生活を強いられてきたという現実を表している。このことはもちろん日本においても例外ではない。入所施設で暮らしている知的障害者の地域生活への移行支援、及び就労や社会参加の支援を含めての地域生活支援は、ソーシャルワーク実践の大きな課題である。

また、知的障害者の場合には、成人して親元から自立するということも難しい状況にある。もちろんいかなる場合でも親と一緒に暮らしてはいけないということではなく、生活スタイルは、個々人や家族それぞれの選択であることはいうまでもない。問題となるのは、一般に成人し社会人となったときに示される「親元から自立して生活する」という選択肢が、現実のものとして示されにくいということである。そのために親としても、子どもと離れて暮らす将来が想像できないままに年を重ねるということになる。

知的障害者の親元からの自立に関する研究を行っている森口弘美は、「たとえ当事者が不満を感じていなかったとしても、障害があるということに起因して他の選択肢がない、あるいは障害のない人と比べて選択肢が少ないのだとすれば、それは障害者福祉の問題として取り組むべき課題である」（森口 2015：27）としている。「自立」するとはすべてを自分一人でできるようになることではない。「自立の背後にはかならず何らかの依存がある」（浜田 2015：107）といわれるように、それは様々な人間関係や場所の関係とそこへの依存があって成り立つものである。知的障害者が地域で自立して生活するために利用できる住居や支援サービス、様々な場所や活動などの社会資源の開発や充実が求められる。

(3) 就労継続支援の実践事例

地域で自立して生活するということは、生活の場が施設や家族の元から地域へと、ただ物理的に移ればよいということではない。そこには就労その他の「社会参加の機会」が保障されることが必要である。そして、「働く」ということは知的障害者に限らず、人々の重要な社会参加の機会である。ここでは、知的障害者の就労支援に関するソーシャルワーク実践事例を取り上げる。さらに、社会参加すなわち就労を継続するための営みとして、「人と環境との相互関係への介入」を特徴とするソーシャルワークならではの、その支援の意義とあり方を

理論的に考察する。

　以下は、会社での人間関係がうまくいかず、出勤意欲が低下している知的障害者への職場復帰支援を行ったソーシャルワーク実践の事例である（本事例は「障害者への就労支援」の事例として、筆者が作成したもの（空閑 2015：179）を加筆・修正したものである）。

〔事例〕

　軽度の知的障害をもつAさん（30歳、男性）は、母親（60歳）と二人暮らしである。障害者就業・生活支援センターのB相談員（社会福祉士）の支援を受けて、1年前にビルなどの清掃を請け負う会社に一般就職した。順調に仕事を続けていたAさんだったが、最近、「体がだるい」と言って会社を休むことが時々あり、母親も心配していた。また以前は、帰宅すると母親に仕事のことや会社の様子などを話してくれていたが、今では黙ってテレビを見ていることが多くなった。母親が会社のことを聞いても、「何もない」「今日は疲れた」と言って自分の部屋に閉じこもってしまう毎日である。母親は、会社で何かあったのかと思って、社長に連絡して会社での様子を尋ねたが、「特に気になることはない」とのことであった。

　ある日の朝、いつものように朝食を食べているときに、Aさんが急に「会社を辞めたい」と言って泣き出した。母親はとりあえず会社に事情を伝えて、その後B相談員に電話をした。B相談員はAさん宅を訪問して、Aさんに事情を聞いた。「最近、職場で誰も話しかけてくれない。誰からも相手にされていない。話し相手がいない。昼食も一人で食べている」とのことであった。また、Aさんの就職時から、Aさんのことを気にかけてくれて仕事の仕方も教えてくれていた上司が、少し前に定年で退職したことも影響しているようである。もともと自分から人に話しかけたりすることが苦手なAさんにとって、いろいろと話しかけてくれるこの上司の存在はAさんにとって精神的な支えになっていた。Aさんとしては心配をかけたくないという思いから、母親には言えなかったとのことであった。

　B相談員が、Aさんに仕事を続けたいかどうかを尋ねると、Aさんは、「自分が掃除した場所がきれいになるのはうれしい。だから清掃の仕事は続けたい。でも今の会社には自分の居場所がない。話し相手がいない」と伝えた。B相談

員は「清掃の仕事を続けたいという気持ちは大切にして欲しい。自分が会社の責任者と話をするから、まだ今の会社をあきらめないでほしい」とAさんに伝えた。

その後B相談員は、会社を訪問して、社長にAさんの事情を伝えた。社長は、「彼については、仕事はきちんとやっているので気にすることはなかったが、そう言われれば最近元気がないような感じだった」とのこと。またB相談員は、Aさんがいつも一緒に仕事をしている同僚の社員にも話を聞いた。同僚からは、「定年退職した上司がいつもAさんに声をかけていたので、その上司がいなくなって、誰かがAさんに話しかけることがあまりなくなった。また、仕事の指示などをしても、ときどきAさんが理解していないようなこともあって、周りもどのように接したらよいのかわからず、Aさん抜きで仕事を進めることもあった」とのことであった。

B相談員は、会社の社長と同僚に、「清掃の仕事は好きだから続けたい」というAさんの気持ちを伝えたうえで、「確かにAさんには知的障害があり、一度で指示を覚えることや理解することは難しいかもしれません。でも、ゆっくり繰り返し説明してもらえれば、多少難しいことでも理解できます」と伝えた。また、Aさんは自分から人に話しかけることは苦手だが、優しい性格で、人のために役にたつことや、人に喜んでもらうことがとても好きな人であることを伝えた。B相談員の話を聞いた社長と同僚は、Aさんも含めて、社員間の相互理解のための交流の機会をもつことにした。またAさんにも、何か会社のなかで役割を持ってもらうことを検討することにした。

2節 事例に関する理論と経験知の検証

ソーシャルワーク実践において重要なことは、生活困難にはそれを生じさせる社会環境的な要因があるという認識である。そこに、人と社会環境との相互関係への視点や介入、そして社会環境の改善のための働きかけの必要性も生じるのである。

上記の事例では、Aさんは職場の人間関係から居場所のなさを感じて、会社

に行きたくないと言い出した。連絡を受けたＢ相談員は、まずはＡさんに会って話を聞いた。相手を否定することなく話を傾聴するということは、大切にされているソーシャルワーカーの姿勢である。Ａさんが会社に行きたくないという背景には、それまでＡさんをいろいろと支えてきた上司が定年退職したことにより、話し相手や心理的な支えを失った状況があると考えられる。ただ、Ａさんは、それでも出勤時はまじめに仕事をし、清掃の仕事自体は好きだと言っている。また母親に心配をかけたくないという優しさもある。ソーシャルワーク実践では、このようなＡさんの「ストレングス（強さ）」を認めて尊重すること、仕事を頑張ろうとしているＡさんの自己肯定感を支え、自信をもってもらう働きかけが大切である。

　今の会社への出勤意欲を失っているＡさんの状況について、システム理論やエコロジカルモデルの視点から「Ａさんと会社との相互関係で何が起こっているか」「Ａさんに出勤意欲を失わせている構造は何か」を把握することができる。Ａさん自身は、決して仕事が嫌だと訴えているわけではない。「仕事は続けたい」という本人の意向を踏まえての対応が必要であることはいうまでもない。

　Ａさんが直面している困難を生み出しているのは、仕事内容自体ではなく、本人を取り巻く環境すなわち会社での人間関係である。ソーシャルワークの実践では、「生活困難の背景にある社会環境的な構造」へのまなざしが重要である。「ある人の行為は、当人とその周囲の人たちとのかかわりのなかで成立しており、それらと切り離して捉えられるものではない」（三井 2011：21）のである。その考え方に基づき、ソーシャルワーク実践の介入の焦点は、会社（社長や同僚の人々）とＡさんとの相互関係となる。Ｂ相談員が行ったように、会社に対して、Ａさんの気持ちを伝えるとともに、Ａさんへの理解を促し、この仕事が好きだというＡさんがこれからも働き続けられる環境整備への協力を促すことが求められる。

　さらにこの実践事例は、ノーマライゼーションやソーシャルインクルージョン（社会的包摂）の概念からもとらえることができる。障害をもつ人でも、そうでない人と同様に、就学や就労の機会があるなど、様々な社会参加の機会が保障されている社会こそがノーマル、すなわち正常であるという考え方である。そして、

何らかの生活困難を抱える人たちが、社会的に排除されることのないようにとする考え方がソーシャルインクルージョンである。

そもそも「障害」とは、その人に属するものではなく、その人とその人を取り巻く環境との関係のあり方によって生じる社会生活上の「障壁（バリア）」である。しかし、そのような関係の問題であるにもかかわらず、そこに生じる「障壁」によって生きづらさや生活のしづらさを体験するのは、往々にして障害者の側なのである。このことについて、支援やケアに関する研究を行っている三井さよの以下の指摘は重要である。

> 問題は、関係のなかにある障害そのものではなく、そこから生じる弊害や痛みを、当事者に一方的に押しつけることにある。修正されなくてはならないのは、関係に存する障壁そのものでは必ずしもなく、そこから生じる不利益を当事者だけに集中させる社会構造の方である（三井 2011：13）。

知的障害者へのソーシャルワーク実践に求められるのは、このような「社会構造」の変革のための働きである。知的障害がある人でも、社会参加や就労が可能になるように、その障害の状況に応じた環境を整備しなければならない。その人が働く環境（職場）を働きやすく、仕事がしやすく改善する（正常化する）ことで、職場の一員、社会の一員としてその人が「包摂」される状態に、その場や環境のあり方を「修正」しなければならないのである。

3節　尊厳と権利を護るための知の行動化

(1)　知と行為とをつなぐ

事例のAさんへの支援で、B相談員が行ったように、「職場やその他周囲の人々の理解を含めて、当事者が働きやすい環境を整備する」という視点は、知的障害者の就労支援のソーシャルワーク実践における重要な視点と働きかけである。そして、このことは当事者の尊厳や権利を護るための営みである。

2015（平成27）年6月に山口県下関市の障害福祉サービス事業所で起こった

職員による利用者への虐待事件は、マスコミでも大きく取り上げられ、福祉関係者はもちろん社会全体にも大きな衝撃を与えた。[*1]この事件は、人間の尊厳や権利擁護などの社会福祉やソーシャルワークの理念が、ただ言葉や知識として語られ、唱えられているだけでは不十分であることを示している。それらの理念や言葉が必ずしも、日々の実践の中に「行動化・実践化」されていないという課題を示している。問題は、知っていることと行っていること、つまり知識と行動との間に断絶や隔たりがあるということである。このような断絶や隔たりをなくしていくことを実践的な課題として取り組む必要がある。

医学博士の岸邦和は「人間の尊厳」の尊重について、「あえて単純に表現すると、『お互いを人間として認めあおう』ということ」であり、「『基本的人権』が法律的な権利を意味するのに対して、『人間の尊厳』は、法律を超えて、人間であることを尊重しようという広い意味をもつ」と述べている（岸 2015：3）。このような「人間の尊厳」あるいは利用者の「権利」について、それらを「意識する」とはどのような「行為」や「姿勢」をいうのであろうか。ソーシャルワークにおける「価値・倫理の行動化」という観点から「実践的」に検討したい。

(2) 尊厳や権利を意識するという行為

ソーシャルワークを実践する支援者は、自らの実践が利用者の尊厳を尊重し、生活上の権利を守る営みとなっているかどうかを常に問いながら、自らを振り返ることが求められる。もちろん知的障害をもつ利用者の尊厳自体は、いかなる場合でも失われることはない。しかし本人の意思が伝わりにくい、言い換えれば本人が伝えていることを支援者が理解できないという関係の中で、支援者側にとっては、その利用者の尊厳や権利がどうしても「認識されにくくなる」ということが起こりうる。

知的障害や発達障害をもつ人々の地域生活支援を行ってきた安井愛美は、福祉職について、「自分の仕事が相手の力を奪う方向に向かっていないかを『常に

[*1] 「知的障害者に暴行容疑：下関　施設の元職員逮捕」（『朝日新聞』2015年6月10日夕刊）、「山口・知的障害者福祉施設虐待：障害者平手打ち　元職員を容疑で逮捕　下関市は匿名通報放置」（『毎日新聞』2015年6月11日朝刊）、「山口・下関の知的障害者福祉施設虐待：別の職員、書類送検へ　暴行容疑、障害者の頭たたく」（『毎日新聞』2015年6月12日朝刊）、「虐待3年前から：施設関係者『複数職員が継続』」（『朝日新聞』2015年6月13日朝刊）など。

振り返ることができる人』とか『常に支援される側とともに自分も育てられていくという視点のある人』というイメージ」（安井 2014：133）と語っている。知的障害者に対する「支援者として」のかかわりが、利用者の尊厳の軽視や権利侵害を、支援者も意識しないままに生じさせるという陥穽(かんせい)の存在が認識されなければならない。

　そしてこのような自らの支援を常に振り返り、問い直す行為は、ソーシャルワークの「価値・倫理の行動化」の営みとなる。価値や倫理は、それらをただ言葉として知っているだけでは意味がない。ソーシャルワークの実践の中で、支援者によって、支援者の身体を通して行動化されなければならない。ソーシャルワークの価値・倫理についての知識と自らの行動とをつなぐこと、両者の間の隔たりを広げないことが、実践の中で常に意識されることが必要なのである。

(3) 「わからなさ」に開かれた実践

　知的障害者にかかわるソーシャルワーク実践は、ときにソーシャルワークの原理や原則といったソーシャルワークで大切にされる概念について、実際との間の矛盾やジレンマを生じさせることになる。例えば「自己決定」の尊重という支援の原則は、自分の意思の主張や表明がされにくいとされる知的障害者にとっては、自己決定を「強いられる」経験や、代わりに（しかも「よかれ」と思って）なされる支援者による決定に従うという経験となりうる。西村はこのことについて、以下のように疑問を投げかけている。

　　　言葉としてのコミュニケーション手段をもたない知的障害児・者が多く存在し、それゆえ援助者に誤解されたり、言いなりになっている現状も少なくない。にもかかわらず、「主体性」や自己決定の尊重など聞こえのよい言葉のみが先行し、掲げられていることに不安と不満があった（西村 2005：419）。

　また哲学や倫理に関する研究に取り組む藤谷秀は、「パターナリズム対自己決定という対比だと、相手へのかかわりが、よけいなお世話か不干渉かということになってしまう」（竹内・藤谷 2013：138）として次のように述べている。

たとえば、不治の病に苦しみ「死にたい」と言う人に対して、それを引きとめようとするのはよけいなお世話でしょうか、「はいそうですか」とその意思を「尊重」すればよいのでしょうか。そこに欠けているのは、お互いを大切な存在として気遣い合う関係です。重要なのは、こうした関係のなかで、相手にとって何がいちばんよいことなのかを見つけていくことではないでしょうか（竹内・藤谷 2013：138）。

　「お互いを大切な存在として気遣い合う」という関係は、その人の人間としての尊厳やその権利が大切にされる関係である。求められるのは、一方的なパターナリズムでもなく、強いられる自己決定でもない。お互いにかかわり合う関係の積み重ねのなかで、本人にとってよいことを、丁寧に見出していこうとする実践である。本人の意思や希望が「わかりにくい」「わからない」とされる知的障害者へのかかわりであるからこそ、支援者側の都合で支援を進めてしまうという権力性と、尊厳の軽視や権利の侵害が意識しないままに起こりうるという陥穽に常に敏感でなければならない。
　西村は、「知的障害児・者のソーシャルワークで重要なことは、この『分からなさ』を前にして援助者は援助の分からなさ・もどかしさを認識することであると思われる」（西村 2005：419）としている。同様に、三井は知的障害をもつ当事者とのかかわりについて、「『わからない』としてしまうのではなく、＜わからなさ＞に対して開かれ続けること」（三井 2011：21）が大切であるとしている。それは、「『わからない』ことの隔たりにおいて、ぼくたちは他者の他者性を損なうことなく、他者とかかわりつづけなければならない」（片山 2013：249）ということなのである。
　実践におけるこのような「わからなさ」を含め、知的障害者支援の現場で経験される葛藤や悩み、迷いをそのままに言語化する営みが必要である。同時に、葛藤を葛藤として、迷いを迷いとして、そのままに抱え続ける実践を支えるようなソーシャルワーク理論の構築が求められる。

おわりに

　本章では知的障害者にかかわるソーシャルワーク実践について、知的障害をもつ当事者にかかわることに伴って生じる実践現場での矛盾や困難性を検討した。また地域における就労支援の実践事例を取り上げ、「人と環境との相互関係」に介入するソーシャルワークならではの意義や機能について検討を行った。さらに、知的障害をもつ人々の尊厳や権利を尊重する実践について「価値・倫理の行動化」という観点から検討した。

　ソーシャルワークは理論を理論として語って終わるものではなく、実践を実践として経験して終わるものでもない。また人間の尊厳や権利についても、「わかっていること」「今更問うまでもないこと」として終わらせてはいけない。尊厳や権利を意識した行為とはどのようなものか、主体的な生活とは何か、自己決定を支えるとはどういうことか。知的障害をもつ人々とその生活にかかわる実践から学び、考えるべきことは多くある。

　支援する側にある者として、支援という行為に伴う自らの権力性という陥穽を認識しつつ、ソーシャルワークの価値や倫理、理論について「実践的・現実的」に問い続けることが必要である。

引用文献

浦野耕司（2010）「知的障害のある人の地域生活支援の実践をソーシャルワーク実践にするために」『ソーシャルワーク研究』36（2），相川書房，146-154.
片山恭一（2013）『死を見つめ，生をひらく』NHK出版新書.
岸邦和（2015）『「人間の尊厳」を考えるための練習問題』幻冬舎.
空閑浩人（2015）「演習授業の授業計画例：障害者への就労支援」一般社団法人日本社会福祉士養成校協会編『相談援助演習教員テキスト　第2版』中央法規出版，178-184.
竹内章郎・藤谷秀（2013）『哲学する「父」たちの語らい ダウン症・自閉症の「娘」との暮らし』生活思想社.
西村愛（2005）「知的障害児・者の『主体』援助の陥穽を問う——ナラティブ・アプローチの批判的考察をもとに」『現代文明学研究』7，410-420.
浜田寿美男（2015）『＜子どもという自然＞と出会う——この時代と発達をめぐる折々の記』ミネルヴァ書房.
三井さよ（2011）「かかわりのなかにある支援——『個別ニーズ』という視点を超えて」『支援』1，生活書院，6-43.
森口弘美（2015）『知的障害者の「親元からの自立」を実現する実践——エピソード記述で導き出す新しい枠組み』ミネルヴァ書房.
安井愛美（2014）『ぴっころ流　ともに暮らすためのレッスン——対人援助にまつわる関係性とバラン

ス』全国コミュニティライフサポートセンター．

参考文献
崎山治男・伊藤智樹・佐藤恵・三井さよ（2008）『＜支援＞の社会学——現場に向き合う思考』青弓社．
中村剛（2012）「知的障害者の地域生活移行支援に関するスキル——長野県西駒郷における知的障害者の地域生活移行を中心に」『関西福祉大学社会福祉学部研究紀要』16（1），関西福祉大学，83-90．
西村愛（2014）『社会は障害のある人たちに何を期待しているか——生涯学習実践から知的能力をめぐる問題を考える』あいり出版．
ピープルファースト東久留米（2010）『知的障害者が入所施設ではなく地域で生きていくための本——当事者と支援者が共に考えるために』生活書院．

第13章 高齢者領域における ソーシャルワーク実践

　本章では、地域包括支援センターで行われた実践をソーシャルワーク理論から検討する。第1節では、地域包括支援センターの位置づけを確認し、地域包括支援センターが中心となって支援を行った高齢者夫婦二人暮らしのケースの展開を追う。そして、第2節では、ミクロレベルの実践における、認知症の人が生きる世界やライフストーリーの理解に基づく支援、環境を整えていくこと、エンパワメントに基づく支援、そしてそうしたミクロ実践がメゾ・マクロ実践に結びついていくといった実践のポイントを、ソーシャルワーク理論に基づいて検討していくこととする。

1節 実践的展開

(1) 地域包括ケアにおける地域包括支援センター

　日本の高齢者人口は増加の一途をたどっており、2014（平成26）年10月現在、高齢化率（総人口に占める高齢者の割合）は26.0％と過去最高となった。[*1] 今後の見通しとして、総人口が減少する中で高齢者が増加することにより高齢化率は上昇を続け、2035（平成47）年には33.4％、3人に1人が65歳以上の高齢者となると推計されている。[*2] また、認知症の人について、厚生労働省は2012（平成24）年に462万人であったのが、2025（平成37）年には約1.5倍となる700万人を超えるとの推計を発表した。高齢者人口や認知症の人の増加は、すなわち認知症高齢者や一人暮らし高齢者といった介護や見守りを必要とする人が増加

[*1] 内閣府（2015）『高齢社会白書』, 2.
[*2] 同上, 3.

することでもある。

　介護や見守りといった支援を必要とする人が、できる限り住み慣れた地域で生活を継続できるよう、24時間365日を通じた対応が可能な地域包括ケアシステムの構築が進められている。地域包括ケアシステムにおいて、中核的な役割に位置づけられている地域包括支援センターは、2005（平成17）年の介護保険法改正で導入された、介護保険制度の持続可能性の追求と法定給付のみではカバーされない様々な高齢者住民の課題に対応する地域の拠点である。社会福祉士、保健師、主任介護支援専門員の3職種が配置され、それぞれの専門性を活かして、地域住民の様々な生活課題に個別に対応するだけでなく、保健、医療、福祉、介護が連携した地域のネットワークの構築、すなわち地域包括ケアシステムの構築も目的とされている。地域包括ケアを実現するためには、日常生活圏域において、①医療との連携強化、②介護サービスの充実強化、③予防の推進、④見守り・配食・買い物など、多様な生活支援サービスの確保や権利擁護、⑤高齢期になっても住み続けることのできるバリアフリーの高齢者住まいの整備といった5つの視点による取組みが包括的、継続的に行われることが必須であるとされている。

　次節より、地域包括支援センターにおける包括的、継続的な支援の展開を追い、高齢者領域におけるソーシャルワーク実践と理論を検討していくこととする。

(2)　**夫婦二人暮らしの事例**

①かかわりの始まりと家庭訪問

　地域包括支援センターに民生委員から相談があった。担当地域に住む高齢の夫婦のことである。夫婦二人暮らしの宏さん（夫：78歳）、春子さん（妻：67歳）は民生委員としての見守りの対象外ではあるが、春子さんが町内をあちらこちら歩く姿が半年前より見られるようになり、気になっているとのこと。当初は夫の宏さんが付き添って、一緒に歩いていたため、2人仲良く散歩していると民生委員は思っていた。実は春子さんは料理や掃除といった家事もできなくなっていたので、宏さんが春子さんの世話と家事を行うようになっていた。しかし元来血圧が高かった宏さんは、春子さんの世話のため通院ができなくなったこともあって、体調を崩し、寝込むことも増えた。宏さんはそういった自分た

ちの状況を、誰にも言わずにいた。

　民生委員は春子さんが歩いている時に出会い、春子さんと会話がかみ合わないことに気づき、もしかしたら認知症ではないかと思った。そして宏さんに受診を勧めたが、宏さんは「老化だから受診しなくてよい」の一点張りだという。民生委員は「こういう状態の夫婦を放っておいてよいとも思えないので、地域包括支援センターからも受診と介護保険サービスの利用を進めてほしい」とのことだった。

　地域包括支援センターの保健師と社会福祉士とで、自宅に訪問した。訪問に際して地域の高齢者が健康で過ごしているかどうかを知るため、自宅に訪問していると伝えたところ、しぶしぶといった感じではあるが、宏さんは自宅に入れてくれた。自宅の中は新聞や洋服、タオル等があちらこちらに置いてあり、片づいているとはいえない状態だった。2人の状態をうかがうと、宏さんは「2人とも健康なので、何も問題ない。」とのこと。保健師が2人の血圧・脈をはかり、2人とも血圧が高いこと、早急に受診をした方がいいことを伝えた。社会福祉士が「サービスを使って、今よりは家事の負担が少なくなって楽に生活するようにしてみませんか？」と言ったが、宏さんは「自分たちだけで生活はできているし、困っていることもないので結構です」と、春子さんも硬い表情で、「何も要りません」と言った。

②2人の状況を把握し、医療につなげる

　月に1回、状況確認のために社会福祉士が訪問し話をしたが、受診やサービス利用に結びつかなかった。春子さんは町内を歩き回ることはもちろん、国道を15km先まで歩いていたところを警察に発見・保護されることがあった。警察に保護された時は、「家に帰るところで、1人で帰れる」と主張しながらも、自宅とは逆の方向に歩いていこうとしたらしい。

　ある時、訪問すると春子さんが出てきた。春子さんは「主人のお客さんですか、どうぞ」と自宅に招き入れ、お茶を出し、「主人を呼んで来ます」と宏さんを呼んできてくれた。宏さんは寝ていたようで、パジャマにカーディガンを羽織っていた。春子さんがにこやかでいるので、天気の話などをしていたら、宏さんが「人の前ではこんな風に普通だけど、2人で家にいたら何もしないどころか、家事は失敗ばっかりするし、話は通じないし、わけがわからなくて大変なんだよ。目

を離すと何をするか、どこに行くかわからないし、心が休まらなくてしんどいよ」と話しだした。「もしかしたら認知症かもしれません。血圧のことも含め、受診していただけたらと思うのですが」と社会福祉士が話すと、宏さんは「受診ってみんな簡単に言うが、妻はすごく嫌がって絶対病院に行こうとしないんだ」とぽつりと話した。「受診しない」のではなく、春子さんが受診を拒否するため「受診できない」状態であることが、この時点で初めて把握された。地域包括支援センターから往診してくれる医師につなぐことを話すと、宏さんは「往診はよいかもしれない」と同意してくれた。

　医師の往診を受け、春子さんはアルツハイマー型認知症の疑いがあるということで、薬の服用を始めることとなった。宏さんも高血圧で薬を服用することになり、「往診はありがたい。病院には頑として行ってくれないし受診はあきらめていた」と宏さんは話していた。

③これまでの生活を継続しながら、少しずつ環境を整えていく―介護保険外
　サービスの活用

　受診できたことで安心したのか、地域包括支援センター職員の社会福祉士が訪問したある時、宏さんが思いを話してくれた。宏さんは製造業の中小企業で、1人でコツコツと金属製品を仕上げる技術職として定年まで勤め上げた。春子さんとはお見合いで結婚し、子どもはいないながらも、仲睦まじく過ごしてきた。春子さんは専業主婦として家事を一手に引き受け、宏さんが生活しやすいよう、常に心を砕いてきたという。元来世話好きで、自分のやることが誰かの役に立つのはうれしいという気持ちで婦人会や町内会の活動にも熱心に取り組み、ボランティア活動も経験してきた。

　春子さんが認知症の症状を呈するようになったことは宏さんにとって非常にショックなことだが、春子さん自身も深く悩み、家に閉じこもり、外出しなくなった時期もあるらしい。それが町内を歩き回ったり、遠くまで歩くようになって、「妻のことがよくわからないが、でも長年支えてくれた妻に対して感謝の気持ちがあるので、自分ができる限り世話をしたい」と話す。春子さんがつじつまの合わないことを言ったり、何度も同じことを聞いてきたりすることに宏さんはイライラすることはたびたびあり、自分が高血圧であることにも影響しているのではない

かという気持ちもあり、一方で自分の体調がついていかないことや家事や春子さんの世話をうまくやれないことに不安と腹立ちを感じているということだった。サービス利用によって、心身ともに負担を軽減して過ごせることを社会福祉士は宏さんに話した。しかし、宏さんは「他人に家に入ってもらいたくないし、まだまだ身体が動くうちは自分でやっていきたい。自分のことは自分でやるのは当たり前のことだし、サービス、サービスと言わないでほしい。自分には何もできないと言われているみたいでつらい気持ちになる」と話すので、社会福祉士はひとまずサービス利用を勧めるのはやめることにした。

　宏さんの「自分たちのことは自分たちでやりたい」という気持ちを尊重しようということになったが、春子さんが1人で町内を歩き回ることはおさまらず、自宅の散らかりは徐々にひどくなり、訪問時に宏さんが疲れた表情を見せることも増えてきた。春子さんの通所介護の利用を再度勧めてみたが、春子さんが「わたしはこの家から出ません」と硬い表情できっぱり言い、宏さんも「妻もこう言っているし無理強いはできない」ということだった。

　2人の支援を検討し、サービス利用につながらないなら、生活の中心である自宅での生活の環境を整えようということになった。2人は布団で寝ているので、寝込むこともある宏さんに、社会福祉協議会の介護用ベッドの貸し出しサービスのベッドの利用を勧めてみた。宏さんは布団の上げ下ろしは確かにしんどいということで、ベッドが使用されることになった。また、家事負担軽減のため介護保険外の配食サービスの利用を提案したところ、使ってみるということになり、週3回昼食2人分の配食サービスの利用が開始された。

　一気にサービスをいれて生活を大きく変えることは、2人にとって心理的抵抗が大きいだろうから、1つずつサービスの利用を提案し、慣れた頃に次のサービスを提案するのがよいのではないかといった意見交換があり、地域包括支援センター職員や民生委員が定期的に訪問し、状況を把握しながら、配食サービスが2人の生活の一部になった頃に訪問介護や春子さんの通所介護の導入を図り、少しずつ環境を整えていこうということになった。

④できる力を引き出す、活かす―介護保険サービスにつながり地域のネットワークで2人の生活を支える

春子さんは町内を歩き回ったり、家事ができなかったり、同じことを何回も聞くといった認知症の症状が現れていたが、地域包括支援センターの職員が訪問した時にはお茶を出してくれて、できることもあることがうかがえた。また話の中で、以前は裁縫が得意だったということがわかり、これを活かせないかと同職員は考えた。そこで2人の自宅から歩いて10分のところに老人福祉センターがあり、そこで裁縫をする教室ができないか働きかけてみた。その結果、老人福祉センターの活性化の意味も含め、新しい趣味の教室の設置が検討され、月2回、隔週で裁縫も含めた手芸教室が開かれることになった。春子さんを誘ってみたところ、「自分はまだ老人じゃない」と老人福祉センターに拒否を示したが、最終的に「久しぶりに裁縫をやってみたい」と参加することになった。

　手芸教室に参加するようになって、春子さんは表情が明るくなった。自宅外で人と接することが心身の活性化にもつながり表情も明るくなること、手芸教室に参加していれば春子さんが町内を歩き回ることもないこと、自分もゆっくり休むことができることが宏さんに理解されるようになった。少し余裕が生まれ、春子さんが歩き回ったり、遠くまで歩くのは、決まって春子さんに対して怒ったり、きつい物言いをしたときであることに宏さんは気づいた。自分が春子さんに対して、もっと優しい声かけをすれば町内を歩き回る回数が減るかもしれないと宏さんは考えるようになった。

　「手芸教室みたいに何かやることがあって、楽しく参加できる場があるなら参加させてみたい」と宏さんから申し出があり、通所介護の利用を提案した。春子さんは最初は「私はどこにも行かない」と言っていたが、宏さんが一緒に行くということで納得した。

　春子さんは要介護認定を受け、要介護度は1だった。家庭的な雰囲気の小規模の通所介護に週2回通うことになり、最初は宏さんも付き添ったが、そのうち1人で通うようになった。その通所介護では、春子さんは昼食作りを手伝うことが多い。1人でできないことが増えていた春子さんだが、指示があったり、自分がやる作業が明確であれば、その作業を行うことができた。料理以外にも洗濯物を畳む、草花の水やりといったことを進んでやるようになった。手芸教室にも通い続け、町内を歩き回る回数は少なくなった。宏さんは春子さんが通所介

護に通っている間は、自分の時間が持て、休息がとれることで心身ともに余裕が出てきたという。「妻の認知症が進めば、通所介護の回数を増やしていきたい。その方が私にも余裕ができて、妻に優しく接することができると思う」とも宏さんは話している。

現在、2人は居宅介護支援事業所、通所介護、介護保険外の配食サービス、介護用ベッドのレンタル、民生委員、訪問診療の医師といった地域のネットワークで支えられている。今後は片づかない自宅をより生活しやすい空間にするといった意味も含め、訪問介護の利用が検討されている。また、2人には子どもがいないため、財産管理、身上監護の面で、成年後見制度の利用が必要になるかもしれないという見通しがネットワークで共有されている。

⑤2人の生活を支えることで、地域が変わる

通所介護に通うことに抵抗を感じる人は、春子さん以外にもしばしば見られ、往々にして家に閉じこもりがちである。そういう人には前段階として、春子さんにとっての手芸教室のような、同年代の人と集まり、普通に過ごせる時間を持つことが、通所介護に通うきっかけになるのではないかと地域包括支援センターの社会福祉士は考えるようになった。介護認定やサービス利用に結びつかない人や抵抗感がある人が、どこかに集まれる場所を作りたいということが社会福祉士と民生委員の間で話されるようになった。そのことが町内会長にも伝わり、ボランティアにも参加してもらい、「認知症カフェ」を月に1回開催することとなった。ボランティアには手芸教室で春子さんと知り合った人もいて、「春子さんを見ていたら同じことを何回か言うことはあっても、裁縫はしっかりできたし、認知症の人の見方が変わった」と言う。また、経営していた人が介護を必要とするようになって閉店し、今は空き店舗になっている喫茶店があり、そこを会場に使ってほしいという申し出が、介護をしている家族よりあり、その元喫茶店が会場となった。

「認知症カフェ」では介護をしている家族や認知症の本人が集まって、お茶を飲んだり、話をしたり、一緒に昼食をとることもある。春子さんもお茶やコーヒーを運ぶ役割を担っている。介護をしている家族同士で悩みが話されることもあり、リフレッシュの機会となっているようである。さらに、社会福祉協議会の職

員や介護関係の事業所の人の参加もあり、上手なサービスの使い方や楽になる介護のやり方を教えてもらえることもあった。

　カフェでいろいろ話される中で、「認知症になっても、明るく暮らせる地域にしたい」「自分も認知症になるかもしれないから、認知症のことをもっとよく知りたい」といった声があがるようになってきた。また、春子さんのように地域を歩き回る人にどう声をかけたらいいかわからないといった声も出てきた。これらの声を受けて、認知症のことをよく知ることにもつながるということで、町内会と地域包括支援センター、社会福祉協議会とで認知症サポーター養成講座の開催や徘徊模擬訓練の実施も検討されている。さらに、認知症カフェの取組みを地域支援事業に発展していく検討も始められた。

　春子さんのケースがきっかけとなり、地域の人を巻き込んだ認知症の人を地域で支える取組みが始まることとなった。

2節 理論と経験知の検証

(1) 認知症の人が生きる世界を理解する

　この事例は、「認知症が疑われている」ため受診を勧められているのに受診しないケースであった。しかし夫が受診させたいと思っていても、妻が拒否するため「受診できない」ケースであった。「受診できない」という状態を把握できた時点から、往診によって医療に結びつけるという方向に動き始めた。このように、利用者の主張の背景を、支援者サイドの視点でのみ見ていると、課題となっていることの解決に至る道筋も見え難くなることがある。

　認知症はそもそも病識がないことも多いため受診につながりにくいこともあり、支援に結びつかない要因にもなっている。また、認知症であるということを本人が認めたくないため、受診やサービスを拒否する場合もある。「認知症になったら、自分はもう終わりだ」「認知症になったら、施設に入れられる」と思う人もいるかもしれない。受診やサービスの利用の拒否にかかわらず、認知症の人の言動には本人にとっては合理的な理由があることも多い。本人たちは「困っていない」と主張することもある。そういった理由や主張の背景を理解するた

めにも、認知症の人が生きる世界を理解することは不可欠である。認知症当事者のクリスティーン・ブライデンによれば、認知症の人の根底には常に不安感があるという。[*3] 認知症になったから「何もわからない」と理解するのではなく、本人の不安を理解し、解消につながるかかわりが重要となる。

(2) ライフストーリーを理解する―ナラティブ・アプローチに基づく支援

　認知症の人やその家族の支援においては、その人がどう生きてきたか、その人生を「物語」として理解し、かかわっていくことも求められる。例えば、事例では宏さんは「製造業の中小企業で、1人でコツコツと金属製品を仕上げる技術職として定年まで勤め上げた」人である。実直ではあるが、1人で取り組む仕事のやり方で長年勤めてきた人であって、手伝ってもらうことやチームワークが身近でなかった人物像である。そういった人が妻の認知症に際し、すぐさま介護保険サービスを使おうとするかというと、そういう人ばかりではない。仕事に1人で取り組んできたように、妻にも1人で向き合おうとすることが多い。ただ手芸教室のように効果的なものに対しては、活用する思考を見せている。このあたりが技術職としての柔軟性が垣間見えるところである。

　春子さんについても専業主婦であること、元来世話好きであること、婦人会や町内会の活動にも熱心に取り組んできたことが把握されている。このような人生を歩んできた人は、役割を持つとその役割に応じた責任を果たそうと頑張るタイプの人が多い。通所介護でも料理を手伝う、水やりをするといったことに積極的で、自分に任されたことを果たそうとする人柄が見える。認知症になったとはいえ、それまで生きてきた人生がなぞられているようであり、そういった点で利用者の人生を理解することは重要である。当事者や家族の人生の物語(ライフストーリー)を把握し、その人の思考や行動のパターンをつかむことから、どのような支援なら受け入れやすいか、なじみやすいかといったヒントが得られる。

　そもそも高齢者は、介護保険サービスを含む福祉サービスを使うことに慣れていない。彼らの歩んできた人生において、福祉サービスには縁遠い人が多かったからだ。また福祉サービスそのものに対して、「怠惰な人が使うもの」という

---

*3　クリスティーン・ブライデン，馬籠久美子ほか翻訳（2004）『私は私になっていく』クリエイツかもがわ，143.

ようなネガティヴなイメージを持って生きてきた高齢者もいる。また「自分のことは自分でやる」「人に迷惑をかけてはいけない」といわれて育ち、仕事、子育てと生きてきた人たちが、高齢者になったからといってすんなりと介護保険サービスを利用し、サポートを受けながら生活することを選択するかというと、支援サイドが思っている以上にサービス利用をためらったり、葛藤を生じていることもある。人生を物語として理解するという時に、個々人の物語の理解に加えて、その人たちが生きた世代の常識ともいえる「マスター・ナラティブ」の理解も必要である。「自分のことは自分でやる」「人に迷惑をかけてはいけない」といったマスター・ナラティブに支配され、それをドミナント・ストーリーとしている人も多くいる。「介護保険サービスを利用し、自分らしく生活していけばいい」といったオルタナティブ・ストーリーを協働で構築していくことが、支援者の役割として求められる。

(3) 本人が持つストレングスの活用―エンパワメント志向の支援

　一般的に、「認知症になったから何もできない」「認知症になったんだから介護が必要」と考えられることが多いが、これらもマスター・ナラティブである。実際には春子さんは認知症でも裁縫ができる状態であったし、包括職員が訪問した際にはお茶だしをしたり、できることもあった。「できないこと」に着目し、それを「できるようにしよう」という考え方が支援のスタンダードである時期も過去にはあったが、近年はその人がもつストレングス（できること、長所、可能性など）に着目し、それを支援のベースと考えるようになっている。支援者が思ってもいないことに、本人のストレングスが発揮されることもある。したがって、本人のストレングスを見極めるには、様々な経験をする機会を提供すること、ライフストーリーの聞き取りも含め丁寧にアセスメントを行うことが求められる。

　また、本人のストレングスが発揮されるような環境を整える支援も並行して行う必要がある。事例では、春子さんは裁縫が得意というストレングスが見出され、そのストレングスを発揮するために手芸教室に通う支援が行われた。手芸教室に通うことや、通所介護でも料理や掃除といった家事を担うことで、春子さん自身が「自分にもまだまだできることがある」という自分の力を再確認できたという側面もある。役割を果たすこと、誉められたり感謝されること、達成感を

感じる経験は、本人の自信を取り戻すことにもつながり、ストレングスの活用として大きな意味がある。

このようにストレングスを見出すだけでなく、自然にストレングスが発揮できる環境を整えることがエンパワメントにつながる支援といえるのである。

(4) サービスを利用し、社会資源を活用する─エコロジカル・システム思考に基づく支援

当初、宏さん、春子さんの生活の継続のためにはサービス利用をした方がよいということは支援者には共有されていたが、本人たちは拒否的であった。しかし、介護保険外でのベッドのレンタル、配食サービスに始まり、徐々にサービス利用につながっていった。一度に様々なサービス利用につながるケースもあるが、サービス利用に結びつき難いケースもある。いずれにしろ、サービスを利用するということは家族以外の人とのつながりが日常生活で生じることになり、生活に変化をもたらすことになる。多種のサービスが入ることは、生活を大きく変えることにもなる。そのことが大きなストレスをもたらし、かえって２人の生活のバランスを崩しかねない。「サービスを導入した方が楽」と見えるような状態であっても、２人の生活はバランスが保たれている。バランスが保たれている段階では、本人たちの困り感も大きくなく、バランスを崩しかねないサービスの導入は拒否される。

サービスの利用を考える時、本人たちの送る生活のアセスメントを行い、かかわりのある人間関係、利用されている社会資源を把握し、バランスを考えながら支援の方向性を考えていくプロセスはエコロジカル・システム・アプローチに基づくものである。システム理論、エコロジカル・アプローチを発展させたエコロジカル・システム・アプローチでは、クライエントの目標達成のための変革対象としての人と組織体である「ターゲットシステム」、サービス利用により利益を受ける人である「クライエントシステム」、クライエントの目標達成のために私たちが協力する公的および私的の資源である「アクションシステム」、クライエントの目標達成のために協力する公的な小集団である「エージェンシーシステム」[*4]をとらえ、弱い関係、強いストレスがある関係を踏まえた、システム全体のバランスを理解し、介入のポイントを探っていく。事例の場合では、春子さん

の認知症の症状への対応の部分が全体のバランスをみた際に弱いところになっていた。そこで認知症の症状へはストレングスに基づいた介入が行われ、認知症の症状の軽減をもたらし、そのことがサービスの導入につながったことになる。サービス利用による大幅なバランスの変化は、システムとして考えた場合、スムーズに運びにくい。本人たちの意思も尊重しながら、ストレングスの活用に基づく自然なシステムの変化をもたらすことによって、結果としてシステム全体の変化をもたらすよう働きかけることが効果的といえる。まさにシステムの変化によって、他のシステムの変化をもたらしたということである。

　ソーシャルワーク実践におけるシステム的な思考は介入の手順を示すものではないといった批判もあるが、どこにどのように介入していくかを考える際には、ケースの全体像を把握し、そのシステム内の弱いところ、強いところといったバランスを理解し、本人の意思や希望も踏まえ、システムの変化を図りながらかかわっていくことは十分有効である。

(5) 変化がもたらす不安を受けとめる―高齢者や認知症の人の時間軸に合わせたかかわり

　大幅なバランスの変化をもたらす介入ではなく、自然なシステムの変化をもたらすよう働きかけることは既に述べた。高齢者は環境の変化にストレスを感じるため、大きく環境を変えることは望ましくない。認知症の人の場合は根底に不安があり、住環境の変化が認知症を進行させることにもつながるので、環境を変えるのは避けた方がよいとも考えられている。したがって、システムの変化は慎重に進めていく必要がある。1つのサービス利用で生活は変わる。生活が変わっても自分たちの生活が大きく脅かされることがないという認識を持てた時、高齢者や認知症の人の不安やストレスは収まり、システムは安定する。サービスを導入するときにもたらされる変化と不安をかかわる支援者が理解し、受けとめることによって、彼らの不安が収まり、サービスが生活の一部となっていく。事例でも春子さんが手芸教室に通うことが2人にとって、プラスをもたらすと認識されたときには、宏さんは進んで通所介護の利用を希望するようになった。

---

*4　ディーン・H・ヘプワースほか，武田信子監訳（2015）『ダイレクト・ソーシャルワークハンドブック――対人支援の理論と技術』明石書店，46-51．

支援者がサービス利用で楽をしてもらおうと思っても、高齢者や認知症の人からすれば、それらが自分たちの生活を壊す脅威に感じられる場合もある。特に認知症の人は、いったん話の内容を理解したと思われたことでも、時間が経過したら「聞いていない」といって、理解していない状態に戻ることもしばしば見られる。そういった認知のあり方を「異常」や「歪み」と見るより、高齢者や認知症の人たちが理解や納得にたどりつく時間軸に合わせて、何度もやりとりやコミュニケーションを積み重ねていくことが重要である。このとき認知症の人だから「理解できない」とみなすのではなく、ストレングス、エンパワメントに基づき、この人たちが時間をかけて理解・納得するのを支えるようかかわる。そういった本人の時間軸に合わせる支援者の姿勢にも、高齢者や認知症の人は安心を感じるようにもなる。

　支援者サイドの視点だけでケースを見るのではなく、高齢者や認知症の世界を理解し、本人の理解・納得に至るまでを支えるためにやりとりを積み重ね、本人の不安を和らげるかかわりを常に意識することがシステムの安定をもたらし、本人たちが安心して自分らしい生活が送れるといった気持ちを持つことができるのである。

(6) ジェネラリスト・アプローチとして展開する—コミュニティ・ソーシャルワークの実践

　事例では、宏さん春子さんの個別事例への支援だけでなく、町内で「認知症カフェ」が開設されるといった、認知症の人を地域で支える方向にも展開した。認知症の人の支援というミクロレベルの実践が、地域で支えるメゾレベルにも発展したのである。「認知症カフェ」や徘徊模擬訓練が他の地域にも広がったり、地域支援事業といった何かしらの政策・制度に組み込まれるようになれば、マクロレベルの実践に発展したことにもなる。

　個人の生活課題は個人の問題であるが、それらの問題は社会でも問題となっている場合は多い。個人の問題解決を志向するだけでなく、それらは地域や社会の問題であるという認識をもって、メゾレベルやマクロレベルでの実践も展開していかないと、そもそもの問題発生やその問題で悩み困るケースも減ることにならない。認知症と診断される人はどんどん増えていくことが想定され、徘徊

する人も増えると予想できるなら、徘徊する人への個別支援だけでなく、徘徊する人を地域で支える仕組みも作っていくことが、マクロレベルの実践であり、ジェネラリスト・アプローチに基づく支援となる。個々のケースにかかわるだけでなく、地域で支える仕組みも開発していくことで一人ひとりの生活が維持されることも考え、支援を展開していく姿勢が求められる。こうした支援は認知症の人を地域で支えるコミュニティ・ソーシャルワークの実践でもある。

認知症の人が増加していく見込みがある中、介護を支えるサービスが不足することが懸念されている。既に介護従事者が不足している地域もあり、そのため特別養護老人ホームではショートステイを休止したり、ベッド数を減らして対応しているところもある。そうした中、今後はサービスを利用したくてもできない人も出てくる可能性がある。利用できるサービスが不足することも想定して、認知症の人が暮らしていけるような地域づくりが求められている側面もある。したがって、メゾレベル、マクロレベルの実践として、高齢者や認知症の人が生活できる地域づくりには大きな期待が寄せられている。

また、現実として認知症の人の支援では、訪問診療の医師をはじめとする医療にかかわる社会資源の数が少ない。受診を拒否する認知症の人が多い現状からは、訪問診療による専門的な診断に加えて、終末期や看取りを支える点でも医療資源の充実が求められている。さらに64歳以下で認知症を発症する若年性認知症においても社会資源は充分とはいえない。若年性認知症の場合には、高齢者が利用する介護保険サービスにはなじめないことも多く、就労や生きがいを支える場が圧倒的に不足している。こうした社会資源の不足に対応するためにも、社会資源の開発に対するメゾレベル、マクロレベルの充実が期待される。

参考文献
岡本民夫 (1973)『ケースワーク研究』ミネルヴァ書房.
クリスティーン・ボーデン, 檜垣陽子訳 (2003)『私は誰になっていくの?──アルツハイマー病者からみた世界』クリエイツかもがわ.
桜井厚・石川良子編著 (2015)『ライフストーリー研究に何ができるか』新曜社.
地域包括支援センター運営マニュアル検討委員会 (2012)『地域包括支援センター運営マニュアル2012』長寿社会開発センター.
ディーン・H・ヘプワースほか, 武田信子監訳 (2015)『ダイレクト・ソーシャルワークハンドブック

――対人支援の理論と技術』明石書店.
日本地域福祉研究所監修（2015）『コミュニティソーシャルワークの理論と実践』中央法規出版.
野口裕二（2002）『物語としてのケア――ナラティヴ・アプローチの世界』医学書院.
山辺朗子（2011）『ジェネラリスト・ソーシャルワークの基盤と展開』ミネルヴァ書房.

第14章 保健医療領域における ソーシャルワーク実践

　医療ソーシャルワーカーは、保健医療領域において、社会福祉の立場から患者や家族の抱える経済的、心理的・社会的問題の解決、調整を援助し、社会復帰の促進を図る専門職である。近年日本では、超高齢社会の進展と医療制度改革の中、病院、診療所、老人保健施設等での医療ソーシャルワーカーの雇用は拡大してきている。医療と福祉のつなぎ目にあって、在宅医療・介護連携推進の担い手としての役割も大きくなっている。

　保健医療領域におけるソーシャルワークは、傷病や障害を契機とした生活上の課題と深くかかわっていく実践である。急性期病院での、地域で生活している人が、病気になり入院し、また地域での生活を再開する医療ソーシャルワーカーの実践事例を提示し、現場のソーシャルワーカーの視点で分析検討する。医療ソーシャルワークの実践が、理論と経験知からどのように読み解けるのかに焦点をあてる。

1節 実践的展開

　医療ソーシャルワーカーが初めて誕生したのは、1895年、産業革命後の貧困者が増大するイギリスで、救済を必要とする貧困者とそうでない者を判別するアーモナーを採用したことにあるとされている。アメリカでは、1905年医師キャボットによってマサチューセッツ総合病院に医療ソーシャルワーカーが採用され、医療チームの一員としての役割を果たし発展していった。日本においては、1919年に泉橋慈善病院、1926年済生会本部病院に専門家が配置されたが、1929年の聖路加国際病院に社会事業部が創設され、アメリカで学んだ浅賀ふ

さが採用されたのが本格的始まりとされている。

現在日本の医療ソーシャルワーカーの業務は、厚生労働省健康局長通知「医療ソーシャルワーカー業務指針」(1989年制定、2002年改訂)に示されている。①療養中の心理的・社会的問題の解決、調整援助、②退院援助、③社会復帰援助、④受診・受療援助、⑤経済的問題の解決、調整援助、⑥地域活動と、業務の範囲は多岐にわたっており、ミクロ・メゾ・マクロに循環する社会福祉学を基にした専門性を十分発揮するソーシャルワークの実践が求められている。

近年、医療ソーシャルワーカーの業務では退院援助の役割期待や占める割合が大きくなっている。2006年度の診療報酬改定で診療報酬上に社会福祉士が明記され、2008年以降は診療報酬として退院支援が評価されている。医療制度改革により、病院等の機能が分化してきているため、医療ソーシャルワーカーの所属する保健医療機関や機能も多岐にわたり、組織の中での位置づけや業務も多様化してきている。

医療ソーシャルワーカーの職能団体としては、1953年に設立された公益社団法人日本医療社会福祉協会があり、倫理綱領(2007年制定版)では、①人間の尊厳、②社会正義、③貢献、④誠実、⑤専門的力量を「価値と原則」とし、「倫理基準」として①利用者に対する倫理責任、②実践現場における倫理責任、③社会に対する倫理責任、④専門職としての倫理責任を定めている。

医療ソーシャルワーカーの実践は、業務指針と倫理綱領を携え、所属する機関で、業務を展開することとなる。クライエントとの面接を中心に、院内の多職種、地域の関連機関とも連携し、支援を提供していく。

事例　救急搬入されたAさん(50代、男性)

事例施設の特徴

急性期病院、7：1看護基準のDPC対象病院、地域医療支援病院であり、医療ソーシャルワーカーはソーシャルワーク部門に複数配置している。

事例概要

第1期　救急受診時の入院支援

救急外来看護師より「高血糖で緊急入院が必要な患者Aさんが、入院を拒否し

ている。医療保険がないらしく、家族の連絡先もわからないので、介入してほしい」とソーシャルワーカーに連絡があった。

　ソーシャルワーカーは救急室に出向き、情報を看護師や医師等から収集した。Aさんは、家主より救急要請があり救急車で搬入された。意識はあるが、歩けずろれつもまわっていない状態。高血糖のため数日は絶対安静で、3週間ほどの入院が必要との診断であった。医師が入院を指示し説明したが、Aさんは同意しなかったという。独居で受診している医療機関はなく、付添者もなく、医療保険証の提示はなかった。

　ソーシャルワーカーはAさんと面接した。救急外来看護師がソーシャルワーカーを紹介し、ソーシャルワーカーも自己紹介して、介入の理由を説明した。Aさんは救急室で点滴を受けながらベッドに横たわり、小さくうなずいた。

　Aさんは、8年前に会社を辞めてから保険証を持っておらず、貯金は50万円ほどあり、結婚はしていない。父母は亡くなっており、隣県に姉がいるが10年程連絡を取っておらず連絡先はわからないと言う。Aさんは今まで入院したこともないし、医療費の支払いをすると生活ができなくなるので困ると言う。

　命が大事なので治療と入院を優先すること、国民健康保険の加入と生活保護の相談を同時に行うことを確認した。

　Aさんは入院し、ソーシャルワーカーは病棟看護師にAさんの状況を報告した。ソーシャルワーカーはAさんより委任を受け、市役所にて国民健康保険の加入と高額療養費限度額適用認定証の手続きをするとともに、福祉事務所に手持ち金がなくなれば生活保護を申請したい旨の意向をAさんがもっていることを電話で伝えた。

　市役所から戻ったソーシャルワーカーは、Aさんの病室を訪問し、本人に国民健康保険証と高額療養費限度額適用認定証を手渡し、医療費と保険料について説明した。

第2期　入院初期の支援

　Aさんは入院し、治療を継続した。ソーシャルワーカーは、Aさんが安心して療養できるよう医師や病棟看護師と連絡を取りながら、かかわりを続けた。

　Aさんは入院して2日間はうとうと眠っていることが多かった。ソーシャルワー

カーと看護師はＡさんと面接し、入院に必要な身の回り品や手持ち金について確認した。Ａさんは10万円の現金を持参しており、今すぐ必要な身の回りの品については、誰かが自宅に取りに入るのではなくレンタルや購入で対応することを希望した。

　3日目以降の面接で、Ａさんは今までのことを話してくれた。入院する2週間前より食べられず、歩けなかったり、数か月入浴していなかった。翌月の4万円の家賃の振り込みに行けず家主に電話をしたら、「家賃どころではないだろう。すぐに病院に行ったほうがいい」と救急車を呼んでくれた。糖尿病に関しては、会社の検診で指摘されていたが治療していなかった。高校を卒業してプラスチック加工の会社に25年間勤めていた。配置換えになって、仕事ができず、上司と意見が合わず辞めた。退職時、保険加入や雇用保険の説明は受けたが、どうしてよいのかわからず何もしていない。退職金も出たので、求職活動はせず、貯金を崩して生活していた。毎日コンビニで食料を買い、誰とも話すことなくテレビをみたりゲームをしたりして家の中で過ごしていた。友人や親戚との交流は全くなく、姉にとっても自分はどうでもいい存在なので連絡はしていないという。「さびしい人生です」とＡさんは言う。

　姉の連絡先はわからないと言っていたＡさんだったが、実は知っていると電話番号を教えてくれた。ソーシャルワーカーは姉に電話を入れることを提案した。Ａさんは躊躇していたが、ソーシャルワーカーがかけてくれるのであればと数日後に申し出があり、Ａさんとソーシャルワーカーとで姉に電話を入れた。姉は、連絡のないまま過ごしていたが心配はしていたという。姉も病気療養中で見舞いには行けないが、話ができてよかったという。

　Ａさんは25年間はまじめに働いて、旅もして楽しかったこと、両親と住んでいた姉に仕送りをしていた時期もあったことを思い出したと、ソーシャルワーカーに自ら話し始めた。

第3期　退院後の生活に向けての支援

　入院7日目、主治医より治療の経過は順調で、当初の見込みどおり3週間で退院できるであろうと指示が出た。ソーシャルワーカーは、Ａさんと退院後のことについて面接した。Ａさんは、今までのように、今までの場所で過ごしたいと希

望した。しかし、経済的なこと、思うように歩けないこと、事務的な手続きをする自信がないことで不安があるという。

　入院10日目、主治医、病棟看護師、理学療法士、ソーシャルワーカーでカンファレンスを行った。情報を共有し、退院後は自宅で生活したいAさんの意向にそって支援することを支援方針とした。①病気の理解が不足しているため、主治医の病状説明、薬剤師による服薬指導、管理栄養士による栄養指導も本人の生活状態と理解に合わせて具体的に行う、②自宅の生活環境に合わせたリハビリテーションを継続する、③糖尿病性神経障害があるため介護保険の申請も含め、在宅療養ができるための環境を整える、という支援方法となった。

　ソーシャルワーカーはAさんにカンファレンスの内容を報告し、Aさんと退院後の在宅療養について面接をした。「早く退院したい。できるだけサービスは使いたくない」というのがAさんの意向であったが、「トイレが和式なので据え置き式洋式便座は設置したい、買い物の手伝いはしてほしい、お風呂には入りたい」ということを確認した。介護保険の申請と療養環境の整備、退院後の生活相談については、地域包括支援センターの協力を得ることとし、Aさんと退院支援計画書を作成した。

　入院14日目、地域包括支援センターの社会福祉士が来院し、Aさんと面接。ソーシャルワーカーと病棟看護師も同席した。退院後は受診継続しやすいように自宅近くの診療所に通院すること、地域包括支援センターが介護保険を利用しての訪問介護と福祉用具を調整すること、生活保護申請時期等についても支援することが確認された。

　入院21日目に退院となった。Aさんは、ふらつきのある杖歩行であったが、食欲も回復し、1日3食とることを約束した。姉と家主に退院の連絡を入れ、医療費を支払った。退院には地域包括支援センターの社会福祉士が付添い、市役所に同行し、国民保険料の支払いと年金保険料の免除手続きも行った。Aさんは、入院生活を乗り越え、新しい支援者を受け入れ、自宅での生活を再開した。

2節　理論と経験知の検証

　保健医療領域のソーシャルワークにおいては、心理社会的アプローチ、機能的アプローチ、問題解決アプローチ、危機介入アプローチ、家族療法アプローチ、行動変容アプローチ、課題中心アプローチ、エコロジカル・アプローチ、ストレングス視点アプローチ、エンパワメント・アプローチ、ナラティブ・アプローチ、実存主義アプローチ、フェミニスト・アプローチ等などが実践に用いられてきた歴史がある。

　ソーシャルワークの実践アプローチの発展は、現場で最善の実践を行うためにも不可欠なものであった。しかしながら、日本の医療ソーシャルワーカーが現場において常時アプローチを意識化して用いることは一般化していない。理論を実践と乖離した感覚でとらえている現場のソーシャルワーカーも少なくはない。実際には、理論や複数の実践アプローチを学んでいるソーシャルワーカーが、理論や実践アプローチと経験知を駆使して、クライエントの状況や課題に合わせ、その時々に適切と判断したものを用いているといえよう。

　近年の医療ソーシャルワーカーの課題として、所属機関や組織からの役割を相談援助活動や既存の社会資源を調整活用することで遂行しようとする「専従職型ワーカー」が多くなる傾向にあることが指摘されている。「専門職型ワーカー」の実践が保健医療領域において継承され発展していくためには、現場と乖離しない理論の活用、現場のソーシャルワーカーが理論を活用した実践や経験知をわかりやすく公言していくことが不可欠である。

　ここでは、先に提示された事例を理論と経験知から読み解く。現場の等身大の表現を念頭に置いた。

第1期　救急受診時の入院支援

(1)　理論からの読み解き（危機介入アプローチ）

　人は成長の過程や突発的な傷病等で危機に直面し、対処不能な状況や情緒的混乱に陥る。そこで素早く介入し、回復に向かうよう支援することが重要となる。直面している危機の性質、必要な支援は何かの迅速な判断をし、具体的

なサポートを提供することで、危機を軽減し再均衡を目指す。危機に効果的に介入するには、迅速さ、活動性、適切な見極めが求められている。

Aさんは日常生活が送れないほど体調が悪化し、救急車で救急病院へ搬入された。Aさんにとって突然の心理的・身体的・社会的な体験であり、危機に直面していた。

Aさんは入院拒否を表出した。危機介入アプローチにおいて、感情や症状や心配を表出することは奨励されている。ソーシャルワーカーは、Aさんの心配や感情を受容的に傾聴した。Aさんの病状は重症であり、危機を増大しないためにも限られた短時間の介入が望まれた。Aさんが危機を自覚できるよう、面接によって優先すべき解決課題を確認した。危機に対応するAさんの対処能力を判断し、Aさんの有能感の回復に配慮しながら、具体的なサポートを調整し代行した。

危機介入アプローチの面接においては、Aさんの心身の負担が増大しないよう、できる限りの短時間とポイントを押さえた積極性を心がけ、Aさんの表情や身振りを観察しながら閉じられた質問を工夫した。

ソーシャルワーカーの介入によって、Aさんの危機は軽減され再均衡に向かった。

⑵　経験知からの読み解き

保健医療機関の救急現場では、生活上の課題を抱えた患者に対応すべく、緊急にソーシャルワーカーが要請されている。そこでは、限られた時間の中での迅速で的確な対応が求められている。

Aさんにとっては思いもかけず、病状が悪い中、未知の場所、知らない人々と接し、不安が増大している。Aさんに対するねぎらいの言葉、サポートを明確に表現する言葉や態度のもつ意味は大きい。

ソーシャルワーカーが介入するにあたっては、Aさんの病状、不安や心配、置かれた状況等を把握し、Aさんの気持ちに共感しつつ、課題を明確化し、優先順位をつけて解決にあたることになる。

Aさんとのインテーク面接は、ワーカー・クライエント関係を形成するためにも重要な局面であり、短時間で効果的な面接となるには専門職としての面接技術が求められている。

保健医療機関の現場でソーシャルワーカーが緊急対応できるためには、メゾレベルの組織としての人員の確保の視点も不可欠である。

第2期　入院初期の支援

(1)　理論からの読み解き（ナラティブ・アプローチ）

クライエントが自ら語る人生を傾聴することは重要である。困難な問題が染み込んだ人生を語るクライエントの物語を、ソーシャルワーカーがともに聴くことで、問題が外在化され、発見が生まれ、クライエントの新しい物語が形成される。Aさんの語りは、Aさんの人生・生活そのもので、AさんはAさんの人生の専門家である。

Aさんは、一日中誰とも話をしない「さびしい人生」と自ら語っている。このドミナント・ストーリーにソーシャルワーカーが耳を傾け、ともにAさんの人生を共有する。質問し問題を人から切り離すことで、新たな発見が生まれる。「まじめに働いて、旅もして楽しかった」ことを思い出し、新たな物語、オルタナティブ・ストーリーを形成していった。

ナラティブ・アプローチの面接においては、謙虚にAさんの語りに十分耳を傾け、自己評価を高めることができるような関係性に努めた。

ソーシャルワーカーの介入によって、Aさんは自分のもっていた「まじめに働く」「楽しい」「両親や姉と交流した」感覚を呼び覚まし、新しい人生の物語の出発点とした。

(2)　経験知からの読み解き

ソーシャルワーカーにはクライエントの話を傾聴し、聞かせていただく態度と姿勢が求められる。人生の主人公はAさんであり、今、Aさんがソーシャルワーカーと出会っている一瞬は、かけがえのない今であり、Aさんの人生の一部である。

Aさんの語りに変化が生まれたのは、ナラティブ・アプローチによる変化だけではなく、姉と連絡が取れたことでエンパワメントされたこと、ストレングス視点でのかかわりがされたこと、入院という安心できる環境に身を置いたことでAさんが自尊感情をもてるようになったことも要因であろう。

Aさんとの面接においては、ロジャーズのクライエント中心アプローチやバイ

ステックの7つの原則も念頭に置かれていた。誠実な温かさ、受容、共感、肯定的な関心、非審判的態度、秘密保持など、Aさんと信頼関係を築き感情を共有することで、Aさんの自己実現の再構築と対処能力の強化を図っていった。

　現場で実践アプローチが有効に活用されるためには、実践アプローチに習熟していることが条件であるが、十分ではない。実践現場の事例で教育機関と連携したスーパービジョンや事例研究の機会が確保できるシステムの構築が望まれる。

第3期　退院後の生活に向けての支援

(1)　理論からの読み解き（エコロジカル・アプローチ）

　人は環境の中で生活している。人と環境の交互作用に着目しながら、時間や空間を認識しつつ、人の置かれているその時々の全体像を把握し、対処能力を強化すべく、人と環境とその接点に介入していく。

　Aさんは、今までのように生活したいが思うように歩けず経済的にも困窮していると感じていた。ソーシャルワーカーは、Aさんが入院前から生活に大きなストレスを受けており、社会的に孤立していること、自尊感情が低いこと、今まで治療がなされなかったことも課題であると感じていた。当面の目標は安心して自宅での生活ができることであるが、本来の目標は地域でAさんが尊厳をもって生き続けていけることである。そのためには、ソーシャルワーカーはAさんとパートナーシップを保ちつつ、Aさんの住む社会や地域を視野に入れ、Aさん以上にAさんとAさんの全体像を理解し、問題状況を把握し、積極的に人と環境の接点に介入していくことが求められた。

　Aさんは、医療機関でソーシャルワーカーや他職種との良好な関係性の中で自尊感情や自発性が回復し、地域の機関や制度を活用することで社会的サポートが強化され、対処能力が向上した。

　エコロジカル・アプローチの面接にあたっては、ソーシャルワーカーも環境の一部であることを認識し、Aさんが交互作用に着目した人と環境の全体像を把握できるような会話を取り入れ、エコマップも活用した。

　ソーシャルワーカーの介入によって、Aさんは入院というライフコース上の出来事に対処し、体調を回復させ、入院前よりもつながりのある環境の中での生

活を始めた。

(2) 経験知からの読み解き

　傷病と障害をかかえたAさんの支援においては、現在の病状や予後の見込み、治療や療養の留意点を正確にソーシャルワーカーも知っておく必要がある。現場ではバイオ・サイコ・ソーシャル（bio-psycho-social）な視点で人と環境を理解することを、常に念頭に置いている。また、Aさんが不安や心配と感じている問題があり解決できるよう支援していく過程は、問題解決アプローチの視点も活用している。Aさんの自覚していない問題も見落とさなかった。

　第3期においては、ミクロレベルから、病院組織のメゾレベル、地域でのマクロレベルと広がり循環をみせている。Aさんの思いを具現化するために、ソーシャルワーカーの覚悟や力量が問われる局面でもあった。カンファレンスでは、食事が提供され服薬管理ができる施設入所が望ましいのではないかとの意見もあり、ソーシャルワーカーがAさんの代弁をしたり、アセスメントを伝えることで自宅へ向けての支援方針となった。Aさん自身も「自分みたいなものに治療してもらって意味があるでしょうか」と弱気になることもあり、ソーシャルワーカーが医療チームに伝えチームで支えた。地域生活への移行も、地域包括支援センターの社会福祉士がAさんに対して共通の思いやアセスメントをもって支援できるようにつなぐことも重要であった。地域で孤立していた人の支援という視点も含め、電話や同席面接や書面での伝達を工夫した。アドボカシーやエンパワメント、ネットワーキングの機能が求められている。

　保健医療機関のソーシャルワーカーは、所属する機関の役割を遂行する業務が課せられている。保健医療機関は地域にあり、地域から期待される役割がある。保健医療機関のソーシャルワーカーは、地域の福祉と医療の推進に貢献する責務がある。

(3) 全期を通じての読み解き

　理論からの読み解きでは、クライエントに適合するアプローチは何なのかを考え、選択し活用している。現場のソーシャルワーク実践は、ソーシャルワーカーが常に意識化しなくても現在まで発展してきたソーシャルワーク理論のうえに成り立っているといえよう。現在の保健医療の現場では、在院日数の短縮化が進

んでおり、短期支援で効果のあるアプローチが求められている。保健医療領域においても、どのようなクライエントに、どのような状況や課題に、どのアプローチが適合するのか、現場の応答作業が不可欠である。実践現場が学びを深め、教育現場と循環的協働ができるよう、現場からも指向していく必要があろう。

　経験知からの読み解きでは、ソーシャルワーカーの共感的態度、誠実な温かさ、覚悟を重要な要素として位置づけている。Aさんとの面接場面、他職種とのカンファレンスの場面、他機関との連携の場面、対峙するどの場面においても、クライエントの最善の利益を追求し、クライエントの尊厳を守るソーシャルワーカーであるかが問われている。ソーシャルワーク実践にはソーシャルワークの価値を体現したソーシャルワーカーの存在が不可欠である。医療ソーシャルワーカーは、組織の中での位置づけや業務も多様化する中、どのように業務を遂行していけるかに苦悩している。変化する社会の中で、自らをどのように位置づけるか、何を大事にしながら何を成していけるのか、ソーシャルワーカーが自らの実践や実践観を、わかりやすい言葉で公言していく必要があろう。

おわりに

　人の生命・生活・人生が尊重されるために、保健医療領域におけるソーシャルワークの存在意義や果たす役割は大きい。医療を取り巻く状況の変化の中で、より専門職性を発揮していかなくてはならないであろう。

　現場のソーシャルワーカーには、実践事例を積み重ねること、現場のソーシャルワーカーが語る実践観を集積することが求められている。現場に応用できる理論の選定や構築のためにも、教育現場との協業を確立し、理論と実践の循環的発展に貢献していく責務があろう。

　ソーシャルワーカーはクライエントの最善の利益を追求する専門職である。人権擁護を基本理念として、クライエントの尊厳を守り、相談援助活動を通じて環境改善を図るとともに社会資源を活用し、必要に応じて新たに資源を開発し創造していく。このソーシャルワーカーのあり方は、時代や領域を超えて共通である。

参考文献

岩間伸之（2008）『支援困難事例へのアプローチ』メディカルレビュー社.
岩間伸之・白澤政和・福山和女編著（2010）『ソーシャルワークの理論と方法Ⅰ』ミネルヴァ書房.
岩間伸之・白澤政和・福山和女編著（2010）『ソーシャルワークの理論と方法Ⅱ』ミネルヴァ書房.
内田守・岡本民夫編（1980）『医療福祉の研究』ミネルヴァ書房.
岡本民夫（2006）「保健医療領域におけるソーシャルワークの新展開」『医療と福祉』80
岡本民夫（2015）「時代をつらぬく医療ソーシャルワークの実践——変えてはならないもの・変えるべきもの・新しく創るべきもの」『第63回公益社団法人日本医療社会福祉協会全国大会　第35回日本医療社会事業大会抄録集』
奥田いさよ（1992）『社会福祉専門職性の研究』川島書店.
川村隆彦（2011）『ソーシャルワーカーの力量を高める理論・アプローチ』中央法規出版.
小西加保留・田中千枝子編（2010）『よくわかる医療福祉——保健医療ソーシャルワーク』ミネルヴァ書房.
小山秀夫・笹岡真弓・堀越由紀子編著（2012）『保健医療サービス』ミネルヴァ書房.
内藤雅子（1999）「第12章　医療福祉の人間観」嶋田啓一郎監，秋山智久・高田真治編著『社会福祉の思想と人間観』ミネルヴァ書房.
日本医療社会事業協会編（2006）『新訂保健医療ソーシャルワーク原論』相川書房.
平塚良子（2011）「ソーシャルワーカーの実践観——ソーシャルワーカーらしさの現世界」『ソーシャルワーク研究』36（4），相川書房.
フランシス・J・ターナー編，米本秀仁監訳（1999）『ソーシャルワーク・トリートメント——相互連結理論アプローチ』（上・下），中央法規出版.
山本みどり（2015）「医療ソーシャルワーカーはどこに向かうのか——社会福祉専門職としてのあり方」『第63回公益社団法人日本医療社会福祉協会全国大会　第35回日本医療社会事業大会抄録集』
「医療ソーシャルワーカー業務指針」（1989年制定，2002年改訂）
「医療ソーシャルワーカー倫理綱領」（2007年採択）

第15章 精神科領域におけるソーシャルワーク実践

　多くの国が脱施設化を促進してきた1960〜70年代に日本は精神科病床を増やし続け、精神科ソーシャルワーカーも精神科病院を中心に活動してきた。精神科ソーシャルワーカーは、1997年に精神保健福祉士という国家資格を得て、今日、医療機関だけでなく障害者総合支援法に基づく施設や行政機関など幅広い機関で多様な業務に携わるようになり、その役割も大きくなってきた。

　本章では、重い精神障害のある人の地域生活を支援する包括型地域生活支援（Assertive Community Treatment：ACT）チームの事例に基づき、施設ケアからコミュニティケアへと移行する過程で、精神保健福祉士がどのような経験知や理論、概念を見出しているかに焦点をあてる。特に精神科医、看護師など多職種とともにチームを構成し、職域を超えた支援を展開しつつも、精神保健福祉士が疾患や障害に焦点をあてるのではなく、その人の人生を読み取りながら、主体性の回復に焦点をあて支援していることに着目する。

1節 実践的展開

(1) ACTとは

　ACTは、重い精神障害のある人々を対象とする包括的な地域生活支援サービスであり、1960年代末に米国ウィスコンシン州マジソン市のメンドータ州立病院入院患者の研究ユニットから発展したプログラムである。日本では、2001年7月に茨城県のKUINAがカナダモデルを参考にし、福祉事業を組み合わせる形でACTを開始したのが始まりであり、2015年10月末現在ACT全国ネットに加入しているチームは28である。

ACTチームは、精神保健福祉士、看護師、作業療法士、精神科医、就労支援担当者、ピアスペシャリストなどの13人の多職種で構成され、1チームの対象者を100人までに制限し、それ以上多くなれば新たなチームを立ち上げる。対象は重い精神障害のある人々であり、チームは理念をリカバリーやパーソンセンタードに置いている。

　ACTチームはリカバリーを志向する対象者のために家事援助や移動支援などの日常生活支援、往診や服薬管理、身体疾患の治療などの治療支援、服薬自己管理や認知行動療法、心理教育、就労などのリハビリテーション支援など、ありとあらゆる支援を年中無休で提供する。各スタッフは法律で規制されていない限り、職種に関係なく職域を超えて支援し、専門性は支援方法を検討するミーティングで発揮する。したがってソーシャルワーカーである精神保健福祉士には、従来ならば他職種が担っていた服薬管理やADL評価なども含め、より幅広いスキルが要求される。

(2) 事例

　　Aさん（男性：31歳）は、大学の法学部在籍中に統合失調症スペクトラム障害を発病した。ACTチームに紹介されてきたX年当時は精神科病院入院中であり、それまでに3回、延べ5年9か月間の入院歴があった。長期の入院となっている中で主治医が交代し、精神保健福祉士が中心になって行っている退院支援会議で協議し、ACTチームに紹介してきたことから、ACTチームによるAさんへの支援が始まった。ACTチームが病棟訪問し、関係構築をはかり退院にこぎつけ、3年間の支援の結果、ACTサービスの終結に至った事例である。ここでは、局面ごと現象学的、ナラティブ、認知行動療法的、ストレングス視点の各アプローチが、支援全体を通した家族支援ではコミュニケーション、家族療法的、エコロジカルの各アプローチが用いられている。各アプローチの箇所は下線で示した。
（家族）　Aさんは、両親（父66歳、母61歳）と5歳上の兄との4人家族である。父は元高校の数学教師で現在は家庭菜園を楽しみながら生活しており、母は専業主婦である。兄は建築関係の仕事に従事し、妻と3歳の子どもと他県で暮らしている。

（生活歴・病歴）　Aさんは幼少時から負けず嫌いで活発な子どもであり、中学・高校時代は厳格な父とよく衝突していた。高校1年生までサッカー部に所属し、2年生からは弁護士になることを目指して受験勉強に専念した結果、第二志望の私立大学に現役合格した。夏休みに山岳部の合宿でのトラブルがきっかけとなり、アパートに引きこもる。秋になってAさんの友人から連絡を受けた父が迎えに行き帰郷した。通院した精神科クリニックでの診断名は「適応障害」であり、約3か月通院し、翌年の4月に復学した。

　大学3年時の6月に北海道で警察に保護され措置入院となる。Aさんの説明によると、そのときは大雨が降り地球が壊滅状態になるので、地球を守るために北海道に行ったということであった。3か月入院後、地元に帰り、精神科クリニックのデイケアに通所するが、約半年後「やりがいがない」という理由でデイケアに行かなくなり、アルバイトを始める。通院は継続していたが、服薬は怠りがちであったらしく、アルバイトも半年ほどで解雇され、自宅に閉じこもるようになった。

　26歳のとき、突然、行方不明となり、半年後東京で警察に保護され、再び措置入院となる。3か月後に措置解除となり、地元の精神科病院に転医し医療保護入院となる。Aさんは転医後3～4か月ごとに幻覚妄想状態が強くなり、症状が悪化すると、2～3週間保護室に隔離される状態であった。

X年4月～5月

　X年4月に主治医が交代し、今までの治療経過の振り返りが病棟でなされた。❶Aさんは周期的に悪化していたのではなく、Aさんが理不尽だと考える何らかの事象が病棟で発生したときに興奮状態に陥り、保護室に隔離されていたのではないかとの仮説が立てられた。そんなとき、病棟担当の精神保健福祉士は、Aさんが突然看護師に殴りかかり、保護室に収容される場面に遭遇し、その前にどのようなことが起こったのかを調べてみた。すると、Aさんが怒り出す前に看護師が他の患者に食事の件で少し強い口調で指導をしており、Aさんはその傍らで一部始終をみていたという。精神保健福祉士は保護室でベッド拘束されているAさんに看護師に殴りかかった理由を聞いたところ、Aさんは最初は興奮していたが1時間を経過する頃にはその理由を語れる程度に落ち着き、「看護師

の対応は他患に対して不適切で患者を馬鹿にしていると思った」と語った。この経験から精神保健福祉士は過去のカルテを綿密に読み直し、さらにAさんと時間をかけて話し合った。結果、仮説を裏づけるような事象を見出し、両親に経過を説明し、退院を了解してもらった。ただし、両親の不安が強かったので24時間ケアを提供するACTチームを紹介した。

　紹介を受けたACTチームは、Aさんよりやや年上の男性のB精神保健福祉士を主ケースマネジャーに、C作業療法士、D看護師の2人を副ケースマネジャーに決定し、3人で個別支援チーム（Individual Treatment Team：ITT）を形成した。3人は交代で1週間に2回病棟を訪問し、同行外出も取り入れながら、信頼関係を構築し、AさんはX年6月に退院した。

X年6月～12月

　Aさんは退院後は自室にこもり、入院させられたことに対する恨みやつらさをB精神保健福祉士に来る日も来る日も語り続けた。❷B精神保健福祉士は、当初はAさんの語りに耳を傾けながら共感し、次第にAさんが入院体験を再形成し、自己概念を再構築するように話し合った。AさんとB精神保健福祉士の間では、無理やりさせられた「措置入院体験」をとらえ直し、過去だけでなく未来をみつめるように変化し、主体性という感覚をもつことができるような会話が繰り広げられた。12月になり「もう措置入院のことを考えるのは面倒くさくなってきました。それよりもBさん、どこか行くところありませんか？」と、Aさんは問いかけてきた。

X+1年1月～10月

　ACTの支援は、利用者と良好な関係を構築し、対象者の自宅を心地よい環境として整えつつ、早い段階でピアサポートや安心できるグループに利用者を結びつけ、リカバリーに至る道に誘う。Aさんの言葉を聞き、重要な転機が訪れたと考えたB精神保健福祉士は、徒歩で通えるピアサポートクラブやAさんの得意な囲碁を打てる地域の碁会所に見学に行くことを勧めてみた。Aさんは、ためらいつつもピアサポートクラブにB精神保健福祉士とともに行ってみて気に入り利用

し始めた。すべてが順調に進み始めていたところ、8月になり突然、Aさんから B精神保健福祉士にSOSの電話が入った。B精神保健福祉士は、訪問先を急きょ変更して訪問したところ、Aさんはすっかり自信を無くしていて「もうあかん。僕は何もできない人間です。高校の同級生は、みな社会でバリバリ働いているのに僕は1円も稼げないし、頭も回転しない」と泣き出した。B精神保健福祉士は、Aさんの話をじっくり聞く必要があると考え、午後の4時間をAさんとともに過ごした。さらに母親からもこの間の経過を確認し、次のようなことがわかった。

　Aさんはピアサポートセンターの活動だけでは物足りなくなり、1週間前に碁会所に1人で出かけ、そこである高齢者と囲碁を打ち、簡単に負けてしまったという。また、一昨日、たまたま高校の親友が盆で実家に帰って来たのに出くわし、親友には奥さんと子どもが2人いることを知ったこと、さらに昨夜父とテレビのチャンネル争いをして「金も稼げんくせに」と言われたことが判明した。これは現実世界に適応し始めたAさんが、現実という大波を受け座礁寸前に陥っている状態である。「男性は強くあるべき」という信念を父から植えつけられてきたAさんにとって、これらの体験はどれも信念に反することであり、つらい気持ちにAさんを追いやってしまった。

　そこで、B精神保健福祉士はリカバリーした当事者の例を挙げながら、現実に向き合うことの厳しさ、苦しさに共感しつつ、非機能的な信念を修正する方法である認知行動療法の学習を提案してみた。すなわち、つらい気持ちにつながる「ゆがんだ思考」を、少しでも気持ちが軽くなる「ラクな思考」に切り替えていく認知行動療法を一緒にやってみないかと提案したのである。認知行動療法は難しそうで嫌だというAさんに、翌日C作業療法士が認知行動療法のパンフレットを持参し、2日後のB精神保健福祉士の訪問まで考えておくよう伝えた。イラスト入りのパンフレットが功を奏したのか、Aさんは認知行動療法に関心を示し、取り組むことになった。

　❸<u>父から刷り込まれた「すべき」「あるべき」という思考をもつAさんは、常に「男はXでなければならない」「男はこれをしなければならない」と考える癖があり、確信的な思い込み傾向を修正して、柔軟な思考を獲得することを目的に認知行動療法に取り組み始めた。</u>B精神保健福祉士は、「絶対にXであるべき」から「X

であるべきかもしれないけれど、Xである必要はないかもしれない」という柔軟な視点への移行の獲得を目指したのである。

　毎週2回訪問時に認知行動療法を取り入れているうちに、Aさんは柔軟な思考を獲得するとともに、学習する面白さを思い出し、積極的になっていった。そこでB精神保健福祉士は、当事者心理教育プログラム「健康自己管理」（三品2015）を行っている地域生活支援センターを紹介した。

X＋1年11月～X＋3年3月

　地域生活支援センターにおける「健康自己管理」プログラムは、8名の参加者と2名のグループ・リーダーで始まった。グループ・リーダーはE精神保健福祉士、コ・リーダーは当事者のFさんであった。❹当初はグループ・リーダーが中心にプログラムを運営していたが、途中から参加者自身が運営する形態に変更され、Aさんもいくつかのセッションのグループ・リーダーを務めた。Aさんはグループ・リーダーを務めるセッションの前には、Fさんに手伝ってもらいながらセッションの準備をした。その結果、Aさんはわからないことを調べたり、人に物事を教えたりする能力があることに自分自身で気づいた。そして、これらの能力を活用して一般就労をしたいと思うようになった。この時点でAさんはACTチームの支援を卒業し、就労移行支援事業所へと旅立った。

支援の全過程を通して

　「大きな石が水面を飛び跳ねていくときのように、精神の病は家族全員に極めて大きな波紋を及ぼす」（Wasow＝2010：18）。日本のACTは、精神の病の影響を受ける家族に対する支援を大切にし、家族を支援チームの一員であるとともに、支援を必要とする人々としてとらえている。すなわち家族支援には、当事者にとって重要な環境である家族が支援者としての機能を高めることと、家族自身がその人らしく、年齢相応の人生を回復することの両方があるとACTでは考えている。

　当初、Aさんと両親との関係にはいくつかの課題があった。父親は厳格でAさんが幼いときより「男性はこうあるべき」というメッセージを送り、Aさんを叱咤激励し続けた。そのためAさんは、父の期待には応えきれていないという思いを

ずっと持ち続けていた。一方、母は父に従い長年寄り添ってきたが、Aさんに対しては過保護でAさんの状態に一喜一憂する巻き込まれやすい人であった。母はAさんの発病後、やや神経質になりAさんの状態を克明に記録していた。そんな中でAさんは親に依存しつつもそれを煩わしいとも感じていた。Aさんの家族のコミュニケーションのパターンは、図のように循環しており、両親とAさんの3人の日常生活に大きな影響を及ぼし、家族関係をゆがめ、家族全員が居心地の悪さを感じていた。

図　コミュニケーションパターン

母がAさんを監視する → Aさんが大声をあげる → 父がAさんを叱責する → Aさんが萎縮する → 母がAさんをかばう → Aさんは母に甘える →（循環）

❺B精神保健福祉士は家庭訪問時にコミュニケーションの方法を改善するよう働きかけ、少しずつ家族関係に変化が出るようになった。日常的な訪問場面だけでなく、自宅で誕生会や鍋パーティーを開催し、スタッフたちはその場で健康なコミュニケーションモデルを演じたり、会話の仕方を指導したりした。❻またB精神保健福祉士はコミュニケーションの改善だけでなく、家族1人ひとりがどのような生活を期待しているかを話し合ってもらい、その実現に向けて行動変容を促す行動療法的訪問家族療法も10回実施した。さらに❼ITTでは、Aさん一家と近隣の人々の交流を増やすように努めた。区民体育祭にAさん一家を誘って参加してみたり、地域清掃の日にAさんと一緒に参加し、近くの河原のごみ掃除を

したりして近隣の人々とAさん一家が親しくなるようにした。すると近隣の人々がAさんの母とおしゃべりをするようになり、Aさんの母は同年齢の女性と喫茶店に出かけたり、デパートに買い物に行くようになったりして、Aさんと適切な距離が取れるようになった。

2節　理論と経験知の検証

　重い精神障害のある人への地域生活支援は、医療、リハビリテーションも含めた生活支援をその人の住んでいる場所へその人の意向に沿いつつ、多職種チームにより提供していく。ここでは、ACTの事例を通して施設から地域ケアへと移行する過程で精神保健福祉士がどのような経験知や理論、概念を見出しているかに焦点をあてる。

(1)　局面①　現象学的アプローチ

　近年、イタリアなどの精神科病棟を廃止した地域では、先入観にとらわれず、症状や障害よりもその人自身を理解し、服薬を勧めるよりも対象者にかかわり、信頼関係を築くことを何よりも重視する。症状は人と人との関係、その人を取り巻く環境世界との間で何らかの事情でうまくいかなかったことによって引き起こされているのであるから、人と人として向き合い、起こっている事象を理解し、その人の主体性を尊重しつつ支援者が一緒に解決しようとする。このような現象学的アプローチが、イタリアと同様この病棟でも採られたのである。日本では、現象学的アプローチを用いて支援する医療機関はまれであり、むしろ急性期病棟では近年拘束が急激に増加している。一方、急性期病棟に精神保健福祉士が配置されるようになり、病棟に常駐している精神保健福祉士の中には、現象学的アプローチを導入し、看護師とともに医療のあり方を変えようと試みる者が現れ始めている。ただし、精神障害のある人への現象学的アプローチは、その人の普段の生活の中で用いるほうがはるかに効果的であり、支援の場を精神科病院から地域へと転換することが急務である。なぜならば一般に施設ケアは、施設を維持することを中心にすえ、人を支えることを中心にすえることはないか

らである。

(2) 局面②　ナラティブ・アプローチ

「生きていることの最も重要な特徴のひとつに会話がある」（Anderson 1997＝2001：12）。精神科病院での経験は、Aさんにとっては奪われた、失われた時間であった。その悲しみや恨みは、誰かに受け止めてもらってこそ再構築される。訪問ごとに繰り返される入院させられていた日々の語りは、重ねるごとにうめきから対話へ、開かれた会話へと広がっていった。ここでの語りによって、Aさんは生活を取り戻し、人生の主体者となり、未来へと歩み始めた。ここで注目すべきことは、この語りが面接室でなくAさんの生活空間で行われたことにより、Aさんを早期に生活者に戻していることである。ACTのスタッフは、場の効果を考慮しながらナラティブ・アプローチを織りなしていく。

(3) 局面③　認知行動療法的アプローチ

認知行動療法的アプローチは、日本では2010年代になって盛んに使われるようになったが、欧米諸国では1990年代から抑うつ障害群や不安障害群／不安障害、統合失調症スペクトラム障害などの多くの疾患に効果があることが実証され広く使われてきた。最近は訪問による認知行動療法に関する研究も始まっているが、ACTチームでは早くから訪問型の認知行動療法的アプローチを取り入れてきた。この事例では、父から刷り込まれてきたゆがんだ信念を柔軟な思考に転換できるように活用している。ACTの支援は訪問という形で行われるので、生活に即したスキルの獲得が可能となり、認知行動療法的アプローチは汎化が苦手な精神障害のある人の症状の軽減や生活の質の向上に大きな力を発揮している。

(4) 局面④　ストレングス視点アプローチ

日本のACTは、ストレングス視点が普及した後に始まったため、ストレングス視点アプローチを基盤としており、アセスメントや支援計画のシートはストレングスモデルのものを活用し、危機にあってもストレングスを見出すように努めている。それは妄想や幻聴の中にも対象者のストレングスは存在するからである。また、表のように心理教育は日本では医療機関において精神疾患に焦点をあて医師や看護師等の専門職によって行われてきたが、この事例で行われた心理教

表　変わりゆく心理教育

	従来の心理教育	新たな心理教育
実施場所	医療機関	地域
焦点	精神疾患の管理	健康全体　人生　リカバリー
グループ・リーダー	看護師　心理職等専門職	精神保健福祉士→当事者

筆者作成

育は、地域で開催され、内容はリカバリー志向で精神障害のある人が自分の心身の健康管理や人生そのものを主体的に管理することを目的にして行われている。そして当初は地域で働く精神保健福祉士らがグループ・リーダーを務めるが、セッションの半ばからは当事者がグループ・リーダーを務めることが推奨されている。このプログラムでは当事者が主体的に健康に関する情報を得て、活用する「ヘルスリテラシー」が強調されているのが特徴である。本事例では、Aさんが健康自己管理プログラムのセッションのグループ・リーダーを務めることにより、Aさんのストレングスを発揮する場を準備し、その結果、Aさん自身が潜在的なストレングスに気づくよう支援をしている。

(5)　局面⑤　コミュニケーション・アプローチ

コミュニケーション・アプローチは、ダブルバインドを改善する方法としてもよく知られているものであるが、ダブルバインドだけでなく、家族、友人などの社会的関係におけるコミュニケーションも取り扱う。特に家族間のコミュニケーションは日常的に繰り返されるので、健康的なコミュニケーションを取り戻すことは家庭にくつろげる雰囲気を醸し出す。生活の場面、場面を活用したアプローチは、スタッフがロールモデルとなり、家族や友人、近隣の人々とのコミュニケーションを円滑にし、豊かな関係を生み出していく。

(6)　局面⑥　家族療法的アプローチ

日本では多くの精神障害のある人が家族と同居したり、近隣に住む家族から支援を受けたりしながら生活しており、ACTスタッフは家族全員を支援対象と考え、必要に応じて家族支援を行う。特にイギリスで広く行われている「メリデン家族プログラム」という行動療法的訪問家族療法（NHS MERIDEN 2015）が今注目されており、当事者だけでなく家族1人ひとりのニーズを取り上げ、行動変

容を促していく。今までの家族支援は当事者を中心にすえた支援であったが、家族全員がより豊かに生きることを目指すこの療法は新たなものである。事例に取り上げたチームは、イギリスモデルの家族支援を研究し、いち早くメリデン家族プログラムに取り組むことによって、当事者を焦点化し家族を支援者として位置づけてきた日本の家族支援の方法を大きく変え、家族全員のニーズの実現に向けた支援をしている。

(7) 局面⑦　エコロジカル・アプローチ

　精神障害をもつ家人がいる苦しみを近隣の人々と分かち合うことは容易ではない。そのため精神障害の家族をもつ人々は地域から孤立しがちである。ACTはスタッフ自身が地域の人々と交流していく中で、地域全体を精神障害の人が住みやすい社会に変革していくことも目標にしている。近隣から孤立していた家族を地域の一員として町内会に所属できるような働きかけは、スタッフ自身が地域に深く溶け込むことで可能となる。支援が提供される場が施設から地域へと移行することで、精神保健に関する住民の意識が変化し、精神障害のある人とその家族の人生の質を変化させる。

おわりに

　重い精神障害のある人への地域生活支援では、Aさんの事例のような見立ての誤りから長期入院になっている人だけでなく、支援が必要であるにもかかわらず支援を拒否したり、支援を求めなかったりする人へのかかわりも求められる。

　精神保健福祉士たちはAさんという1人の人を支援する過程においても、多様なアプローチを用いていた。そして、そこでは今まで培った理論と実践を発展させ、新たな経験が蓄積され、新たな理論が生み出されていた。地域という場では、施設で提供していた支援と異なり、環境とのかかわりを分析しながら利用者を含めた地域や家族に応じた支援が求められる。実践とは支援の必要な人から学ぶことであり、専門職の日々の挑戦であり、葛藤の中から希望が生まれる場である。

　最後に「ACTはソーシャルワーク実践か」という問いに答えておきたい。日本

では、ACTを訪問型の医療だと語っている医師が少なくない。ACTはマジソン市で始まった当初は医療が中心のプログラムであったが、現在では医療を含む包括的な生活支援がACTである。ACTは多職種チームの1つである「超職種チーム」として機能し、その理念はリカバリーであり、目的とするところは重い精神障害のある人の人間としての権利の復権である。リカバリーとは、疾患や障害があっても、その人の人生における新たな意味と目的を見出すことであり、その根底にはアドボカシーの思想が流れており、ACTはソーシャルワーク実践なのである。

　イギリスバーミンガムの地域精神保健チームで働く地域精神科看護師にインタビューをしたとき「私たちは看護モデルではなく、ソーシャルワーカーと同じソーシャルモデルで仕事する」と語っていた。地域で働く他職種がソーシャルモデルで支援を展開するイギリスのような変容は、ACTチームでは既に始まっている。ACTで生まれた多職種チーム全体がソーシャルモデルで支援する文化を育て普及させていくことで、利用者の主体性の回復に焦点をあてた支援が浸透することであろう。

文献
三品桂子監訳（2015）『健康自己管理ワークブック』学校法人花園学園花園大学.
Anderson, H.（1997）*Communication, Language, and Possibilities: A postmodern approach to therapy.* Basic Books.（＝2001, 野村直樹・青木義子・吉川悟訳『会話・言語・そして可能性――コラボレイティヴとは？ セラピーとは？』金剛出版.）
NHS MERIDEN: The Meriden Family Programme（http://www.meridenfamilyprogramme.com/2015.08.20).
Wasow, M.（2000）*The Skipping Stone: Ripple Effect of Mental Illness on the Family.* Science & Behavior Books.（＝2010, 髙橋祥友監修『統合失調症と家族――当事者を支える家族のニーズと援助法』金剛出版.）

第16章 自殺予防とソーシャルワーク実践

　本章では、自殺問題について、社会福祉やソーシャルワークの文脈の中で考察していくこととする。本章全体の構成としては、まず、日本の自殺の現況や特徴について概観し、それをもとに自殺予防における社会福祉実践の役割が何であるのかについて論じる。そして、自殺が起こる前の防止策（プリベンション）としての社会福祉、ソーシャルワークのあり方について、主にマクロレベルの貧困対策と自殺予防、雇用対策と自殺予防の2点に絞って論じていく。そして、それらを踏まえて、すでに起こってしまった後の自殺対策（ポストベンション）としてのソーシャルワーク実践について、遺族へのグリーフワークとナラティブ・モデルの方法について論じる。最後に1つの事例として、NPO法人白浜レスキューネットワークの実践をとりあげることを通して、総括的な方策を検討したい。

1節 序

　本章では、ソーシャルワークの実践の中でも、その実践領域として、これまであまり顧みられることのなかった、自殺・自死について、特にその予防への取り組みについて、社会福祉、ソーシャルワークの観点から、議論していきたい。これらを通して、本書が主題とするソーシャルワーク理論と実践が循環的に機能している実践の科学化の1つの例示となればと願う。ただし、自死や自殺の予防と社会福祉やソーシャルワークの実践に関しては、障害者、児童、高齢者を対象とした場合のように、過去において検証すべき蓄積されたデータや事例という実践的展開があるわけではない。その意味では今、その理論と経験知の検証をする段階でないことは明らかである。したがって、この領域の特殊性から、

本章では、第3部の他の章とは章立ての構成が異ならざるを得ないことをあらかじめ断っておきたい。

(1) 自死か自殺か

まず、用語の表現から話をすすめたい。近年、島根県が遺族会の要望を受け、自治体の「自殺対策総合計画」の中で「自死」という表現を使用したことを契機に、「自殺」ではなく「自死」という表現に変更していこうとする動きがある。自死遺族にとって、自「殺」と表現するのは、あまりに直接的であるのは承知の通りであるが、本稿では、「自死遺族」という場合を除いて、あえて、基本的に「自殺」と表現している。

その理由として、自死か自殺かという表現をめぐる議論はまだ十分に尽くされておらず、そもそも「自死」という言葉それ自体が日本語表現として何を意味するのか国民の間にいまだ定着していないということが挙げられる。また、厳密な定義ではないが、「自死」は「自ら死ぬ」ということとなり、どこかに本人の意思のような含意が強調されるように思われる。これは人生を熟知した挙句に死を選んだ孤高の作家や哲学者の場合のようなニュアンスである。しかしながら社会問題としての自殺、あるいは「追い詰められた末の死」という切迫した状態は伝わらず、むしろ社会への批判的視座は、やや弱められる可能性を帯びている。さらに、本章の主題である、ソーシャルワークと自殺予防の関連でいえば、仮に自死という場合、自らの意思で死を選択するものをなぜ自治体やソーシャルワーカーが積極的に予防する必要があるのか、という矛盾が生じてくる。確かに「自死予防」といえば、その意味内容が不明確になる。加えて、自殺という表現が果たしている抑止力についても無視すべきでないという意見が遺族や専門家の中にはないわけではない。その1人、南部節子氏は「『自死』という表現は過酷な現実をオブラートに包んでしまう面があり、死に対するハードルが下がりかねない」（日本経済新聞2014年3月10日）と懸念するが、これは一考に値する鋭い意見である。以上により、本稿では暫定的ではあるが、自死遺族への配慮をしつつも、「自殺」という表現を基本的には使っている。

(2) 問題提起

ところで、日本で自殺者が近年減少し、年間3万人を切ったとはいえ、3万人

前後の数字を十数年続けているその深刻さが十分に伝わっているとは言い難い。例えば、今熱狂しているマツダスタジアムの広島カープの試合で、超満員になっている観客数3万人超えを想像してほしい。この人数が日本の1年間の自殺者数とほぼ同数である。これほどの大勢の国民が、1年間で自ら命を絶っているのである。このような深刻な状況に対して国家としても、自殺対策基本法（2006）、自殺総合対策大綱（2007）（以下、大綱）により、対策に乗り出しているところである。なお、この大綱は、2007年に策定された後、2008年に一部改正、2012年に大幅改正されて今日に至っている。

　これらを踏まえつつ、本稿では、「自殺は社会的な問題」とWHOが定義し、政府の大綱でも「自殺は、個人の自由な意思や選択の結果と思われがちであるが、実際には、倒産、失業、多重債務等の経済・生活問題」として「自殺は追い込まれた末の死」という認識を示しているにもかかわらず、いまだに、自殺問題を、狭義の福祉や既存の福祉制度の対象のあくまで例外的な領域としてしか扱ってこなかった日本の社会福祉界やソーシャルワーク界自体の問題について問いかけてみたい。政府の大綱そのものへの批判的考察は、木原（2011）参照のこと。また包括的な社会的ケアに関するソーシャルワークを中心とした「福祉モデル」への転換をはかる方策については、木原（2012b）を参照されたい。

(3) 日本の自殺の現況

　日本の自殺の現況について、ここで整理しておきたい。2015年6月の『自殺対策白書』によると、自殺者数は、14年連続で3万人を超える状態が続いていたが、2012年に15年ぶりに3万人を下回り、そして2014年は2万5427人となった。

　とはいえ、日本は、依然、世界的にも高い自殺率（人口10万人当たりの自殺による死亡率）であり、その高止まりの深刻な状況が続いているとみるほうが適当であろう。長い間、日本はOECD加盟の先進国の中でも自殺率の最も高い国の1つである。その要因として、日本には古来より「切腹」「心中」などの慣習があり、欧米諸国のキリスト教のような自殺を忌避する文化や倫理観がなく、ある意味で美意識すら伴う死生観や文化が根強く、自殺に対して寛容な社会にあったことも指摘されている。これ自体宗教、文化の問題であり、その良し悪しを価値判断すべきことではないが。

ところで、近年の3万人の高止まりの一番の要因は、バブル経済がはじけて以降の失業問題、経済不況と密接に関連している。自殺率は、戦後からほぼ同水準で推移していたが、1998年以降に急増して3万人を超えるようになって以降14年間の特徴は、働き盛りの男性の自殺者数の増加である。つまり、バブル経済がはじけ、失業、雇用問題が深刻化する1998年以降に増加しているのである。自殺対策は、このような現況をまずは冷静に分析する必要がある。

　また、近年の特徴としては、10代、20代の若年層の自殺者が増加しており、政府の見解では、若年層の失業率増加や非正規雇用の増加など、厳しい雇用情勢が影響していると分析されている。特に、日本の若者の自殺の場合、近年明らかになってきているのは、社会的排除、マイノリティの観点からもこの問題に焦点をあてる必要がある。例えば、性的マイノリティといわれるLGBTと自殺の関連、学校等でのいじめと自殺との根深い関連である。これらは等閑視されがちであるが、特に、ソーシャルワークの関連からも十分な考察が必要である。

2節 自殺予防における社会福祉実践の役割

　以上、日本の自殺の動向について簡単に概観したが、それでは、このような自殺にどう対応すべきか、というのが本章の主題である。ここではまず、自殺予防の枠組みを整理したうえで、社会福祉、とりわけソーシャルワークのアプローチを議論していきたい。

　ところで、自殺予防は次の3段階に分類される。①プリベンション（prevention：事前予防）、②インターベンション（intervention：介入）、③ポストベンション（postvention：事後対応）である。

　①プリベンションとは、事前に自殺につながる要因を取り除き、未然に防ぐ予防のことである。自殺予防教育や、地域における一般市民向けの啓発活動などもこれに含まれる。

　②インターベンションとは、自殺の起こる状況に直接介入してそれを食い止めることである。精神疾患や差し迫った危険を発見して、危機介入することである。例えば、手首を切る、あるいは薬物の多量服用を早期に発見して、治療し、

死に至らせないことなどである。いのちの電話などの自殺をほのめかす人への危機的な対応などもこれにあたる。

　③ポストベンションは、自殺が起きてしまった後の事後対応のことである。その際、遺された家族等へのグリーフワーク、PTSDへの対応を含め精神医学的治療が必要になる場合も少なくない。また長期的な遺族等のケアや生活支援もこれに含まれる。

　しかしながら、高橋が「現在わが国で行われているのは、主にインターベンションであって、プリベンションやポストベンションはごくわずかに行われているにすぎない」（高橋 2008:10）と述べるとおり、残念ながら日本の自殺対策ではインターベンション中心の対策で自殺を個人の問題と位置づけ、総じて医療を中心に、これまで対策がなされてきたといえる。医療、とりわけ危機介入を含め精神医学が果たす役割は極めて大きなものである。しかし、自殺原因が複合的であり、また社会的な問題であるのならば、高橋の指摘を待つまでもなく、今後、ますますプリベンション、ポストベンションが重要視され、抜本的な社会的、総合的対策が求められる。特に、事後救済的なイメージの「医療モデル」への傾斜を超えて、「福祉モデル」が求められるところである。

　ここでいう福祉モデルとは、包括的、社会的な視座を踏まえた総合的な自殺予防の視座であり、従来の事後救済やキュアよりはケアの視点にアクセントを置く自殺予防の方法のことである（木原 2012b）。すなわち、直接的な危機介入的インターベンションだけに偏らない、自殺予防の「本丸」であるプリベンションとして貧困対策、雇用対策という社会政策（広義の社会福祉）に加え、地域社会のネットワークを基盤整備としたきめ細かな連携づくり、すなわち無縁死や孤立死等を起こさせないための地域福祉、すなわち地域での持続的なケアが今後の課題である。また、残念ながら自殺が起こってしまった場合のグリーフケアを含めた遺族への生活支援を含めたソーシャルワーク的な支援であるポストベンションも求められる。それは従来の個人主義的色彩の強かった対策から、より社会的、公共的な色彩の強い対策への転換であるともいえる。

3節 プリベンションとしての社会福祉

　社会福祉、特にマクロ的な制度政策が果たすべき役割でいえば、プリベンションとしては自殺の温床となっている失業、貧困対策があり、また孤独死、孤立死を防止するための無縁社会への対応としてのコミュニティワークがある。佐々木が指摘するごとく、「自殺予防対策におけるつながりは、福祉そのもの」（佐々木 2011：29）であり、自殺予防と社会福祉、ソーシャルワークを直結させていく視点が、とりわけ重要になる。

　以下では、社会福祉、ソーシャルワークにおける自殺予防のプリベンションとポストベンションについて議論していきたい。さらに、これまで論じてきた3つの予防の中でも、プリベンションに焦点をあて、特に社会福祉が果たす役割に焦点をあてたい。

(1) 貧困対策と自殺予防

　かつて、WHO（2003）が自殺は、「その多くが防ぐことができる社会的な問題」であると言明したが、特にその背景・原因となる要因のうち、貧困、失業、倒産、多重債務、長時間労働等の社会的要因については、大綱においても自殺対策の最重要課題の1つであるとされている。だがこれらに対していまだ十分な対策がなされているとは言い難い。

　労働問題、貧困問題に鋭くメスを入れる市民運動家の湯浅誠は、国家の貧困対策と自殺問題の因果関係について言及し、自殺対策基本法に「1万人に達すると言われる『経済・生活』を理由とする自殺者への対策が明記されていない」（湯浅 2008:68）と厳しく批判した。湯浅によれば、自殺者の3分の1、つまり1万人程度は貧困との絡みであるとして、「自殺もまた貧困問題と密接に結びついている」（湯浅 2008:67）と指摘した。また、「本人の生活保障および最後のセーフティネットで命綱を握っている福祉事務所職員の役割には言及されていない」（湯浅 2008：68）として、貧困対策との因果関係が明らかでありながら、それを社会福祉関連と自殺対策と関連づけて具体的に踏み込んでいない点を批判した。

　さらに、湯浅は、社会的排除を以下のように五重の段階で分類し、①教育課

程からの排除、②企業福祉からの排除、③家族福祉からの排除、④公的福祉からの排除、そして、⑤自分自身からの排除、とするが、これは自殺問題を考えるうえで示唆的である。湯浅は、自殺したケースをNPO法人もやいの会の実践から、「『どんな理由があろうと、自殺はよくない』『生きていればそのうちいいことがある』と人は言う。しかし、『そのうちいいことがある』などとどうしても思えなくなったからこそ、人々は困難な自死を選択したのであり、そのことを考えなければ、たとえ何万回そのように唱えても無意味である」（湯浅 2008：65）と述べ、「大量の自殺の背後には、一部であれ確実に、『自分自身からの排除』がある」と結論づける。この「自分自身からの排除」こそ、自殺の本質を貫く概念である。

(2) 雇用対策と自殺予防

プリベンションを考えるうえでは、貧困問題だけでなく、それと連動する雇用対策も抜本的に考えなければならない。貧困や失業が自殺に直結するというのは政府の大綱でも明らかになっているが、その一方で正規雇用のいわゆる正社員の自殺問題も看過できない。過労により、鬱病などの精神疾患を患い、そして自殺に追い込まれる実態も急増している。1996年の東京地裁電通過労自殺判決によって明らかにされて以降、過労と自殺の因果関係は労働政策の1つの課題となっている。現在では過労の約半数が、精神疾患、自殺の相談にかかわることであるといわれているが、それまでは過労と精神疾患、自殺は別次元として扱われていた。しかし、1999年に精神疾患及び精神疾患に起因する自殺に関する労災認定基準が策定され、2000年に電通事件最高裁判決が出され、使用者の労働者に対する安全配慮義務違反が認定され、以後、過労と自殺は企業の労働問題に大きな課題となった。これらの判決以降でも現在のブラック企業等における過重労働問題は、なお深刻な問題になっている。

つまり、これまでは、失業や非正規雇用など不安定就労と自殺の因果関係を論じてきたが、皮肉なことに、働きすぎと自殺という要因も、一方で明らかにされている。大阪弁護士会の生越輝幸は「簡単に解雇されて人生に希望を持てなくなってしまう派遣社員と、仕事を失わないため自分をおいつめて働く正社員のいずれも、自殺につながる可能性がある」（朝日新聞2009年2月16日）と意味

深い主張をしている。つまり、不安定就労者にとってはもちろんのこと、現在の雇用の立場を必死で堅持しようとしてサービス残業に追い込まれる正規雇用の正社員双方にとっても、自殺は雇用・労働と密接につながっていることを意識すべきであろう。

これらに対して、週労働時間短縮、早期退職、パート・正規の格差是正という概念によるワークシェアリング、ワークライフ・バランスなどという雇用政策の新しい方向性がワッセーナー合意（Wassenaar agreement,1982）により、オランダで実現したことは周知のところであろう。今後、自殺問題で、このような労働、雇用形態において踏み込んだ議論が予防としても急務である。なぜならある者は企業に雇われながらも働きすぎで自殺に追い込まれていると思えば、別の者は、働く意欲があっても、働く機会がなく自殺に追い込まれるという皮肉な事態になっているからである。これらは、社会政策、社会サービスが取り組むべき自殺予防のプリベンションの重要課題である（木原 2012b）。

4節 ポストベンションとしてのソーシャルワーク

プリベンションとしての社会福祉、とりわけマクロ（政策）レベルでの議論を展開してきたが、次にミクロレベルを中心に、ソーシャルワークとのかかわりを議論していきたい。ただし、便宜上においてマクロ、ミクロを分けて議論したが、実はソーシャルワーク実践の中では、これらが循環しており、全体としてつながっていることはいうまでもない。

ポストベンションとしてのソーシャルワークの役割の重要なものは、自殺が起こってしまった後の遺族への生活支援と悲嘆作業（グリーフワーク）である。

ここでいう生活支援とは、例えば稼ぎ手である父親を自殺で亡くした遺族の場合、その後の生活における経済的支援ほか諸種の福祉サービス等の社会資源の利用への支援が必要になる。このような支援には、福祉の専門領域で培ってきた専門性が遺憾なく発揮されるべきである。しかしながら、社会福祉士、精神保健福祉士などの個別の動きはあるが、専門職団体の組織全体として自殺予防への十分な支援体制にはいたっていないというのが実情である。

生活支援という場合、実際的な話として、鉄道自殺などで鉄道会社から遺族側へ負わされる賠償責任への対応も含めた相談ニーズがかなり高いことからも、場合によって司法の支援につなぐような特殊ニーズへの相談援助も必要になる。
　これらは、先述した貧困対策、雇用対策等とともに、生活者の支援者、伴走者としてのソーシャルワーカーが取り組むべき課題である（木原・引土 2015b）。

(1)　遺族へのグリーフワークと自殺予防

　ソーシャルワーカーの支援としての上述の生活支援は当然であるが、それを包含する遺族へのグリーフワークが、不可欠である。グリーフワークとは、古典的定義によると、「故人へのつながりからの解放（emancipation）であり、故人がいない環境への再適応であり、そして新しい関係の形成にほかならない。グリーフワークに対するもっとも深刻な障害の1つは、多くの患者が悲嘆経験につながる強烈な苦痛を避けてしまい、そのために必要とされる感情表出を避けてしまうことである。」（Lindemann 1944:143）とされてきたが、ここでは、ただ単に心理的な感情表出というモデルを超えて、特にソーシャルワークのもつ、より包括的な社会的視点を踏まえての論点を明示しておきたい。

　自死遺族へのグリーフケアは不可欠であるが、心理学、精神医学は別として日本のソーシャルワークではまだこの点について、十分な検討がなされていない。自殺に起因する家族のメンバーのPTSDや気分障害などの直接的な意味での専門的治療は、精神科医などに委ねられるべきであるが、自殺の場合、多くの事例によると病理の治療（キュア）というより、上述した生活支援を包含するような悲しみの伴走者としての長期的な側面的援助者のケア役割が求められていることがわかる（木原・引土 2015a）。これこそこの領域で、ソーシャルワーカーの果たす役割であろうし、その強みを発揮できるところでもある。なぜなら、地域や病院などで働くソーシャルワーカーは、長期的にその人の生活そのものを傍らで支援する役割を普段から担ってきており、単に心の病理を集中的に治療する役割ではないからである。

　ところで、自死遺族が置かれている深刻な孤立した状況は、すでに大倉らの詳細なデータ分析による実証的研究にも明示されている（大倉・市瀬・田邊ほか 2011）。とりわけ、自殺で親族を喪失したことを隠さざるを得ない特殊事情

を抱える遺族はかなり多く、「承認されない悲嘆」を遺族は抱えることになる。親の「首を吊っている」現場を目撃して「誰にも言わないように」と言われ続けて育った子どもの衝撃とその後の長い人生の苦悩はいかばかりであろうか。親しい身内の自殺という突然の出来事で一瞬にして大切な人を喪失するという苦悩に加えて、それを抑圧しなければならないというのは遺族に強烈な苦痛を与える。文豪シェークスピア（Shakespeare）の「悲しみを声に立てなさい。口に出さない悲しみは、荷の勝ち過ぎた心臓にささやいて、それを破裂させます」（『マクベス』四幕・三場、野上豊一郎訳）という表現は、理屈抜きに、悲しみの実像を示す的を射た表現であるといえる。

　以上のことからも、遺族がこの衝撃的な出来事を真摯に受けとめ、合わせて生活支援という明日の生活問題に立ち向かえることができるような長期的な支援が求められる。そして、その長期的な信頼を前提にした関係の中で、これらの悲哀・悲嘆をどう表出していくのかということが重要な課題となる（木原2012b）。

　ところで、近年の欧米の研究では、このような悲しみを忘れるという方向でのグリーフワークの方法に対して、むしろそれを抑圧させることなく、敢えてそれを思い起こし、物語を語り直すという方法が有効であるといわれている。それはリ・メンバリング（re-membering）という技法である（Hedtke 2004）。re-memberingとは直訳すれば、「再びメンバーに加える」ということであるが、自殺で、喪失した大きな打撃や故人そのものを忘れることにより立ち直ろうとするあまり、悲しみそのものに抑圧的となり、結果的にグリーフワークにいたらない。むしろその亡くなった人を忘却するのではなく、改めて思い起こし、そして記念し、「生きているメンバーに再度加えて」（re-membering）、そのうえで、新しい物語を形成していこうというアイデアである。このことを通して、固着していた悲しみの抑圧から解放されていくというものである（Hedtke 2004）。このようなポストベンションの全過程に、援助職としてのソーシャルワーカーが中心的にかかわっていくのである。

(2)　**ナラティブ・モデルと自殺予防**

　当事者による遺族会などのセルフヘルプ・グループ（SHG）は、上述したグリー

フワークにおいても、大きな柱となり、重要な役割を果たすが、専門的支援としてのソーシャルワークの視点も重要になってくる。その立場や援助方法も諸種あるが、ここでは目下、注目されているナラティブ・アプローチに基づく、ニーマイアー（Neimeyer）の提唱する意味再構成モデル（meaning reconstruction）（Neimeyer 2001）を紹介したい。本書においても、ナラティブ・モデルについては、すでに筆者自身も明らかにしてきており、第10章で明らかにしているので、その概略はそれらに譲り、ここでは繰り返さず、自殺予防に、応用される具体的な方法の1つをとりあげたい。

　それは、以下の3つのプロセスからなる。むろんこれは直線的なプロセスというより、螺旋的なものとして考えるべきである。それは、①感情表出、②意味創造（意味再構成）、③意味の社会化、である。

　①感情表出：悲嘆をもつ人の苦しみが、誰かにその苦しみが語られるとき、つまり、その苦しみの一端が誰かに分かち合われるとき、その人のうちでその苦しみ自体が消失せずとも、原理的には、その苦しみの性質が異なってくる。これはカタルシス効果のことを指しているのではない。なぜなら内在化されていた悲嘆が表出され、表現された苦しみや悲嘆が他者に語られることによって、ホワイトらのいうとおり、その悲嘆はその人から外在化され、客体化されたものと変容するからである。むろん何も言葉だけでなく、芸術を通してもその感情は吐露される。鎮魂歌としてのレクイエム、詩を通して、あるいは絵画を通して、心のうちにある悲しみや苦しみが表出されることは同様の効用であろう。ただし、それは、時間経過とともにただ自然に起こってくるというよりも聞き手の存在、役割が大きい。鷲田は、この点を以下のように述べている。「苦しみを口にできないということ、表出できないということ。苦しみの語りは語りを求めるのではなく、語りを待つひとの、受動性の前ではじめて漏れるようにこぼれ落ちてくる。つぶやきとして、かろうじて」（鷲田 1999:163）。このように、「語りを待つひと」の存在が決定的に大きな位置を占めることになる。ことに悲しむ人の一番身近にいるべき訓練されたソーシャルワーカーの役割は重要である。

　②意味の創造・再構成：意味構成といっても、はじめから悲嘆への確定的な1つの道筋やあらかじめ用意された模範解答があるというわけではない。むし

ろ様々な悲嘆のヴァージョンの中から、語り手自身が取捨選択（整理）して、それを聞き手に工夫してわかってもらうために披露しているうちにやがて、あたかもそれが偶然であるかのように「意味」が生じ、それが語り手の中で再構成されてくると考えるべきである。そこであたかも編集者のような役割を果たすのは傾聴者としてのソーシャルワーカーである。

Neimeyerは、70年代からグリーフワークの議論の中心となった悲嘆プロセス説（段階的公式説）を適用するのを拒否する。つまり、悲嘆の作業とは固定的な段階説で説明されるべきものではなく、あくまで1人ひとりの個別の悲しみの物語であり、それに対して、当事者自身が、自ら「意味の創造者」として、自らが負った（負わされた）体験を、自ら解釈（再解釈）し、その物語を語り直し、新たに紡ぎなおしていくプロセスそのものであり、場合によっては第三者が側面から支援する、そのプロセスの全体を指しているという。こうして、その物語の語り直しを通じて、自分の中で納得できる物語を見出し、悲嘆していた自分から聞き手である他者の存在を通して解放され、場合によってはアイデンティティの変化につながることも期待できる。その「聞き手」の役割こそ援助者の真髄であり、ソーシャルワーカーに期待されるものである。

③意味の社会化：「従来の死別に関する理論や研究の多くは遺族個人に焦点をあててきたが、意味再構成の過程は社会から孤立した個人的な主観の世界だけで考えられるものではなく、より大きな外の世界の中で成立するものである」（Neimeyer 2001＝富田・菊池 2007:106）と述べるとおり、Neimeyerの主張は、悲嘆の感情表出からはじまり、語りを通じて意味創造（再構成）へと発展し、そしてそれがやがて、個（孤）を超え、より広い世界（社会）へつらなる物語のコミュニティへと展開していくことになる。

このような発想は、社会福祉、ソーシャルワーク理論へ応用する場合は特に重要になる。なぜなら、個人の心理内界から出て、より広い文脈としての社会的なケアを重視するソーシャルワークへ展開する可能性を帯び、個人主義的な色彩を脱していく過程はグリーフワークを社会化させていく発想の転換点として重要なものであるからである。

5節 NPO法人白浜レスキューネットワーク

　さて、これまで、本章では、福祉実践にかかわる自殺予防におけるマクロ的な制度の側面からミクロ的側面を述べてきたが、それらを総括する意味で、ここでは1つの自殺予防にかかわる福祉的支援の実践事例を通して、具体的に考察してみたい。

　藤藪庸一が代表を務める白浜レスキューネットワークは、日本の自殺予防としてもっとも注目されている支援活動の1つである。もともと教会の活動の1つとして始まったが、その後、公共的活動へと発展し、2006年にNPO法人となり、地域に根ざした福祉実践活動となって今日に至っている。そこでの事業内容は、自殺予防に関する電話相談事業、電話相談員の育成、白浜三段壁の見回り、自殺未遂者の一時保護、共同住宅の提供、自殺が起こらない地域づくりへの啓発活動（ボランティア養成等）、そして自殺企図者の集いの運営等の自殺予防活動を行っているが、これらはこれまで本章において繰り返し議論してきた自殺予防のインターベンションはもちろんプリベンションからポストベンションまでを包含している総合的支援といえる。また自殺予防にかかわる直接的介入から、地域福祉実践、そして就労支援、生活保護などの制度上の生活支援も含まれていることが特徴である。

　このNPO法人白浜レスキューネットワークによる福祉実践活動により、これまで13年間で500人以上の自殺未遂者の社会復帰を実現してきた。2010年の実績では93人を保護し（共同生活者20人）、そのうち、58人が2週間以内に家族の元に帰り、共同生活などを通して25人が自立を果たすことができた。うち13人は共同生活に耐えられず、別の場所へと移っていった（藤藪 2010, 2011）。以下は、藤藪自身が自らの実践事例を紹介したものである。

> 　その男性は、三日間、トイレの水だけを飲んで死ぬことを考え、絶壁に座り続け、日焼けで唇がパンパンに腫れ上がり、体中が真っ赤に火傷している状態でした。死に切れず、しかし衰弱して動けず、失意の内にただ座り続けていました。

四日目の夜、観光客らしい数人の若い女の子の中の一人が、通り過ぎた後、戻ってきて彼の前に立ち「馬鹿なこと考えたらあかんよ。死んだらあかんよ。」と言って2,000円を手渡してくれたそうです。彼は、翌朝、そのお金でご飯を食べ、我々のところに電話をしてきました。
　保護された後、9ヶ月で自立し、ホテルの警備員や掃除の仕事を続けて自立した生活を送りました。脳梗塞で倒れ3年間の長期療養生活を送りましたが、その間も精一杯生きました。平成21年7月に癌が見つかり余命2週間と宣告されましたが、それからも10月までがんばりました。その数ヶ月、毎日のように二人で話していたのは、「この10年よくがんばってこれた。生きてきてよかった」そして「10年前声をかけてくれた女性に感謝やなあ。」というものでした。
　死の縁で苦しんでいた彼に、声をかけできるだけの助けの手を差し伸べてくれた女性は、男性がその後送ったこの10年の歩みを知りません。しかし、この男性の人生を変えたのは、たった一度声をかけ、できる限りの助けを差し出したこの女性だったことは誰も否めないと思います。この男性は、この10年間、彼を見守り支えた教会の人々に斎場で見送られました。現在は、ご両親のお墓に埋葬されています。葬儀の一ヵ月後、男性の行方を知った妹さんから電話があり、翌日には御骨を引き取りに来てくれました。最後の10年間が幸せな10年間だったと共に喜ぶことができました。逝く側も看取る側も納得して死を迎えられることがどれほどうれしいことか深く考えさせられました。

（藤藪 2011, コラム『平成23年自殺対策白書』pp.44-47より引用）

　この事例にあるように、白浜レスキューネットワークにおける自殺予防活動は、本章で明らかにしてきたソーシャルワークの自殺予防のプロセスの支援を具現化している。通常、死にかけようとする人の1本の危機介入的電話（インターベンション）から始まり、その電話をかけてきた場所を特定し、支援者が直接会うことにより支援が本格化する。ただし自殺を考えているときはたいてい精神的に不安定か興奮しているので、落ち着くまで一時的宿泊場を提供する。そこで少し落ち着いたら、その人の受け入れ先を確認のうえ、連絡を取って送り出すか、迎えに来てもらう。しかし帰る場所がない場合やそれが適切でないと判断され

たときは、この施設で、自立に向けて地域生活の支援をすることになる（藤藪2010）。

　藤藪によると、自殺予防の支援における自立には長い期間を要する。保護された当初は、食べて寝るだけの毎日から、次第に共同スペースの掃除などを通して働く（活躍する）機会を与えていく（藤藪 2010）。そして、落ち着いてきたら、支援者は側面的支援者として自立のための就職活動や、借金があればその返済や自己破産などの法的手続についても支援する。住居が確定されれば生活保護を利用できるのでその支援もする。中には、立ち直った人自身が、このNPO法人の自殺予防活動にも積極的にかかわり、同じ苦しみをもった仲間たちを当事者の立場で参画する（2012年6月22日の日本基督教社会福祉学会での講演の藤藪氏の講演内容、及び当日のヒアリングより）。これは自らの自殺（未遂）体験を語り合うなど相互に支援をし合うセルフヘルプ・グループ的意味合いをもっている。またそれを組織できる機会と場所を提供するという意味でこの施設が重要な役割を果たしているといえる。

　このようにこの白浜レスキューネットワークでの自殺予防活動事例は、単に、自殺企図者が死なないように食い止めるという消極的なインターベンションの支援だけでなく、その当事者を孤立や社会的排除から救出し、地域で希望をもって自立して「生きる」ことができるように生活支援全般をしている社会福祉実践であることに他ならない。

むすび

　以上、本章では、これまで社会福祉界では、あまり取り上げられることのなかった自死・自殺について議論してきたが、繰り返し述べてきたように、具体的な援助の効果測定やその検証は今後の課題であろうが、そこには、社会福祉の政策課題あるいはソーシャルワークの実践課題が山積していることは明らかになった。

　ソーシャルワークにおいて自殺にまつわる悲嘆をとらえようとする場合、その悲嘆、悲しみをただ個人化、内面化だけにとどめるだけでは、ソーシャルワークの支援の独自性を発揮したことにはならない。自死遺族の味わった生々しい

体験とは、悲しみにくれる当事者だけの個人の心の物語でとどまってはならない、と考えるのがソーシャルワークの立場であるべきである。つまり、1人の当事者の呻き、痛みが、閉ざされた私的空間に限定されるのではなく、NPO法人白浜レスキューネットワークの実践例にあったように、開かれた地域や公共圏の中でそれらが語り直され、それが社会相互に響いて共感共苦（コンパッション）され、社会全体の物語として発展していくものでなければならない。またそれは同時に、自立に向けた生活支援として借金問題解決への法的支援、住居支援、就労支援、生活保護受給の支援などの生活支援全般を担うのが、ソーシャルワークの責務である。

　かつて、宮沢賢治は、「世界がぜんたい幸福にならないうちは個人の幸福はあり得ない」（宮沢賢治『農民芸術概論綱要』序論）と不思議な言葉を遺したが、この言葉は、無縁社会と孤立に悩む現代の個人主義化されてきた世界への警鐘を伴った預言者的発言のようにさえ感ずるとともに、日本の自殺という問題にもそのまま当てはまる意味深い言説であろう。

参考文献
市瀬晶子・木原活信（2013）「自殺におけるスピリチュアルペインとソーシャルワーク」『ソーシャルワーク研究』38（4）．
大倉高志・市瀬晶子・田邉蘭・木原活信・中山健夫（2011）「自殺遺族が望む「情報提供のあり方」の探究――続柄を考慮した語りの比較分析」『自殺予防と危機介入』31（1）．
大野裕監，大山博史・渡邉洋一編著『メンタルヘルスとソーシャルワークによる自殺対策』相川書房．
木原活信（2011）「社会政策としての自殺対策――「自殺総合対策大綱」の批判的検討」中川清・埋橋孝文編『講座 現代の社会政策』明石書店．
木原活信（2012a）「ソーシャルワーク実践におけるグリーフワーク」『ソーシャルワーク研究』37（4）．
木原活信（2012b）「自殺予防における「福祉モデル」の提唱」『社会福祉研究』115．
木原活信（2013）「無縁社会のなかのキリスト教社会福祉のミッション――ゲラサの人の叫びに耳を傾けながら」『キリスト教社会福祉学研究』45．
木原活信（2014）『社会福祉と人権』ミネルヴァ書房．
木原活信・引土絵未編著（2015a）『自殺をケアするということ――「弱さ」へのまなざしからみえるもの』ミネルヴァ書房．
木原活信（2015b）『「弱さ」の向こうにあるもの』いのちのことば社．
斎藤友紀雄（2010）『悲しんでいる人へのケア』キリスト新聞社．
坂口幸弘（2010）『悲嘆学入門』昭和堂．
坂下智恵・大山博史（2011）「メンタルヘルスとソーシャルワークによる自殺対策」『地域ケアリング』13（6）．
佐々木久長（2011）「地域に密着した福祉的な自殺対策の現状」『地域ケアリング』13（6）．
高橋祥友（2008）「わが国の自殺の現状と対策」『学術の動向』．
橘木俊詔（2011）『無縁社会の正体』PHP研究所．
内閣府『自殺対策白書（平成20年版〜平成24年版）』．
藤藪庸一（2010）『「自殺志願者」でも立ち直れる』講談社．

藤藪庸一（2011）「コラム」内閣府『自殺対策白書（平成23年版）』.
湯浅誠（2008）『反貧困』岩波書店.
鷲田清一（1999）『「聴く」ことの力──臨床哲学試論』TBSブリタニカ.
Hedtke, Lorraine Winslade, John.（2004）*Re-membering Lives: Conversations with the Dying and the Bereaved*. NY: Baywood Pub.
Lindemann, Erich（1944）Sympotomatology and Management of Acute Grief, *The American Journal of Psychiatry*, 101（2）.
Lindemann, Erich（1979）*Beyond Grief: Studies in Crisis Intervention*. London: Jason Aronson.
Neimeyer, Robert（2000）*Lessons of Loss: A Guide to Copying. Keynote Heights*, FL: PsychoEducational Resources.（＝2006，鈴木剛子訳『大切なものを失ったあなたに：──喪失をのりこえるガイド』春秋社.）
Neimeyer, Robert ed（2001）*Meaning Reconstruction and the Experience of Loss*, Washington DC: American Psychological Association.（＝2007，富田拓郎・菊池安希子監訳『喪失と悲嘆の心理療法──構成主義からみた意味の探究』金剛出版.）
Shakespeare（1606）*Macbeth*（＝1950，野上豊一郎訳『マクベス』岩波書店.）

座談会

左から小山氏、岡本氏、平塚氏、加藤氏

ソーシャルワークの理論と実践
―その循環的発展を目指して―

1. 社会福祉状況とソーシャルワーク
2. ニード論とソーシャルワーク
3. 普遍性、地域性、個別性、エンリッチメント
4. ソーシャルワークの位置と方向性
   ・福祉を科学する
   ・理論から実践へ：実践から理論への道筋

収録日：2015年12月1日
場　所：同志社大学
出席者：
　岡本 民夫（同志社大学名誉教授）
　平塚 良子（西九州大学健康福祉学部教授）
　小山 　隆（同志社大学社会学部教授）
　加藤 博史（龍谷大学短期大学部教授）

1. 社会福祉状況とソーシャルワーク

岡本●我々は、この著書を書いた展望も含めたあり方を発言していただくことが大事かなと思います。そこで、5つほど柱を立てました。

　1つは現下の社会福祉状況におけるソーシャルワークの位置と方向ということで、ソーシャルワークのあり方を振り返りながらそれをやるというのが、今回の第1部の第1・2・3章です。それから2番目の柱は、ターナー（Turner）がいっているような、理論実践モデルが、本当に今我々の身の上に降りかかってきている生活課題に有効であるかどうかということと、その結果に対する評価が大事だろうということです。それから3番目の柱としては、とはいえ現場とか臨床にお

岡本 民夫氏

けるソーシャルワークと、ソーシャルワーカーが抱える問題は何なのかということで、これは大きな課題だと思いますが、そこを議論していただくということ。4番目は、事例を含めた課題解決の方向に向けた対応のあり方を、これから大いに模索をしていくということです。

　それから最後は、私が言いたいのは新しいソーシャルワークを創生していくという取組みも必要ではないか、つまり既存の成果を、さらなる形に発展させる、そういう方向をどう模索したらいいのかというあたりを議論していただければと思います。

　それでは、現下の社会福祉状況は非常に混沌としていますけれども、その中で、ソーシャルワークの今ある現実と、あり方を振り返るような議論を最初にしましょうか。しかし、以上のことが本書ですべて論じられたわけではないのですが、これを目指していきたいと考えています。

加藤 博史氏

加藤●岡本先生ご指摘の第一の社会状況について言えば、やっぱり貧困格差ということと、いろいろな意味で生活の構造が変わってきているということがあるように思います。もっと端的にいうと、SNS（ソーシャル・ネットワーク・サービス）がこれだけ浸透した社会の中で、フェース・トゥー・フェースでいろいろな気持ちに共感し、受け止めて、そして様々なエンパワメントをしていくということのあり方が、改めて問われているのかもわかりませんね。

岡本●なるほど。工業化とともに一方では家族の形態や機能や規模が縮小して、それを反映する形で地域社会のあり方が変わってきて、つながりの劣化であるとか無縁社会であるとかいう反面で、SNSを介したインパーソナルな過剰とも言うべき情報が流通しているというので、これを「つながり過剰社会」というそうですね。つまり、一方では無縁社会がどんどん進んでいるのに、他方ではつながりが過剰になっていると。青少年はつながりに反応することに義務を感じてストレスになっているという話まで聞くのです。そういう状況というのがあるのですが、その基本的なところは、やっぱり貧困問題があるのかなという気がします。

平塚●現在の社会保障制度そのものがきちんと対応しきれていなくて、労働の問題一つをとっても非正規雇用が半分ぐらいになっている中では、今の若い世代の将来に

わたる貧困問題とか、そういった問題には十分に対応していかなければいけないけれども、まだ十分な対策もとれていない。一方でソーシャルネットワークの問題でも、人間の主体性みたいなもの、人間としてどうあるべきなのかとか、その社会はどうなのかとか、国家ビジョンとかそういった問題に、国家ないしは様々な研究者がしっかりしたものを構築しているかというと、必ずしもそうではないようなところがありますから、非常に複雑な社会問題が出現して山積していくのではないかと思います。

だから、そういったことに対応するソーシャルワークのあり方というのは、これまでのあり方では十分ではないと思うのです。今は在宅福祉にシフトされてきていますけれども、以前の施設型というのではなかなか対応ができない。でも、もちろんそれも完全になくなったわけではなくて、それがきちんと必要な部分もある。一方で、そういった高齢者問題に焦点をあてれば、サ高住（サービス付き高齢者向け住宅）の広告がこの頃頻繁に入って

平塚 良子氏

くるのですね。今の70代、80代ぐらいの人が若いときというのは、ちょうど万博のあたりでしょうか、持ち家制度を盛んにアピールして、みんなが家を建てるようになってローンを組みましたよね。そうして苦労して建てた家で最後まで生活ができないような、そういう事態もあるし。サ高住であるとかいろいろなところを選択するよりも、最後まで自分が住みなれた自宅で生活をしたいということが、多くの人の願いのはずなのですけれども、それをきちんと保証していくような制度やケアシステムであるとか、それからソーシャルワーカーのような人材がきちんと配置されていないというようないろいろな問題がものすごく沸騰して出てきている。けれども、なかなか答えを見出せていないのではないかと思います。そういう中でのソーシャルワークのあり方を、じゃあどのようにしていくのか。

小山●現実を前にしてソーシャルワークも政策もないわけで、ここに貧困があるということに対しては、折衷的にあらゆる方法を考えないといけないという話になりますよね。一方で、ソーシャルワークについて考えていく場合は、ちょっと違う発想というか、そこら辺がこういう議論をするときに難しいという気がするのですよね。それでいうと、僕は『社会福祉研究』の翻訳しかみていないけれど、パールマンの「ケースワークは死んだ」を思い出します。まさに貧困の

小山 隆氏

母子家庭のケース、それもLeave me alone、放っておいてちょうだいというケースに対して彼女は、我々ケースワーカーができることはないと。そして政策こそが問題解決にあたるべきだというので、政策の教授のところへその話を持っていったら、それは違うと言われて、まさにあなた（ケースワーク）がすることがここにあるじゃないかと諭されました。そして最後には彼（政策）にも、もちろんあなたの果たすべき役割もあるという話ができた、という話です。そのような意味でのソーシャルワークというのは永久に普遍的だろうと思うし、何を果たせるか。つまり制度が不足しているのだ、制度が足りないのだという議論を立てた場合は、それは本来的に政策において解決されるべきだということが前提になるので、ソーシャルワークとかは代替的な役割だろうと。もちろんアクションの役割を果たせるというふうにももっていけるとも思うのです。貧困の話をしますか、それとも孤立の話をしますか。

加藤●孤立にしぼりましょう。岡本先生が「無縁」とおっしゃったけれども、いわゆる「下流老人」とされる人たちが、分断されてみえなくなってきている。可視化が指摘されている一方でみえなくなってきている人のほうが増えてきていると思う。

小山●僕に言わせると、やっぱりそれは確かに政策のテーマでもあるけれど、まさにソーシャルワークが対象にするテーマだと思います。

加藤●コミュニティーワーカーが、おにぎりを持って母子家庭に行く。そしたら、「放っておいてくれ」という話じゃなしに、やっと母子がワーカーに心を開いてくれる。おにぎりが欲しかったというか、おにぎりと一緒に温かいハートも欲しかったということで、そこから相談が始まる。だから、新しい形のつながりづくりが始まっているのかもしれませんけれども、一方で圧倒的に孤立化・無縁化が進んでいっている。

岡本●それはいろいろあるのですけれども、今までのお話を伺っている限りにおいては、我々が課題としてもっている生活課題は、一方では多様化・複雑化・複合化と、かなり深刻な重篤化があるし、一方ではつながりの隙間から落っこちた人々は、加藤先生がおっしゃるように、まさに問題が隠蔽化されて、どこにいっているのかわからない、みえてこない現実がある。ボランティアをやっていても出てくるのです。だから、我々が勝手に生活課題の多様化・複合化・隠蔽化だという以上に、そこら辺の日常的な流れみたいなものが、現実とのつながりを失いつつあるというあたりを、ソーシャルワーカーがコネクトする、つながりづくりが、非常に大事な時代を迎えてはいますよね。制度が専門・分業化すればするほど、そういう隙間というか抜け穴が増えてきて、人と人、人と制度、制度間といった隙間がいっぱいみえてくるわけですよ。僕はたまたま介護保険の審査会の責任者ですけれども、そういう問題ばっか

りです。制度はできたけれども、制度の隙間から落っこちた、無視された、遠ざけられたみたいな話ばっかりじゃないですか。制度が専門化・分業化して高度化すればするほど隙間が増えるという、皮肉な現実はありますね。

平塚●そうですね。そういう岡村理論が基本にあるような社会関係の喪失というか、逆機能のパターンを我々がいかに認識して、どういう仕組みをつくっていくのかという仕組みづくりもあるのだろうと思うのです。それは、個々の援助の中でつくっていく仕組みが知的遺産なのじゃないかと思うのです。いろいろなワーカーの方の事例研究をしていると、1つひとつ大事にしてそういった仕組みをつくっておられる人が結構いらして、それが今回の本でいう「実践知」ですよね。「理論知」を使いながら、「実践知」として自身の中に蓄えながら、またその後の実践につなげていくということです。私はいつも思うのですけれどもそれを、岡本先生はずっと前から事例バンクのことをおっしゃっていたと思います。そういう、いわば小さなエビデンスをきちんと理論化していくような研究方法をしっかりととって、それを政策提言に結びつけていくアクションができるような実践ができないかなと思うのです。そこらあたりを、ではどうやったらできるのかということです。すぐれたワーカーはいっぱい点在しておられます。

加藤●その知識を集積するバンクというのはおもしろいと思いますよ。その場合に、ただ事例がいっぱいダラダラと書かれているのではなしに、その事例の中で何を集約するのか、何を抽出するのか。あるいは何をカテゴライズするのか、あるいはカラムというか、分析するときの欄をどうやってつくるのかとか。

平塚●マトリクスのようなことですね。

加藤●そう、マトリクスですよ。

岡本●だからおっしゃるように分析枠組み、つまり集積されたものから一定の知見をみつけるための分析枠組みが必要ですよね。それである程度、積み上げられていく。それが結果的には経験則みたいになっていくわけで、そこの作業がなかなかできていないのです。そこのつながりができないし、せっかく日々積み上げた貴重な現場体験からきちんと共通認識を得ると同時に、他の専門家にもわかるように説明しなければいけないと。そこら辺のファシリテーションをどうするかみたいな話をこの間もしてきたばかりなのですけれど、大事なことですよね。それとさっき平塚さんがおっしゃっていたように、岡村重夫先生が2つの大きなことを言っているのです。生活の全体性の原理ということで、クライアントがやってきても、特定の問題として収れんさせる、あるいは分類するのではなくて生活全体をみなさいということで、まさに俯

瞰図的に鳥瞰図的にみたうえで、それを外側からみても早晩限界があると。だから生活している人の立場に立てという、これがいわゆる生活者の主体性という原理ですよね。これは同じことを別の表現でしているだけで、生活全体をみるということは、専門家がバラバラに外側からみるのではなくて、まさに生活者の立場からその関連をみていく。そこに、社会関係の関連性における客体的側面と主体的側面という概念が出てくるわけです。そこら辺の生活者の主体性を大事にする原理というのは、岡村先生は大変いいことを言ってくれている。

2. ニード論とソーシャルワーク

小山●主体性とか当事者の立場に立つという議論があるでしょう。一般論として自明のことです。それは自己決定とかにもつながる。オーソドックスな視点なのだけれど、僕は前からそこが怪しいなとも思うのです。つまり当事者の視点、当事者の立場ということが、本当にすべてに優先するのかという話ですよね。要はニード（need）とは何なのかという話で、まさに援助論のデザイアー（desire）とか、ウオント（want）とか、デマンド（demand）と言われるものとニードとを、ソーシャルワークでは分けて考えるべきだと思う。僕は分けて考えますが、一方で主体といったときに、いわゆる当事者運動の中では必ずしも区別をつけない議論というのがあるわけです。というか当事者論からすれば、ニード論はある意味で「いらんおせっかい」ともいえるかもしれない。実は僕らが選んでいるのは理論の枠組みでいうと、結局は、ある種パターナリスティックな枠組みで、何がいいか、何が悪いかを決めているわけですよね。

加藤●ワーカーが？

小山●社会がです。社会がであり、それにワーカーが従うということでしょう。だから、すごく簡単に言うと、その当事者論の延長線上にある援助論はどうなるのかと言ったら、要は安楽死を認めるべきだし、売春も認められうるわけだし、ソフトドラッグも認められるということになりうるわけだと。もちろん、それは条件つきであって、あくまで他者による強制などが許されず、本人の主体的判断によることが前提ですが。それは、いくつかの国において認められているわけですよね。僕はニード論に立ちますけれども、ニードというのは、本当にそれが正しいのかどうかみたいな議論もあるのだろうと。そして実は学生たちが教えられているのは、ニード論というよりは自己決定論のほうです。そしてそのことで、実は学生だけじゃなくても若い人たちも、戸惑う部分があるのではないかと。僕は本人に必要なものと、本人が求めるものはイコールではないという議論に立つわけだけれども、それは、そのようなことを

他人が言うものではないという議論も一方では存在して、つまり私の求めるものが私に必要なものなのだという議論を認めたときに、自殺は正当化されるわけですよね。その話は決着済みかというと決着済みではなくて、基本的に自分は、結構不利な戦いをしている気がしているのです。つまり授業で、ニードとデザイアーは違って、デザイアーではなくてニードに寄り添うんだみたいなところでいっているのか、当事者の主体性、当事者の自己決定こそ尊重すべきなのだと語られているのか。

平塚●それはとても大事なことなのですけれども、でもそれは自由論と関係しますよね。個人の自由というのをどのように認めるというか……。

小山●自由とは何か。

平塚●他者に危害を加えない限りはという、あの議論になってくると思うんですよね。

岡本●憲法13条ね。

加藤●ジョン・スチュアート・ミル（Mill）は、"自分が望ましいことを自分のやり方で選んでいくことが自由である"と定義していますね。

平塚●基本はね。

加藤●それとミルは、"個性をつくっていくことの自由"ということを指摘しています。デザイアーとソーシャル・ニーズの違いですけれど、僕はデザイアーというのは、「これが欲しい、あれが欲しい」「すしが食いたい、ビフテキも食べたい」「スポーツカーが欲しい、もっといい家に住みたい」というのがデザイアーであって、ソーシャル・ニーズというのは、minimum standard of decent living（ミニマム・スタンダード・オブ・ディーセント・リビング）、つまり人として、尊厳を保てる暮らしという基準の中から欠けた部分がソーシャル・ニーズである、というふうに整理しているのです。ですから、ソーシャル・ニーズには、医療権とか教育権とか生活権という社会権が対応する。だから何をもってminimum standard of decent livingかということになってきますが、その時代、その地域の中で内容が決まってくると思います。それから主体性ということからしますと、おっしゃるように、"本人が望んでいること"じゃないかということになると、確かにそうなのでしょうけれども、ナラティブ理論を用いると、「精神病になることは恥ずかしいことだ」という支配的な物語、ドミナント・ストーリーが社会全体に浸透していて、それを個々人が取り込んでいる。

小山●当事者がね。

加藤●そうです。当事者も含めて、「僕は精神病になって嫌だ、恥ずかしい」というふうに思っている。そういう当事者の語りと、一方で、「精神病になったことがうれしい」という人もいる。「僕は精神病になっていろんな人と出会えて、そして人生の旅路で

大事なことが学べたので幸せだ」という方にこの間お会いしたのです。やっぱりそれは、オルタナティブ・ストーリーかなと。だから主体性というと、オルタナティブな語りに至るのかどうかがポイントなのではないでしょうか。昨夜、セクシャル・マイノリティの人の話を聞いたのですけれども、「レズビアンであることが恥ずかしかった時代もあったけれども、今はもうそのことに逆に誇りをもっている」とおっしゃった。「恥ずかしい」というのも当事者の語りだし、「誇りをもっている」というのも当事者の語り、当事者の思いではあるのです。そこで、何をもって主体性かというあたりですね。

岡本●おっしゃるように、岡村先生の2原理は大事だけれど、現実性の理論とか社会性の原理ということがあって、何でもかんでも容認されることではなくて、ミニマム・スタンダードというものの合意が、どう形成できるのかということ。最近、個別性は、個体差・個人差みたいなものにあまりにも重点を置き過ぎている。人間は社会的動物ですから、関係性という側面での個別性を、はっきり言って見逃してきた。つまりその人、個人のことばかり言うけれども、その人の家族のあり方とか近所とのあり方とか、社会とのかかわりという、そういう関係の個別性という側面があり、もう1つは、それも含めた場面の問題。どういう状況に置かれているかによって、その個人の個別性はものすごく変化があるので、その空間・場面というセッティングで個別をどう考えるかということで、それを考えなければいけないと。もう1つは、時間軸だと僕は思います。個別とはいえ人間は生きた動物ですから、今言ったような形でいろいろな関係がどんどん変化をしていくわけです。個別性の時間軸的見方というのは非常に大事じゃないかと思います。人それぞれ顔・形・姿が千差万別、各種各様であるように、まさにニーズもいろいろあるのではないかと。これは理想で究極的にはですが、オーダーメードサービスみたいな形の、本人が望むことを供給側がどこまで達成できるのかというせめぎ合いに、福祉はなるのかなと思っています。

小山●ただ、そのニーズが多様だというのを認めちゃうと……。ニードの表出が多様だというのはわかるんだけれど、ニードが多様だというのは僕に言わせるとデザイアーになるので、そうするとオーダーメード論は、市場が対応することだと思います。ちゃんと文献を覚えていないけれど、日本だったら、コーラにはコーラゼロもあれば、コーラもあれば、コーラ何とかもあって何種類もコンビニに並んでいる。それを日本人やアメリカ人が見たら多くの種類の飲み物があるということだけれども、文献に書いてあった調査では、それをある文化圏の人に見せたら、同じものを見ても1種類だと言うそうです。それは、コーラゼロとコーラとファンタは全部炭酸飲料なのだから、そ

れは1種類と数えるという文化があるといいます。これは貧しさともいえるだろうけれども、言い換えたら、マーケットの刺激によって過剰にデザイアーやウオンツが増大されている状況ではなくて、ここに炭酸があるという、より本質的な数え方であるような気がするのです。デザイアーは可能な限り満たしたらいい。ただし、最低でも満たさないといけないのはニードだと。そして10年経ち20年経っていったら、それまではわがままやと思われていたものが、社会的ニードへと変わってくるのだと。

岡本●それが、まさに時間軸を入れないといけないということなのですよね。

小山●そういう意味では、デザイアーも視野には入っているんだけれども、デザイアーに振り回されるなと。バラバラな違うニードがあるから満たせないと思う必要はなくて、その後ろには共通したニードがあるのだというふうに思うのですけれどね。

岡本●デマンドの問題、デザイアーの問題が出てきていますけれど、シーズ（seeds）という考え方があり、供給の総体のことで、ニードに対してシーズという考え方もあり、供給側は常にニードを完全に満たせる状況にはないので、現実性と社会性という枠組みないしは制約は当然出てくるわけです。でも現実の問題としては、さっき加藤先生がおっしゃったように、ニーズというのは欠落が出発点なのですね。しかしそれのもとを正していければ、ホメオスタシスの原理で、つまり人間が一定の安定した状態を保持するためには、やっぱりバランスが必要なのですね。だから生理学的な概念として水分が減れば喉が渇き、お腹がすいたら食欲が出るみたいな形で、ニーズというのはそういうバランスを欠くところからスタートしていると、僕らは教えられました。その個体のホメオスタシスの概念が、やがて家族なんかのホメオスタシスみたいになって、さらにホメオスタシスという概念を離れて、社会にもそういうバランスが大事じゃないかということになって、それがある意味で、シビル・ミニマムなのかナショナル・ミニマムかわかりませんけれども、そういうものが欠落したときにニーズが発生してくるという形で、どんどん拡大解釈がなされています。僕が初めて学んだときは、ニーズというのは個体のホメオスタシスが、何らかの形でバランスを失う。すなわち、そこには欠乏があると。また逆に、過剰もあると。排泄の問題なんて過剰から生じるものですから、そういう意味合いで、個体を軸にした概念がどんどんと広がりをみせて、社会的なレベルまで今はきているのですね。『シビル・ミニマムの思想』を書いた松下圭一先生の説は、今言ったような概念が社会的な意味で体系化されているわけですけれども、おっしゃるようにそこら辺が、一方ではニーズがどんどん膨れ上がり、変質をし、多様化し、時間とともに変化をする。それは供給側であるシーズの側の体制の変化ということにも影響を受けるわけです。逆に、ニー

ズはシーズ側の状況によって喚起される部分というのが全くないわけじゃないので、そこら辺で、僕が言う時間軸みたいなものも考慮しないとだめですね。

小山●ここは難しいな。僕は先生がおっしゃったことは理解できるのですけれど、やっぱりニードとデザイアーの間を、ややシームレスに考えておられてね。もちろん僕も、一方では時系列で受け入れられるという話はしているのですが、それは刺激によって喚起されるものではなくて。僕がよく言うのは、昭和20年の養護施設では、毎日お風呂に入ったり、毎日3度のご飯を食べて個室に住むのは、ただのぜいたくやったと。そのときには、風呂は何日かに一度で、ご飯は満足に食べられず、寝るのも大部屋でよかったのだと。けれど今そんなことをしたら、それは人権侵害やと。そういう意味で、昔ならデザイアーだったものがニードへと変わってきていて、それは僕に言わせると、一定の普遍性をもった方向性の概念であると。その一方で、マーケットがデザイアーを刺激するのです。僕はちょっとシーズがわからないけれど、その話との境目を理屈で無理に分けているともいえるし、でもそこをどう整理するかというのは難しいですね。

岡本●おっしゃるように、自由主義社会は確かに供給側である資本が、ニーズを喚起するようなことをやりますよね。コマーシャルが一番代表的なものだけれども、必要でないものを買わせるためにいろいろやるわけですよね。本当は、人間って生きていくことが最低であって、よりよく生きることがその次にあるみたいな発想がありますから、そういう意味では、まさに必要でないものを買わせるような、必ずしも必要でない需要を喚起することがある。

小山●喚起された個別のものは、それはニードじゃない。

加藤●岡本先生が、さきほど生活の全体性の話をされて、関係性の中の個別性ということをおっしゃいました。どうも、その全体性と関係性が壊れてきている。つまり、孤立の問題は関係を奪われた人たちで、物質的なニーズというよりもつながりというか、まさに人と人とのつながりのニーズですね。それから生活の全体性が、エコロジカル・モデルの指摘じゃないけれども、バラバラになってしまって、感覚刺激ばかりを求めざるを得ない暮らしで、朝から晩までとにかく働いて、それで子どもと話をしたり夫婦で話をしたり、高齢者をいたわったりする時間も生活もなくなっていく傾向にある。そういう豊かな関係性を培う時間と生活の全体性を回復するニーズを考えたいですね。生活のクオリティの低下の問題があります。

小山●加藤先生が、昔と比べて今は、ある種どんどん剥奪されてきているみたいな問題意識のことをおっしゃったのですけれど、僕の1つの軸に、「昔はよかったは疑わ

しい」というものがあるわけでね。その議論でいったら、じゃあ50年前、じゃあ150年前にはつながりがあり、思いやりがあり、お互いが支え合っていた今よりもよい社会だったのかといったら、そんな余裕なんかなくて、母ちゃん、父ちゃんは、子どものことなんかほったらかしで、医療もおくれていて多くの人たちが死んでいたんですよね。そういう意味でいったら、今のこの現代社会がバラバラになってというけれど、昔はもっと余裕がなくて、もっとむちゃくちゃでという側面もあったのではないかという論の立て方もありますね。

平塚●私もその点は賛成です。その表面的な、表出してきている社会の問題はいろいろ形を変えるので、昔と今でその内容は違ったとしても、やっぱり基本は人間が生きて生活する限り社会問題はあるのだというか、それを前提に考えなければいけないと思うのです。

加藤●そうですね。「昔はよかった」という言い方は、よくありませんね。

岡本●まずは何といっても人間は「生きている」ことが大事で、そのうえで初めて「生きていく」ことが可能なのでしょう。だから命あっての物種で、小山先生がおっしゃったように、「生きていく」ということに昔は戦々恐々としていたわけです。ところが物質文明が豊かになり若干生活が安定してくると、「よりよく生きたい」という願望が大きな生活目標になるわけですね。それに向かって、皆さんはいろいろ努力をする。それは合理化であり、ある意味で効率化をすることによってそれが達成できると思って、科学技術等々が発達してきたわけでしょう。要因は1つじゃありませんけれども、その辺の「よりよく生きていく」ということ、それは単に「生きている」ということは「生きていく」ことの基盤ですけれども、そのうえに、今の文明社会とか高度成熟社会というのがどんどんと、さっき言ったように、資本がさまざまな形で要求を喚起するというところがありますよ。

3. 普遍性、地域性、個別性、エンリッチメント

岡本●我々が社会福祉を第1世代から学んだことというのは、都市の生活を大前提にした福祉なのですね。だから、僕も田舎育ちだから、そんなのは当てはまるの?みたいな、そんな法則は田舎では通用しないよ、みたいな話がよくありましたけれど、ただ生活の平準化があって、都市化とともに都市と田舎の格差がかなり減ってきてはいます。まあ、別の意味では格差は増しています。そういう流れという中でソーシャルワークは、そういう普遍性をもった部分と、個々の地域性とか個別性というものに、どこまで配慮しながらやれるのか。ソーシャルワークは、さっきの隙間じゃないけれ

ども、最終的には最低の生活を前提にしながらも、そういう社会生活上の支障に対応するという仕事かなとは思っています。ただ長い福祉の歴史をみると、エクスクルージョン（exclusion）とインクルージョン（inclusion）、つまり余計なものは社会から外せということと、いやいやそうじゃなくて内包しろという、そのせめぎ合いの歴史だったようにもみえるのですね。この間、僕がジェンダーの本を書いたときに、ジェンダーだって排除と包摂の移行形態がいろいろある、個人の家の体験からでも学べるみたいなことを書いたことがあります。古川孝順さんと昔よく議論したのは、封建社会の中では福祉問題は基本的に発生しないと。近代市民社会になって初めて成立したのだと。というのは、確かに封建社会は領主から奴隷までのピラミッド型で、ひどい人権侵害の生活だけれども、ある意味では領主、つまり支配者に対する一定の役割を果たす限りにおいては、生活のレベルは問題だけれども生活保障はあったわけです。だから、要らないのが排除されたわけです。つまり障害者であるとか子どもとか病人は役に立ちませんからね。それを宗教が救ったという歴史があって、それが慈善であり博愛につながっていくわけだけれども、その限りにおいては、福祉というのは近代市民社会の成立以降の話ではないかということですね。

小山●僕に言わせたら、つまりそれは、資本主義を1つのターニングポイントにしたい人たちの意見だということです。だから、中世以前は領主様の支配のもとで安定していたかといったら、みんな続々と飢え死にしていたし、村は消滅していたけれど、領主さんはそれを全然助けてくれなかったし、金を貸してそれで大もうけしていたし。

岡本●ある意味では、宗教がそれを一定の部分だけれども救済を、インクルージョンをしていたわけですよね。そういう歴史が仏教にもあるし、キリスト教等々の世界にもあるので、それを無視してはいかんだろうと。だから、これは大橋謙策さんもしゃべっていて、1601年法、エリザベス救貧法の成立と同時に、民間の社会福祉組織ができたということを、我々福祉の人は、ほとんど記述していないわけですよね。だからボランタリズムも含めて、その辺がもう一遍考え直さないといけない事象じゃないかと。そして1834年法、改正救貧法のときも同じようにできているのですよ。表向きにはほとんど文献に載っていないけれども、現実にはあったので。だから資本主義にしろ、封建社会にしろ、一定の仕組みというのは必ず誰かを排除する、エクスクルージョンするわけですよ。それをインクルードする施策というのが、救済本能というのかボランタリズムというのかわかりませんけれども、それがあったということをもうちょっと強調しないといけないのではないかということを、僕は言っているのです。

小山●大阪社会福祉協議会の『大阪社会福祉研究』で1950年代前半に展開された「社会福祉事業本質論争」を見ても、あの中で社会主義的視点が全くないのは竹内愛二さんだけですね。あとの人はやっぱり1950年代ですから、貧困であったり、社会であったり、社会主義であったりを意識していて、意識している中で「しかし」と強く自律的な感じなのは岡村重夫さんで、あと一人は竹中勝男さんやと僕は思うのです。勝手な想像だけれど、竹中さんがコミュニティ研究に入っていって長生きしてはったら、やっぱりおもしろい福祉論を展開したんと違うかなと。

岡本●あの頃は、時代という社会的舞台だったのですね。だからあの頃は、岡村先生や竹内さんは、まさに浮いているわけですよね。でも時代とともに、あの話を今に置きかえると、随分位置が変わってくるだろうという思いはあります。

平塚●いわば、今は当たり前のような普通の見解になってきたのですよね。

小山●そうそう。

岡本●早く言い過ぎたという。

小山●まさに日本では社会福祉事業とソーシャルワークが曖昧だったわけだけど、プロフェッションのソーシャルワークを「専門社会事業」という言葉で何とか表現しようとしたりしていた。竹内さんは変わっていない人ですよね。同志社福祉の初期（1930年代）の卒業生の回顧におもしろいものがありました。その人は1930年代前半に当時同志社のスタッフだった竹内先生からケースワークの訓練を受けているんですね。そして戦後アメリカ人から指導を受けたときに「初めて日本でまともなケース記録を見た」と言われたというのですね。時代を越えて有効な講義をしておられたのだと思います。

岡本●個別性ということでは、個別というのは個体の差、あるいは個人の差もありますけれども、関係も差があるよということです。状況もどんどん変わっていくわけですから、場としても固定的で一定不変ではありませんよということで時間軸を入れる。だから時空間を改めて個別性の中に考慮しないと、あんまり固定的に考えるのはまずいのではないかと、僕は考えているのです。

平塚●私もその時空間という切り口はとても大事な部分だと考えているのですけれど、さきほどのオーダーメードサービスに応答するソーシャルワーク像をおっしゃっているのかはちょっとわかりませんが、抵抗があります。わかりやすい言い回しですが、ソーシャルワークの機能論（価値や目的、その下での機能）、対象認識にかかわる表現ができるのではと思います。

加藤●リクエストするのは本人で、状況にかかわっていくのも本人ですよね。それをサ

ポートする、あるいはエンパワメントするのが、ワーカーですね。

平塚●はい。ただし、デザイアーとかも出てきましたけれど、すべてのことには応えられませんよね。そのオーダーメードサービスで、そこでちょっと誤解が出ないかなという思いがあったのです。

岡本●福祉の、特にソーシャルワークがQOLとか、あるいは自己実現とかいうことを言ってきていますが、僕は「エンリッチメント」、「豊饒化」という言葉、つまり人生っていろいろな生き方の中で、人に相応しい生き方をしながら、その人に相応しい生きざまを収穫することをエンリッチメントと言っています。

加藤●先生は、大分昔、30年ほど前から言っていらっしゃる。

岡本●いろいろなイベントで「エンリッチメント」、生活の豊饒化ということで、人によっていろいろな生き方があるのだから、その中で自分に一番いいところを刈り取ればいいという、そういう意味のことを言っています。

加藤●生活の仕方の豊饒化なのですか。

岡本●QOLについて上田敏さんと、随分議論したのです。「質」というと世の中の人は、いい・悪いで判断するけれどおかしいと。いろいろな生活の仕方があるから、その中の仕方の質を問うというのであれば、まさに個別性が尊重できるという、そういう側面が出てくるのではないかという話をしていたら、関西の人は怖いとか言われました。

小山●生命・生活・人生として、生命の質に高い低いがあったら、障害者の生命は低いものになるから、これは言ったらあかんと。ただその後の生活や人生には、いろいろあって構わへんと。でも、命にはいろいろはないんだというところで区分しているんだけれど、先生はさらにもう一個進んで、生活のレベルももう一歩問題意識をもっているということだね。

岡本●なかなかエンリッチメントという言葉は、どこに文献があるのですかってよく言われます。1970年ごろカナダ連邦政府が研究者に便宜を図るために、エンリッチメント・オブ・ファカルティ（enrichment of faculty）というのがあって、例えば文献を調べたいとか、誰かと会いたいとか、どこを見たいというときに、そのエンリッチメント・プログラムの資格を使って学部長秘書のところにメモを入れておくと、どこにいつ行きたいというのを全部調整してくれるんです。それは政府の方針で、便利だったですよ。

小山●今でいうコンシェルジュだね。

岡本●自分で、ネゴシエーションする必要がないのですからね。ちゃんといい具合に

見つけておいてくれるの。
平塚●そういう研究のサポートがあるということは、いい研究をしていくうえで重要なことですね。日本の大学には、ほとんどないですよ。
岡本●図書館に行って、なかったらライブラリアンがほっとした顔をすることもあるでしょう。向こうは逆で、必死になって、自分の大学から、州立・連邦とあらゆるところを探し回って、「ありました」って言ってくれるわけですよ。
小山●どうみてもホテルのコンシェルジュ。先生は、それにある種のソーシャルワーカー像のイメージがちょっとあるわけね。
岡本●そうそう。
小山●やっぱり、それをあかんとは言わないけれど、僕にしたらコンシェルジュなんだと。そしてコンシェルジュというときに、ニードなのかとなると、先生がおっしゃったもう少し次のレベルでソーシャルワークは展開したい。
平塚●さっきニードとデザイアーとかいろいろ出てきたけれども、本人のそれをすべて受け入れていくのかという話がありましたよね。そうなるとひょっとしたら、私（わたくし）主義みたいな問題も絡んでいますよね。自分さえよければとか……。
小山●だから当事者運動なんかを視野に入れなければならない。福祉論・ソーシャルワーク論を論じるときに、アンチ・プロフェッショナリズムは1つの重要な固まりなわけやから、そこにはLeave me aloneがあるわけやし、ニードとデザイアーを他人によって分けるなと。俺が今これをしたいということこそが、私にとってのすべてなんやと。今、仕事をサボって酒を飲みたいと思うとしたら、それが俺にとってのすべてであって、そこで酒を飲んだりしないでちゃんと仕事に行きなさいと強制することこそがパターナリズムだという、1つの議論の枠組みがあるわけです。だから賛成している話ではなくて、その議論との関係が出てきて、ソーシャルワーク機能がオーソドックスにもっているニードを大事にするという議論が、おさまっている分には問題がないのだけれど、論を立てるならば、そこに論点が生じますねという話です。

4. ソーシャルワークの位置と方向性

平塚●ソーシャルワークの位置と方向ということでは、まだ結論めいたものはないけれども、さきほどの、社会生活の仕方を支えていくような、豊饒化、エンリッチしていくようなものが新たなソーシャルワークの方向性でしょうか。
岡本●そういう方向でしょうね。
小山●ある種、「よい生活」への疑わしさがそこに存在してくるわけで、さっきのニード

とデザイアー論が出てくるわけです。そういう意味で、さてそれは何なのかみたいな問いは絶えず残り続けるでしょうね。すべてのケーススタディで答えが自動的に決まっているものでもないんだろうなみたいな。当事者論的なものもあろうし。

平塚●そこに個別性と関係性、そして時間軸というような。

小山●そして先生がおっしゃるように、決めるのは本人だみたいな視点もあるだろうし。そういう意味で、答えが出ていない部分があるのも承知しておいて議論を進めることも必要な気が僕はします。

加藤●ただ、岡本先生が歩んでこられた現場では、スタートが精神障害者、それから熊本では水俣病、それから森永ヒ素ミルク中毒、それから今は高齢者問題。高齢者も本当に厳しい状況になっています。

岡本●特に認知症が重大になっていますよね。

加藤●だから常にそういう人間の尊厳にかかわるところとクロスしてこられていて、ボランティア協会も、あれも社会的に弱い立場の人々とのかかわりですよね。

岡本●それなんですよ。だから今は、ボランティアをする人とか受ける側という議論ではなくなっているのですよ。

平塚●その辺は、私がインタビューした東京のある区社協のソーシャルワーカーで大学院を修了された方がおられます。彼女はボランティアコーディネーターのスーパービジョンをやっていて、そこに来る方々はやっぱりクライアント予備軍になるというか、社会問題との接点を絶えず認識して、スーパーバイザーはボランティアコーディネートのスーパービジョンをしなければいけないという、そういうことを語っていました。

岡本●京都ボランティア協会は専任２人とパート２人を置いているけれども、最近は内容が複雑化したものだから対応できないのですよ。プロが入らないとボランティア協会を運営できなくなってきた。

平塚●そういうことですよね。

岡本●結論的にいえば、ソーシャルワークは可能性も120％あるけれども限界もみえているという、そういうことがいえると思います。ただ僕の「実践の科学」じゃないけれども、つまり有効であるのか、無効であるのか、あるいは意味があるのかないのかということを何で立証できないのかがね。

小山●そうですね。ちょうど僕がそれにかかわることを書かせてもらったのですけれど、やっぱり理論と実践の往復で、僕自身はすごく単純にいうと理論が役に立たないというのは、実は実践のほうが間違った期待をしているのだと。もちろんそう単純ではなくてもうちょっと書いているけれど、一言で言ったら理論が悪いというよりは、

ないものねだりをしても仕方がないよねと。

平塚●それは現場の方と話をすると、よくおっしゃいます。

小山●だから岡村理論に自閉症の子のパニックの数を減らすことを期待しても仕方がないわけだし、SST理論に社会の貧困を防ぐことを期待しても仕方がないのだから、すごく単純に言ったらだけど、ないものねだりをしたらあかんわけです。逆に、実践側は理論に何を貢献できるのかみたいなね。僕はまだちゃんとできていないんだけれど、最後はプラクティショナー・リサーチャーであるべきだろうとみたいなことで終わらせたのですけれどね。そういう意味でいうと、僕は研究法が独自でないといけないという意見には賛成じゃないけれど、要は、いっぱいある実践を、今回のでいうと、このシチュエーションで証明されているのは実践理論という定義の仕方があるからそれでいったのですけれど、そういういっぱいある実践理論というのも蓄積されていないし。そして一方では、実証系で既にある理論に適応性があるかを確認していく役割とかが実践側にはあって、最後の結論は現場の人たちが果たす必要があるということなのだけれど、そこを育てられていないのも確かだという気はします。

平塚●教育とか研修の中で、その理論とか概念を使ってその事象をみていき認識していくような、そういう経験は、どうなのですかね。

小山●でも大学ではやっていないよね。

平塚●私はそこにこだわって、例えば、私はソーシャルワークの実践はどのような「かたち」をしているのか、それを7次元統合体としてとらえる実践事例研究を続けてきましたが、7次元で、この事象をみたらどういうことがいえるのだろうかということを考えなさいというか。この概念で考えたらここはどうなのだろうとかね。

小山●言えることと、言えないことがありますからね。

平塚●うん。ちょっとそういう教育というか、それはテキストに則っていない部分があるのですけれども、そういう学生の論理思考というか、理論思考で実践に適応するような思考方法をやっぱり身につけていかないといけないですよね。

小山●それはまあ賛成なのですけれども、あえて言ったら何が悪いのかというと、そういうスキル・テクニックがないからなのかといったときに、僕はもう少し大きな前提としての了解みたいな……。つまり僕はエビデンス・ベースド派じゃないけれど、ちょっと文章を見ていたら、70年代ぐらいまでのアメリカでは、その当時に大学院で調査の授業があったわけだけれど、理論は教授がつくるものであって、院生はよいコンシューマーだったと。マスターを出た連中が現場に行くわけだから、だから現場は、よいコンシューマーになったらいいのだろうと。だから調査の授業というのも、ちゃ

んと論文が読めて、わかるようなコンシューマーだったと。それが多分エビデンス・ベースドの、昔でいうエンピリカル (empirical) な考え方が70年代に強くなってくる中で、プラクティショナー・リサーチャーの考え方が出てきてということを、芝野松次郎さんが話されていたんですけれど。だから向こうは大学院だからというのもあるのだろうけれども、少なくとも理論のよいコンシューマーであれという大きな枠組みが昔からあって、でも、あるときからコンシューマーであるだけじゃなくて、つくる人でもあれというお話が出てきたというのが見えやすいのだけれど、それが我々の中にないのは白状しますよね。

平塚●日本のほうがでしょう?

小山●日本。

平塚●ただ私は、今から約10年くらい前にアメリカのソーシャルワーカーに、10名に満たなかったのですけれど、インタビュー調査をしたのです。自分たちは、そんな研究、リサーチなんかしませんということでした。大学の先生とか誰かと一緒に何かの共同研究をしますという人が、1～2名いただけなのです。ほとんどはしませんということでした。

小山●まあ、それはケースとしてはどうだったんでしょうね。でもそういう現実はあるかもしれないけれど、理念＝方向性として、プラクティショナル・リサーチャーの方向を向いているというのは確かでしょう。

平塚●だから、現場ってそういう感覚かもしれないなと。

加藤●セオリーをつくる人と、使う人というのが分かれているのですか。

平塚●でも実際にそういうふうに分かれたら、その理論を高めることにはなりませんよね。

小山●それはそのとおりで、僕もそう思います。ただ現実、リアルの話をしたらそうじゃなくて、この人たちは被験者であって、その部分は教授が一方的に情報を集める。だからそれはプロデュースするのではなくて、提供しているだけなのですよね。それは今の日本でもそうで、老人ホームにアンケート依頼が何十件も来て、そのデータでみんなが論文をつくるわけだから、そういう意味では現場は受け身の情報提供はしていると。だからやっぱり、理論は研究者主体でできるわけです。だけど、それでいいのかという話で、せめて研究協力者として、現場を位置づけていくべきだと思う。だからどっちが先かといったら研究サイドが先に努力すべきという気がするから、一応現場の諸君は頑張れと書くけれど、教授が実践をただの被験者としているところを共同研究者にして、研究協力者にして、そして彼に発表していくように支えるみたいなことをしていくというのが、戦術・戦略の話からいうとあるのではないかなと

いう気がします。大学院生はカリキュラムの話になるでしょうけれど、そこまでいかなくても各大学の福祉学科のカリキュラムポリシーとかの中で、ただのコンシューマーではなくて、ある種プロデュースする人間でもあるみたいな位置づけをしていく必要があると、僕はエビデンス・ベースド派ではないけれども、各校にそういうのがあってもいいのかなという気がします。

岡本●病院にかかわっていて僕が思うのは、医療の実務家は、自分の臨床経験を積み上げて学説をつくったりしていくものなので、大学が勝手に机の上でやっているのと違って、文字どおり自分の臨床経験を積み上げたり、その中でみつけた法則性とかを理論化するという道筋が日々の業務の中であるのですよね。でも福祉は何でそういうことができないのかね。

平塚●そこはやっぱり大学の教育の中でだと思います。私は入ってきた学生に「福祉の科学」みたいなのを、1回生になって間がない人たちに大学院の情報も兼ねて教えていました。

小山●1回生に？　早いなあ。

平塚●それを覚えてくれている学生がいるのです。

小山●院を受けるの？

平塚●福祉って科学するんだということに初めて気がつきましたと、感想文に書いてあるのですよ。本当はその後に発展してくれたらいいのですけれども、これだけでも気がついてくれたらいいなと思ったのです。

岡本●うん、それだけでも十分や。

平塚●でも大学に入ってきたときは「お世話すること」みたいなイメージがあって、みんなはそうは思わないのですよ。そういう研究なんてことがあるのかというので、そういう研究のおもしろさみたいなことを福祉の先生から聞く経験がないのだと思うのです。

岡本●太田義弘さん（大阪府立大学名誉教授）とよく議論をしているのですけれど、方向性よりも「はいずり回る実践主義」で、まさにはいずり回っていることに意味があり価値があるとする立場と、これに対して、やたらと理屈をこねまわして体系化したり論理化する先生方との間の壁や溝は埋まっていない。

小山●靴をすり減らすというやつですか。

岡本●そうそう。そういうのと、大学や教育をやっている連中の理論との間にものすごいギャップがあって、埋め切れないわけですよ。だから、フィードバックができる道筋をつくれと僕は言っているのだけれど、残念ながらできていないのです。フィー

ルドの言い分と学者の言い分とをセットできる、そういうフィードバックシステムを、手続も含めてつくらないと、今の議論というのは全く前に進まないです。僕の場合は現場にいたけれども、大学の教師になった途端にそれが切れてしまったわけです。だから、水俣病とかいろいろなところにかかわってみたけれど、やっぱり教師は、どうしても枝葉を切り落として抽象化理論に走ってしまうのです。だから、学生によく言われました。先生が赴任してきた頃は、とてもお話がおもしろかったけれど、最近は抽象論でおもしろくないと言われたことがある。なるほどと思った。限られた時間で一定の話をしなければいけないから、みんなしゃべっていたらだめですからついつい抽象化するじゃないですか。つまり枝葉をなるべく切り落として幹の部分だけしゃべるから、聞いているほうはおもしろくないって。あれは痛かったな。そういうことを言える学生がいたということが、ありがたいですが。

平塚●そうですよね。大分大学在職中に西九州大学大学院の非常勤をしたことがあります。その科目は今年度からなくなりましたけれど当時「研究方法」という科目があって、でも研究科長になったら非常勤ができないということで、やめざるを得なかったのです。西九州大学に着任したら「研究方法」というのが、科目で残っていたのです。授業に出てくる人は4～5人のときもあれば、1～2人とかわずかなのですけれど、そのときに、たまたま『ソーシャルワーク研究』で研究方法とかのシリーズがあったのでそれを使って、そして最後のほうは私が取り組んだ研究について話をしたのですけれど、こんなふうに物事がみられるのだとか、考えるのだということを理解してくれるのです。マスタークラスなのですけれど、そんな院生もいます。

●福祉を科学する

岡本●おっしゃるようにやっぱり「福祉を科学する」という意識というか、そういう発想がないわけです。

平塚●はい。そうなのですよ。

小山●僕はその「科学」という言葉に違和感があって、僕は「学問」やと理解するのですね。

平塚●ここで言っている「福祉の科学」というのは、学問としてという広い意味で私は用いています。知識体系として構築されてきたものを学問、そうした知識をどう構築するのかが重要です。

小山●まあ、定義の問題やからね。

加藤●検証可能ということかな。

岡本●そういうこと。つまり理論の再現性がね。

小山●ただ検証が了解か実証かでいったら、哲学は別に実証可能じゃなくていいわけですよ。だから規範理論は必ずしも実証の対象にならない。科学というのは基本的には了解なだけじゃなくて、実証可能ということになろうと思いますから、その意味でいえば、福祉を科学するというのには少し異和感がある。

加藤●ある意味で現場は、いろいろなセオリーを総合化するというか、「いいところどり」をしてね。

小山●そうそう。折衷するというかね。

加藤●はい。「問題解決アプローチ」も重要だし、「課題中心アプローチ」もこれが使えるし、「ナラティブ・アプローチ」もこの点で使えるし、「エコロジカル・アプローチ」の発想や「システマティック」な発想もというのが現場の実情です。だから現場は、インテグレートまではいかないけれどもミックスなのですよね。

平塚●その使い勝手がいいのには、要するに飛びついて適用する傾向がある。

小山●ただ、現場は折衷そのものやと思います。ただ、折衷という理論はつくりにくいから、研究者は特定の理論をつくろうとするので、それを現場は上手に使いこなしたらいい。センスのいい人はそれを無意識にやっているのだけれど、ここは問題解決アプローチですというふうに学んでも実践ではなかなか使うことができないので、そうするとそれは、理論のほうが自らの対象や適応範囲や限界や得手・不得手をはっきりさせろと、僕は思います。エンパワメントとナラティブと認知行動が同じ射程や同じ目標をもっているはずがないのであって、ここを明らかにしていくことがこの本の1つの目標なわけです。

平塚●第2部ではその理論を適用してみて、そして限界とか可能性も示してほしいという要望はたしか出していますけれど、その結果については現時点でわからないです。一応、何か問題解決なら問題解決アプローチで切って、事象を分析していますよ。それすら、ソーシャルワークの分野では少ないのでしょう。

小山●そういうのをいい意味でお互いが白状し合うと、各理論は排他的関係というよりは段階が違ったりするだけの話になると思うので、自己限界をはっきりと理論化してオールマイティのふりをするなということです。岡村理論ではパニックが治せないのだから、そこをはっきりさせろと思うのですけれど、今はそれが現場側に任されている状態なのです。なので、現場側の垣根を少し低くする意味で、理論側がちゃんとしたらいいのにと僕は思います。

岡本●これは加藤先生と共通する部分があるかもわからないのですけれど、精神医学

の世界で「領識」というか、物わかりという言葉があるのですけれどね。外から来る刺激を、どれだけ理解するかということです。逆に、カール・ヤスパースが言っている、言っていることがわかることとわからないことには限界があると。つまり、了解可能と了解不能という一線があるのだと。だから、精神障害は妄想やら何やらというけれども、健康な人にとってわからないことは了解不能で、わかることを了解可能というふうに理解をするのです。ところがフロイトはそこを乗り越えたのです。つまり、そういうわからないことを、あえて無意識とか前意識とか、そういう新たな仮説を設定することによって、わからない世界をわかろうとしたのです。だからヤスパースにしたら、あれは「あたかもかのごとく理解しているにすぎない」、仮説にすぎないといったのだけれども、彼は一生懸命いろいろな事例を挙げて立証して、フロイトの仮説は全部仮説ではないんだと、こんなところで立証できたんだというところまで踏み込んで、それで恐らくセラピーとかカウンセリングとかケースワークが一挙に発展したというか、考え方として展開したんです。それまでは、わからないことはわからないというので、ほったらかしにして排除していたわけです。僕らが医局にいた頃にも、やっぱりドイツ流の医学を勉強した先生方は、みんなそうでしたよ。わかることとわからないことがあるのだから、わからないことはわからないというので、その現象をカルテに書くわけです。だからそれを乗り越えて、おまえらには何ができるのだみたいなことを言われたのだけれど、薬物が出てきて、症状が基本的に変わったので、サイコロジストやソーシャルワーカーが関与する世界が生まれたのです。だから薬物療法がなかったら僕らを受け入れてくれないし、第一雇われないですよ。サイコロジストやソーシャルワーカーなんて要らないわけですよ。わからないことはわからない、治らないものは治らないんだみたいな。でもそこを乗り越えてくれたのが、僕らにとってはありがたかったけれど、医者の面からみるとそのやり方がわからなくて、おまえらは何をやっているのだ、どんなふうにやるのだと、雇っておきながら言われたのはおかしいけれども、確かに言われてみればそうでした。

小山●自己証明をしないとあかんという迫力が、福祉系に弱いのは確かですよね。

岡本●弱いね。

小山●そして僕からみてそれが強そうなのは、やっぱり医療ソーシャルワーク系で。それは何でやといったら看護師やらの手前、存在証明していかないとあかんわけやから、というのは感じますよね。おまえは何者かという問いに答える必要がないですからね。

岡本●一生懸命やっていればいいと。一生懸命やっているのに何で責めるんだみたい

なことをよく言われましたよ。あれだけ頑張ってやってクライアントに喜ばれているのに、なおそれを科学するとは一体何をしようというのかと問われることもありました。

小山●加藤先生が現場の頃は、どうでしたか。プラクティショナー・リサーチャーでしたか。

加藤●当時は、"治してから退院してもらう"のではなしに、"地域や社会の中で治していく"というか、"自由こそ治療である"という1つの観念が支配的でしたので、「アパート退院」支援というのを一生懸命やっていました。谷中輝雄さんなんかにその実践で呼ばれて、東京に行ってその支援方法の報告を講演したりしました。

小山●エビデンス・ベースドというよりは、価値ベースド・プラクティスやね。

加藤●だからまさにシステム理論でいうと、"クローズドシステムからオープンシステムへ"といえます。また、"一人ひとりの語り"もその過程で出てくるから、ナラティブ・アプローチでもあったわけです。ただこっちは、患者さんが病院にいてくれたら管理的支援がしやすいのですけれど、地域ではマネジメントしづらい。生活の場だからそれが当たり前なのですけれど、毎日事件が起きる。その頃、例えば僕が一生懸命探してきた内職作業を、病室の布団を片づけた後に座椅子と机を出してそこでしてもらっていました。たまたま、沖縄から来た若い女性の患者さんがリーダーになってやってくれていたのです。

小山●当事者？

加藤●当事者のNさんという方です。喜々としてなさっていたのですが、アパート退院した途端に、「加藤さんにやらされた午前中と午後2時間ずつの内職はとても嫌でした。」と言われました。僕は、「えー？　喜んでリーダーをやってくれていたのと違うの？」という感じでした。だから、「アパート退院」によってNさんは主体性を回復し、こっちの管理的態度は壊れていくわけですよ。自分でよかれと思って、これが俺のワークだと思っていたのが壊れていくプロセスが、まさにPSWとしての成長だったと思います。

小山●でもそれでもたない人は、途中でやめますよね。

加藤●もたないというかね、やっぱりしんどいですね。

岡本●あれを、加藤先生を中心にやらせた、病院の寛容さみたいなものが大きかったね。浅香山病院は僕がやめた後だけれどもおもしろいことをやっていまして、2種類のデイケアがあるのです。一方はアセスメントをがちがちにやって、この人にはこれが一番適任だみたいなことで役割を与えて実行させるのです。もう一方はまさに自由で、1年でも2年でも自由にやりながら、自分に一番適している役割を選ばせるみ

たいなね。そういうのを対比させてみていて、これはおもしろいと思ったのです。まあ、その後は追求していませんけれどね。あれは彼らにとっては逆に学ぶというか、「患者から学ぶ」の考え方なのですよ。他方は、がちがちの診断主義ですよね。

小山●ある意味で実験計画法ですね。

岡本●そういうふうに2年間かかって自分の役割を見つけた、中年男性患者さんですが、日常生活としては自宅では何もできないけれども、そこの枠の中では、わずか1時間余りではあるがピカピカに頑張るわけですよ。何をするかというと、皿洗いなのです。デイサービスの後のお茶碗やらは、本当にピカピカになっている。しかし、それが終わると元の状態になってしまう。

小山●役割ですね。これをさっきの話にあてはめて皮肉にいうと、でもそれを後で聞いたら嫌やったと言っているかもわかりませんよ。

岡本●ただ、僕らが医者たちと外からみていて、人間って24時間ピカピカに輝いているわけにはいかんなって。彼はわずか1時間だけど、輝くっていいじゃないかという。そんな話をある沖縄の精神病院の院長に言ったら、俺は人生観が変わったと言っていました。やっぱりみんなをピカピカにさせようと思って、大失敗したと。だから瞬間でもいいから、ピカピカに輝く時間があれば十分であるという話をしたことがあるのです。

●理論から実践へ：実践から理論への道筋

岡本●理論の再現性とか、現場での論理の立証というのは、どうなのでしょうか。

平塚●そういうのは、本当に現場の協力なしにはできませんよね。

小山●加藤先生のさっきのNさんのエピソードは、ワーカーの思いとしてとっても理解できます。ちょっと違うけれど僕だと、教師として学生にかかわっていて、喜んでもらえていると思ってかかわったのが、その学生は別な所で全く迷惑だという感想を話したりしているのが回り回って聞こえてきた体験があるので、だからとても理解ができます。先生は、それをどう解釈してどう処理しますか。

加藤●だからやっぱり、「病院」というクローズドのシステムでは、ソーシャルワークに限界があると思います。まさに生活の中で、その人の主体性が芽生え育まれていく。ノーマルでディーセントな生活の中で、状況に働きかけ自己実現するパワーも開発されると思います。

小山●じゃあ、ある種やっぱり、その彼女の発言を信じるということね。こういうのは質的なもので解釈の問題だからそれでいいけれど、でもそれも本当に本当なんやろ

うかとも思う。つまり、そのときはやっぱり本当に楽しかったのだろうと、僕は思うのです。
平塚●恐らく外に出て、もっと楽しいことがいっぱい増えたということがあるのかもしれない。
小山●そう。もっとかもわからへんし、逆にそこで生きていくために、そのような過去の自己否定が必要やったと。
岡本●なるほど。
小山●ある種、大先輩に失礼やけれど……。
加藤●そういうことやね。だからまさに、弁証法的なんやな。だからずっと病院に入ったままだったら、病院の中でなじんでしまいますでしょう。例えば、作業所でも、「作業所くささ」という言い方がありまして、要するに作業所でおさまってしまう、病院でおさまってしまう。
小山●それは全く理解できるうえで、僕は絶えず違う視点で聞く人間やからですけれど、そこまではわかるのですよ。でも、じゃあ人はどこまで行くべきなのか。つまり、本当にそこでの安定があってはいけないのだろうか。例えば、専業主婦でずっとおられる人、施設でずっとおられる人、その人にいちいち宇宙にまで羽ばたけと言うのか、ということですね。
加藤●人はいろいろな人とまざり合えるようになることが必要ということです。どういう人とまざるかということがあって、そのまざる仕掛けが、まさにダイバーシティでありインクルージョンであって、その人の置かれた状況を、クローズドシステムからオープンシステムへ主体的に変えていくことが、コンピテンスの力、インタラクションの力だと思いますね。
岡本●障害者であろうと健康な人であろうとそうだけれども、我々はどうしても、そういう生活の場と機会を用意しようとする。でも、既存のものにこだわりすぎる。つまり、いかにしてそういう場と機会をクリエイトするかということを、みんなで一緒に考えようと僕は伝えています。今日でいうところのその、ファシリテーションというか、免許を与えたり、制度に当てはめたりするのは既存のものへ適合化させるためのマネジメントであったり、コーディネーションであって、ファシリテーションは新しいことをつくり出していくための便宜さを図ったり、効率化を図ったりするクリエイティブな活動なのだと、いま全国を行脚して言って回っているのです。
　これがソーシャルワーカーの新しい役割、だから既存のものは制度的実践であって、典型的な福祉事務所やなど、権限の中でしかやらない。変えようとか新

しくつくろうなんていったら、上から抑えつけられる。制度内実践と言って、専従職としてのワーカーの仕事であって、いわゆる「専門職」とはそれを超えたクリエイティブな仕事をできるからこそ、専門家であって、社会通念や社会常識でやるのなら別に専門家でなくても、誰だってできるのですよ。そんなの妙に制度化する自体がおかしいと、批判をしているのです。できれば、今言ったように制度の枠を超えて弁護士や医師のようにある程度クリエイティブな仕事にまで発言をしたり、かかわれるように、という専門性までに確立しないと。

小山●本来の姿でもあるでしょうね。歴史的にみてもね。

岡本●力のあるワーカーはそれをもうやってますよ。

小山●バラバラな現実を何とか共有し結合していこう、膨らんでいくというかね。

岡本●戦後、保健所法の改正が昭和23年にあったときも、保健所のあとに医療社会事業の業務内容が書いてあるのです。それを僕はソーシャルワークの枠組みとは思っていないけれども、実にやれないこともいっぱい書いてある。ソーシャルワーカーをだめにしたのじゃないかと僕は思っているのです。制度が逆にソーシャルワーカーをだめにしてしまった。そこを抜け出さないと。過去の業務指針、あまり公にされていない資料をみると、僕はいま医療ソーシャルワーカーが国家資格を拒んでいる理由が非常によくわかるのですよ。僕もそれにかかわったものですからね。

加藤●資格を武器にしてもいいのですけどね。

小山●一番の基本は実証。実践研究と実証研究とに仮に分けてね。実践研究というのはいわゆる小理論で、現場のまさに自閉症の子どもにキャンプでこんなことをしたら効果があったといった実践研究がある。これは、当然だけれど現場の蓄積でつくっていくのだということが1つ。

加藤●パニックになられたときに、タイムアウトするとかね。

小山●そんな中から対人行動理論系がでてくるわけだけれど。

平塚●現場での小知っていうか、小理論ができたと。そういう小理論の同じようなものを集めてどういうふうにするか。

小山●それはメタ理論だから。僕のでは、それは中範囲理論がそれにあたるんやろうと。だから、大理論、包括セオリーがあって、中範囲理論がきて、実践理論がある。だからそういう意味で言うと、現場は、まさに自らの営みを蓄積して、ただそれを、それこそ現場の人の学会発表は、そういう形になるだろうと思う。それを次にもう少し法則性をつくっていく。これが実証可能というのが中範囲理論の範疇ですから、それをしていくのが研究者の仕事だと思うし、システマチックにレビューしていくと中

範囲理論になっていく。そこまでは、あくまでも現場はコミットするわけ。ただし、包括というか、規範的理論は外から与えられるわけで、一般には実践はその創造のプロセスには必ずしもコミットしないわけです。でも本当に全く関与しないのかというとそうでもない。ソーシャルワークなのかというとちょっと微妙なのだけれど、例えばノーマライゼーションだって、実践というか親の会の活動というか、あれを仮に福祉と呼ぶなら福祉の中からつくられてきた。障害者のIL運動だって当事者の思い・実践から規範的な立場が築かれてきたわけです。もちろんさらにその背景には公民権運動などの影響もあるけれど、こう考えると、規範的理論だって哲学から入ってきているのかというたら実践が一定の築いてきたものがそういう規範理論にも影響する。

　だから、まず実践理論レベルはつくるべし、そしてやや中範囲にしたものもある意味理論と実践の協同だと思います。それこそ平塚先生がそれを含んでいく研究プロセスに協力者として個々の実践をしている人が協力していって中範囲のものができる。性格は違うけれど、規範的な理論には自分らがするものではないけれど、自分たちの営みを結局そういう形で集まったらできてくる規範的理論を、すべてに関与するのだという話。ただそうであるためには、プラクティショナー・リサーチャーであるといいという気がする。

平塚● そういうことが現場の人が少なくとも関心をもって、試みるような、やはり、どこかでそういう教育の保障をする。それこそ、認定社会福祉士なんかそうやって欲しいですよね。

岡本● 責任も僕らにもあるのだけれど。成果を踏まえて、あなたはソーシャルワーカーとしてさらなる発展を期するためには、どういう場面で、何をしたいのか、どうしたいのかということを、実は、自宅研修3日間とワークショップ2日間をやるわけですよ。つまりセオリーを現場に応用してみて、今どうなのか、あるいは将来どうするつもりかを聞きたかったのですけど、なかなかできない。何人かは立派なレポートを書いてくるけど。

小山● 100人いて何人かはいい人がいた。とするならば、それをモデルにして普及していかなければと思う。つまり、彼らはそんな訓練を受けていないのだから。100人中99人よくなかったとしても、1人これはよいなあというのがあるのなら、まあ方法はわからないけれど、はっきり言ったら、模範答案を見せてやらなくてはと思います。何が模範かわからないのだから。そういう意味でいうと逆に100人中1人といえどもこの岡本民夫が納得できる答案がもしあったならば、答案配って、みたいな気がし

ます。そうすることで、モデルを学習していく、それが必要な段階と違うのでしょうか。なんか極端に言うと、現場は、答案見せてもらわないまま、点数低いと怒られている状態。あらゆることで、それは給与でも査定でもそうだし。周りが何を思っているかわからない。でも採点されるのですよね。

岡本●将来は先生おっしゃるように匿名性を高めて、共通認識が蓄積していくようにもっていけばよい。

小山●それで一定の点数とれるし、違う答案書いたらそれはそれで点数もらえる。模範解答が膨らんでいくわけです。決してマニュアル化ではなくね。

岡本●そういう共通認識を積み上げて、公表するというか、そういう形で次の世代がきちんと受け止めてシェイプアップできるようになれば一番いいのですよね。でも残念ながら、国家試験自体のあり方自体も課題がある。付け焼刃で勉強しているのですよね、過去問を調べてね。だから、モデルの理論が何者であるかの認識はなにもないわけです。アセスメントがうまくできても、今度はどういう手法でインターベンションやるか、まるで整合性がない。

平塚●ある教員が言ってくれたのですけどね。その時間がないと。だから、例えば、1モデル1回みたいな、でもその1回さえやれない場合だってあるから、もう資料を配るだけなのだと。これだと受験勉強で、何とかアプローチ、はいジャーメインとかみたいなことになってしまう。

小山●国のシラバスにしたがって真面目にやっているのだね。10もモデルがあるのにそれはできませんよ。

岡本●ちゃんと読んだらできると思うのだけれど。テキストに載っている分でも。

小山●10モデルあるし。バランスとってやると1モデル20分ぐらいしかできません。

岡本●そこで教師が言ったことに問題意識をもたない学生が増えている。学生にも問題がある。なんか単位を取ればいいって思っている。本当はそこで受けた刺激をベースに、一時的に学習するのが教育なのですけどね。

小山●ただ、難しいのは、やっぱりレジデンシャルとコミュニティと、医療の場とか状況の違いがあると思うのです。MSだったらソリューションフォーカスをやるとか、そうとうモデル的なやり方ができていると思うのです。

岡本●現場で要求されるのです。

小山●それに対して、レジデンシャルはスパンが違うし、目標が違う。僕はレベルが低いとは全然思いはしないけど、目標やスパンが違う。目標が多層でスパンが長い。上に挙げたようなモデルは結局、仮に言ったら人を変えていくみたいな基本となって

くる。つまり施設の中では、結局は行動障害のある人達には認知行動療法、SSTとかは役に立つわけです。これは、はっきりしているのだけれど、それがソーシャルワークなのかは怪しいのだけど。行動変容モデルも国も一応名前を挙げているから、認知行動療法とか名前を挙げているから認めているわけだけど。レジデンシャルの場合に、あの一連のモデルやアプローチといわれるものが、要は何を目標としているか、何を達成しようとしているのかというその話と、この施設は何を目標として何を達成しようとしているのかというそれが一致しにくいという気がするけどね。

岡本●思考のプロセスが現場だけではだめなのです。一定の方向性を誰かが示唆したというか、それをちゃんと学んだのか、そこらへんなのですよ。つまり刺激を教育として受けた場合それをどう活かすのか、それはまさに、教育は、主体性、主体性というけれど、教育自体がそういうものと違うの。なんでもかんでも一から十まで全部教師が教えられるわけなく、それは限られた時間の中では無理ですからね。1つのきっかけを問題意識としてもったらあとは自分で勉強するわけですよ。そういう教育のあり方が今はない。知識をいかにためて、提出された問題に正答を出すか。答えなんか福祉の世界にないものもあるわけですから。答えのない対応をしなければいけないわけですから。受験勉強じゃないけれどもこんな設問にこんな答えなんかあかんよみたいな、そういう思考様式で訓練させてきた子どもたちは問題意識をもたない。それは、あらたに自分なりに努力をして展開したり、より深く知ろうとするものがない。そういう意味では、今後の教育のあり方にも課題がありますね。

座談会追記

座談会の冒頭で示していた4番目の事例を含めた課題解決に対する対応のあり方やソーシャルワークの創生についての展開は時間切れとなってしまった。本書では第2部、第3部で理論や概念の適用と検証、理論や概念の可能性や限界を示すことが新たな理論や実践の開発、実践において覚醒された経験知から理論知へと発展的な循環を遂げていくことを構想している。そうしたことにつながる重要な話題をあえて追記しておきたい。それは、岡本がしばしば提言していた事例バンク、より進化させた福祉シンクタンク構想、もう1つは、ソーシャルワーク研究の固有の方法論開発である。いずれも、ソーシャルワークの知の創造にとって重要であり、多様な可能性を示唆していることである。

例えば、ソーシャルワーク現場の実践事例を集積、精査、データ化する事例バ

ンクシステム、福祉シンクタンクの構造的な枠組み、仕組や方法を具体化することは、21世紀型のハイテクノロジーの時代にあって可能である。それが実現すれば政策や制度設計の改善や新設提言や実践の評価や検証、新たな理論構築や実践研究の開発など、実践学に象徴されるソーシャルワークにおいては多様な果実をもたらすことができるとともに、利用者、社会に多大な貢献をする可能性を拓きうる。問題は、現実的に誰が、どこがそうしたシステムをつくりあげ、実行するかという点であろう。夢物語かもしれないが、現実的なそうしたシンクタンクの開発がなされなければならないことはいうまでもない。しかし、それは必ずしも不可能とはいえないのではないだろうか。

　最後の、ソーシャルワークの開発、発見や発明による創生の重要な鍵は、研究方法論にあろう。本書第1章にみられるように、岡本は固有の方法論に期待をしている。演繹と帰納という2つのソーシャルワークの研究方法が措定されるわけであるが、そこに第三極のソーシャルワークの独自な価値であるクライエントに立脚した利用者ニーズの論理化を加えて、先の2つと融合化（触媒）することでソーシャルワーク独自の新たな研究法の開発につながるとしている。もっとも、先の2方法にも利用者ニーズが包含されているはずで、これを独立させるのは自己矛盾の側面もないではない。しかしながら、ソーシャルワークが利用者諸個人の生き方にかかわる＝生き方の豊穣化という独自な価値志向の点から、第三極は研究や実践に影響をもたらすべく力（民力）をもつものとしてとらえうる。これら3つの融合を促す触媒は、発想や構想、切り口といった、いわゆる研究の視点や視座にかかってくるであろう。それは今後の研究や教育の課題であろう。しかし、他面において、温故知新として、ソーシャルワークの世界において、これまでいかなる知やその研究方法論が発見や開発され蓄積されたのか、発掘や検証を通して、あらためて、方法論的な知的営みないしは手段を明示することも必要であろう。そのことによって何が新たな発見であり、創造なのか、研究方法論の判断に手がかりを与えてくれるのではないだろうか。ソーシャルワークの知は、研究された内容もあるが、そこで創造された研究の論理として研究方法論を含むものであり、それを探ることはソーシャルワークの新たな未来を切り拓く点で極めて重要な課題であろう。

おわりに

　いよいよ本書の出版が実現の運びになった。「理論と実践の相互循環的発展」を目指した本書は、第1部の内容を基本的前提としながらも、ある意味で第2部と第3部を目玉として構想されている。理論が実践にどのように役立ち、実践は理論にどう貢献できるのか。この課題に何とか一書の中で包括的に答えようという思いで本書は編まれた。

　現在様々なソーシャルワーク理論（モデルやアプローチという呼び方をされることが多い）が実践の場に紹介されているが、理論と実践の関連をどのようにみていけばよいのか。このように考えたとき、両者を媒介する装置としての「事例」が重要になってくる。実際、ソーシャルワーク理論を学ぶにあたって、事例を通して理解を深める努力は各書において行われている。本書ではそれをさらに展開し、第2部と第3部において理論と実践の循環的関係について論ずることを目指した。

　まず第2部では、特定の理論の概要について紹介したうえで、事例を取り上げ検証していくという形を基本とした。この作業を通して、各理論が個々の実践事例の理解や問題解決にどのように役立ちうるのかを明らかにしようとした。このとき可能な限り意識したのは、各理論がもつ特徴と限界である。本書中でも述べたように、実践が理論に対してその特性を超えた「ないものねだり」をしても仕方がない。理論が実践によって鍛えられると同時に、実践サイドは各理論の特性に応じた活用を心掛けなければならないのである。個々の理論が具体的な事例に対してどのように応えることができるか、単純化すれば「理論発」の議論をここでは試みた。

　一方、第3部では「実践発」であることを心掛けた。第2部が特定の理論を議論の出発点に置くのに対して、第3部は起点が実践である。まずは各分野の実践事例を紹介し、その事例に対して必要な理論を（時に折衷的に）選び取り利用しようとする態度を基本とした。また既存の理論にこだわらず実践知・経験知を見出すことも目指した。

　ソーシャルワークは外から与えられた理論を、ただ利用するだけの「理論の消費者」であってよいのかという問いに答えることは難しい。この問いに真正面に

応えようとすれば、実践知・経験知といわれるものを大切にし、徹底的に磨き上げていくことが必要になるだろう。しかし、この作業だけでは経験の蓄積はできても、普遍的体系的な理論となることは容易ではない。これらの営みに加えて実践発の理論を目指す場合に、既存の理論を実践を通して鍛えていくということも必要になってくるのである。特定の理論に実践を無理に当てはめる（理論のための実践）のではなく、実践が理論を利用する（実践のための理論）という主体的立場を保てば、外部から与えられた理論は結果的に実践の刺激を受けて循環的なものにもなりうるのである。

　このような問題意識に基づいた本書であるが、実際にどの程度の成果を上げたかは読者の判断を待つほかない。そして、足らざる部分があるとすれば編者たちの責任である。第一に選んだ理論（第2部）や分野（第3部）に偏りがあった。またその結果、執筆者によっては「循環」させにくい理論や分野の執筆を依頼することとなり無理を強いた。これらは編者の大きな反省点である。

　とはいえ、各執筆者は編者の思いを十分に汲み、可能な限りの努力をしてくださった。これはそもそも「ソーシャルワークサロン」の仲間たちが、多くの点で共通認識をもっているからだろう。一冊の書をつくるにあたって、編者たちとしては楽しい時を過ごさせていただいた。

　最後に、ひとつ残念なことについて触れなければならない。
　執筆を引き受けていただきながら、昨年の11月に病に倒れられた龍谷大学の山辺朗子先生のことである。まったくの私事であるが、大学院を受けようという段階で知り合い同志社に同期入学をした35年来の仲間であった。児童福祉の現場と徹底的にかかわり、スーパーバイザーとして支えられるとともに、「現場発」の著書を実践報告にとどまらない形で、現場と共同で出されている。本書でも中心的役割を果たしていただくことを期待していただけに無念である。山辺先生が本書をご覧になって、「合格点」と言ってくださることを祈るばかりである。

2016年4月

編者　小山　隆

索 引

A

ACT ················· 217, 218, 220, 222, 224, 225, 226, 227, 228

E

Existential Social Work ············· 103

あ

アウトリーチ ·························· 137
アセスメント ············· 35, 166, 169, 170, 199, 214, 225
新しいソーシャルワークの新展開 ···· 17
アドボカシー ················· 214, 228
アプローチ ···························· 53
誤った理論 ···························· 56

い

居心地がよい物語 ···················· 159
依存 ···································· 180
一番ヶ瀬康子 ···························· 6
イネーブラー ························· 134
居場所 ································· 182
今―ここ ······························· 91
医療ソーシャルワーカー
 ··························· 205, 206, 210
インクルージョン ······················ 36
インターベンション ········· 232, 233, 241, 242

う

ウォルツァー（Walzer） ············· 119
浦河べてるの家 ······················ 127
海野幸徳 ······························· 41

え

エコゾフィー ·························· 22
エコロジカル ·························· 22
エコロジカル・アプローチ
 ··················· 129, 200, 210, 213, 227
エコロジカル・システム・アプローチ
 ·· 200
エコロジカル・ソーシャルワーク
 ·· 135
エコロジカルモデル ················· 183
エビデンス（証拠）に基づくソーシャルワークの実践論 ··············· 47
エビデンスに基づくソーシャルワーク志向 ································· 46
エビデンスベースドプラクティス ···· 63
エリクソン（Erikson） ············· 131
演繹法的な研究・実践 ················ 19
援助過程 ······························ 134
援助関係が成立しづらいクライエント
 ·· 175
援助構造におけるパワー ············ 116
エンパワメント ········ 30, 32, 35, 36, 144, 190, 200, 202, 210, 214
 ―の基本原理 ······················ 115
エンパワメントアプローチ ········· 114
エンパワメント・プロセス ········· 119

お

応用科学（applied science） ········· 40
大きな物語 ············· 148, 150, 156, 158
大きな理論 ···························· 63
オーダーメイドの支援体制 ········· 139
岡本民夫 ······························· 40
オルタナティブ・ストーリー
 ····························· 23, 24, 199

か

カーガー（Karger） ·················· 45
懐疑・批判に基づく原理性探究志向
 ·· 46

科学 ……………………………… 54
　—の意味 ……………………… 38
　—の知 ………………………… 148
科学的 …………………………… 55
科学的研究方法 ………………… 16
科学的慈善 ……………………… 3
　学問的 ………………………… 55
家族療法的アプローチ ………… 226
課題中心アプローチ ……… 34, 210
価値葛藤と倫理的葛藤 ………… 81
価値的な言明 …………………… 59
価値と原則 ……………………… 70
価値・倫理の行動化 ……… 185, 188
葛藤止揚過程 …………………… 20
環境 ……………………………… 132
　—の圧力 ……………………… 133
　—のストレングス …………… 165
関係性（human relatedness）…… 131

き

危機介入アプローチ ……… 210, 211
技術論 …………………………… 9
規範 ……………………………… 56
規範理論 ………………… 58, 59, 62
ギャンブリル（Gambrill）……… 39
共感共苦（コンパッション）…… 244
教師 ……………………………… 134
共同的環境 ………… 26, 27, 28, 29
近代科学 ………………………… 39

く

空閑浩人 ………………………… 16
苦難の意味 ……………………… 105
クライエント中心 ……………… 212
クライエント中心主義 ………… 24
クライエントとの協働性 ……… 89
クライエントの論理 …………… 147
グリーフワーク …… 229, 233, 236,
　　　　　　　　　　237, 238, 240
クリル（Krill）………………… 101

け

経験科学 ………………………… 59
ケイパビリティ ………………… 30
ケースワーク研究 ……………… 8
現実的な関与 …………………… 105
現象学的アプローチ …………… 224
現場の知 ………………………… 149
幻滅 ……………………………… 104

こ

構成主義アプローチ …………… 148
孝橋正一 ………………………… 7
ゴールドシュタイン（Goldstein）…… 117
個人的空間 ……………………… 132
個人と環境との交互作用 ……… 129
個人のストレングス …………… 165
ゴスチャ（Goscha）…………… 162
コックス（Cox）………………… 115
固定空間 ………………………… 133
この子らを世の光に …………… 160
個別計画 …………………… 167, 172
コミュニケーション・アプローチ
　……………………………… 226
コミュニケーションモデル …… 223
コミュニティソーシャルワーカー
　……………………………… 137
コミュニティ・ソーシャルワーク
　…………………………… 202, 203
孤立 ……………………………… 140
コンサルテーション …………… 58
コンシューマー ………………… 63
コンピテンス …………………… 36

さ

サリービー（Sallebey）………… 118

し

ジェネラリスト・ソーシャルワーク
　…………………………… 129, 135

資源の獲得	167, 173
自己決定	30, 31, 179, 187
自己評価	131
事実の証明（実証）	39
システム理論	183
自然科学	55
実証理論	59, 61
実践科学（practical science）	40
実践の科学化	16, 48
実践モデル	58
実践理論	60, 62
実存主義概念	104
実存主義思想がソーシャルワークに与えた影響	103
実存主義的アプローチの概要	103
実存主義的アプローチの基礎理論	101
芝野松次郎	11, 16
嶋田啓一郎	42, 67
ジャーメイン（Germain）	130
社会科学	55
社会環境	182
社会構成主義	147, 164
社会参加	180
社会的目的	134
社会福祉の近代化, 民主化	6
社会福祉は学問か	54
終結の段階	135
主体性	20, 31
ジュネラリスト・アプローチ	202, 203
循環的関係	52
準固定空間	133
障害者への就労支援	181
状況の中の人	135
障壁	184
初期の段階	135
職業倫理	66
触媒	18
―の創生	19
自立	179, 180
診断主義	163

す

スーパービジョン	58
ステージ	167
ストレス	130
ストレングス	115, 158, 162, 172, 183, 199, 200, 201, 202, 210, 218, 225, 226
ストレングス視点	144, 162, 169, 170

せ

生活困難	182
生活世界	27
生活の変化	133
生活場モデル	11
生活モデル	163
政策論	9
省察する知	149
精神科ソーシャルワーカー	217
世界人権宣言	73
接触面	134
セルフヘルプ運動	126
セルフ・ヘルプ・グループ	238, 243
先駆的な試み	5
選択の自由	104
専門職の態度	147

そ

相互援助システム	132
相互作用	136
ソーシャル・アクション	29
ソーシャルインクルージョン	183
『ソーシャル・ケースワーク』	84
ソーシャル・ネットワーク	142
ソーシャルワーク実践の価値基盤	68
ソーシャルワークにおける固有の知	48
ソーシャルワークの科学	38
ソーシャルワークの科学化	3, 13
ソーシャルワークの価値	65
ソーシャルワークの技術化	15
ソーシャルワークのグローバル定義	71
ソーシャルワークの創生	16
ソーシャルワークの知のスペクトラム	44

ソーシャルワークの知の潮流 …… 44
ソーシャルワークの定義 …… 70
ソーシャルワークの定着化 …… 15
ソーシャルワークの理論化 …… 3, 14
ソーシャルワークの理論モデル …… 11
ソーシャルワークは学問か …… 54
促進者 …… 134
ソロモン（Solomon） …… 114

た

態度価値 …… 33
対話の必要性 …… 105
短期目標 …… 172

ち

地域を基盤としたソーシャルワーク
　…… 141
地図やコンパス …… 58
中期の段階 …… 135
中範囲理論 …… 60, 61
長期目標 …… 172

て

ディスエンパワメント・プロセス …… 126
適応 …… 136
適応調整モデル …… 150
デューイの熟考の5段階 …… 86

と

ドミナント・ストーリー …… 22, 23, 199, 212
取るに足りない物語 …… 148

な

ないものねだり …… 58
ナラティブ …… 22, 147, 160, 229, 238
ナラティブ・アプローチ …… 144, 198, 212, 225, 239

に

ニーズ …… 32, 226
日本型ソーシャルワーク …… 11
日本国憲法 …… 72
日本流ソーシャルワーク …… 19
認知行動療法的アプローチ …… 225
認知症カフェ …… 196
認知のギアチェンジ …… 175

ね

ネットワーキング …… 214
ネットワーク …… 191

の

ノーマライゼーション …… 183

は

パートナーシップ …… 165, 171
バートレット（Bartlett） …… 44
パールマン（Perlman） …… 84
バイオ・サイコ・ソーシャル …… 214
パターナリズム …… 186
場における社会的役割 …… 90
パラダイム転換 …… 13, 174
パワー・インバランスから協働作業へ
　…… 116
バンクス（Banks） …… 68

ひ

ピアサポート …… 220, 221
人―環境の交互作用 …… 163
人と環境との相互関係 …… 188
ピンカス（Pincus） …… 21, 22

ふ

フーコー（Foucault） …… 145
福祉シンクタンク …… 18

負債の自覚 …………………………… 20
不適応の対人過程 ………………… 134
部分化 ………………………………… 91
普遍性の高い理論 ………………… 57
プラクティショナー・リサーチャー
　………………………………………… 63
プリベンション ………… 229, 232, 233,
　　　　　　　　234, 235, 236, 241
古川孝順 …………………………… 40

へ

ベイトソン（Bateson）……………… 20
ペイン（Payne）…………………… 47
ベルタランフィ（Bertalanffy）……… 21

ほ

包括理論 ………………………… 60, 62
ポストベンション ……… 229, 232, 233,
　　　　　　　　　　234, 236, 241
ポストモダニズム ………… 144, 147, 164
ポストモダン・ソーシャルワーク
　……………………………………… 147

ま

マーシュ（Marsh）………………… 44
マザー・テレサ …………………… 67
マスター・ナラティブ …………… 199
マルチレベルのアプローチ ……… 116

み

3つの段階 ………………………… 89
ミナハン（Minahan）…………… 21, 22
民生委員 …………………… 138, 140

む

向谷地生良 ………………………… 25
村上陽一郎 ………………………… 38

も

モーハン（Mohan）………………… 45
モダニズム ………………… 145, 160
モニタリング ……………… 168, 173
問題解決アプローチ …… 34, 84, 163, 210
―における診断の特徴 …………… 88
―の構成要素 …………………… 85
―の特徴 ………………………… 88
―の必要性と意義 ……………… 92
―の理論上の基盤と関連領域 …… 86
問題志向の視点 ………………… 170
問題の外在化 …………………… 158
「問題」への焦点化 ……………… 163

や

役立つ情報・理論 ………………… 57
谷中輝雄 …………………………… 24
山辺朗子 …………………………… 12

ゆ

融合化 ……………………………… 18

よ

4つのP ……………………………… 85

ら

ライフストーリー ………… 190, 198, 199
ライフモデル ……………………… 129
ラップ（Rapp）…………………… 162

り

リーマー（Reamer）……………… 68
リカバリー …………… 163, 218, 221, 228
立証・論証 ………………………… 11
リッチモンド（Richmond）……… 21, 23
良好な適合状態 ………………… 130, 142
利用者ニーズの論理化 ………… 17, 18

理論 …………………………… 53, 55
―と実践 ……………………… 52
―とモデル …………………… 53
―は試される ………………… 56
―を正していく ……………… 57
理論モデルの価値と有効性 ……… 12
臨床科学モデル …………………… 46
臨床の知 …………………… 148, 149
倫理基準 …………………………… 76
倫理綱領 …………………………… 66
倫理責任 …………………………… 76
倫理的ディレンマ ………………… 78
倫理的問題 ………………………… 80
倫理と道徳 ………………………… 75

れ

レジリアンス ……………………… 36

ろ

ローカルな知 ……………………… 148

わ

ワーカーの論理 …………………… 147
ワーカビリティ …………… 89, 132
ワークシェアリング ……………… 236
私の物語 …………………… 150, 156, 158

◎監　修
　岡本民夫（おかもと・たみお）　同志社大学名誉教授

◎編　集
　平塚良子（ひらつか・りょうこ）　西九州大学健康福祉学部教授
　小山　隆（こやま・たかし）　　　同志社大学社会学部教授
　加藤博史（かとう・ひろし）　　　龍谷大学短期大学部教授

◎執筆者一覧（五十音順）
　今堀美樹（いまほり・みき）……………………………………… 第7章
　大阪体育大学健康福祉学部教授

　岩間伸之（いわま・のぶゆき）…………………………………… 第9章
　大阪市立大学大学院生活科学研究科教授

　岡本民夫（おかもと・たみお）………………………… 第1章・座談会
　同志社大学名誉教授

　加藤博史（かとう・ひろし）…………………………… 第2章・座談会
　龍谷大学短期大学部教授

　木原活信（きはら・かつのぶ）…………………………………… 第16章
　同志社大学社会学部教授

　空閑浩人（くが・ひろと）………………………………………… 第12章
　同志社大学社会学部教授

　久保美紀（くぼ・みき）…………………………………………… 第8章
　明治学院大学社会学部教授

　小山　隆（こやま・たかし）……………… 第4章・あとがき・座談会
　同志社大学社会学部教授

　平塚良子（ひらつか・りょうこ）………… 第3章・はじめに・座談会
　西九州大学健康福祉学部教授

　藤野好美（ふじの・よしみ）……………………………………… 第13章
　岩手県立大学社会福祉学部准教授

　藤原正子（ふじわら・まさこ）…………………………………… 第6章
　福島学院大学福祉学部教授

松倉真理子（まつくら・まりこ）……………………………………… 第10章
福岡教育大学福祉社会教育講座准教授

三品桂子（みしな・けいこ）…………………………………………… 第15章
花園大学社会福祉学部教授

南本宜子（みなもと・のりこ）………………………………………… 第14章
済生会京都府病院福祉相談係長

横山登志子（よこやま・としこ）……………………………………… 第11章
札幌学院大学人文学部教授

横山　穰（よこやま・ゆずる）………………………………………… 第5章
北星学園大学社会福祉学部教授

ソーシャルワークの理論と実践
―その循環的発展を目指して―

2016年5月17日　発行

監　修	岡本民夫
編　集	平塚良子・小山隆・加藤博史
発行者	荘村明彦
発行所	中央法規出版株式会社

　　　〒110-0016　東京都台東区台東3-29-1　中央法規ビル
　　　営　　業　TEL 03-3834-5817　FAX 03-3837-8037
　　　書店窓口　TEL 03-3834-5815　FAX 03-3837-8035
　　　編　　集　TEL 03-3834-5812　FAX 03-3837-8032
　　　http://www.chuohoki.co.jp/

印刷・製本　株式会社ヤザワ

定価はカバーに表示してあります。
ISBN978-4-8058-5362-7

本書のコピー、スキャン、デジタル化等の無断複製は、著作権法上での例外を除き禁じられています。また、本書を代行業者等の第三者に依頼してコピー、スキャン、デジタル化することは、たとえ個人や家庭内での利用であっても著作権法違反です。

落丁本・乱丁本はお取替えいたします。